西北师范大学国际文化交流学院学科建设经费资助出版

标题口号对语法规则的
突破及其限度

罗堃◎著

Grammatical Violations and
Their Limits Observed
in Chinese Titles and Slogans

中国社会科学出版社

图书在版编目（CIP）数据

标题口号对语法规则的突破及其限度 / 罗堃著.

北京：中国社会科学出版社，2025. 3. -- ISBN 978-7
-5227-4899-3

Ⅰ. H195.4

中国国家版本馆 CIP 数据核字第 202555W8P4 号

出 版 人	赵剑英
责任编辑	慈明亮
责任校对	韩海超
责任印制	戴　宽

出　　版	中国社会科学出版社
社　　址	北京鼓楼西大街甲 158 号
邮　　编	100720
网　　址	http：//www. csspw. cn
发 行 部	010-84083685
门 市 部	010-84029450
经　　销	新华书店及其他书店

印刷装订	北京市十月印刷有限公司
版　　次	2025 年 3 月第 1 版
印　　次	2025 年 3 月第 1 次印刷

开　　本	710×1000　1/16
印　　张	15
插　　页	2
字　　数	256 千字
定　　价	86. 00 元

序

　　"语言特区"是我和覃业位博士联名发表的论文《"语言特区"的性质与类型》当中提出的一个新概念，具体是指"有条件地突破常规语言规则约束的语言运用特定领域"。类似于语言接触和语言习得，语言特区也是诱发和推动语言创新演变的一个重要源泉。语言特区的理论探索和案例研究为认识语言机制、解释语言变异、预测语言发展提供了又一扇宝贵的窗口。2021 年，我们把"语言特区"这个理念的英语名称确定为"Special Language Domain（SLD）"，并通过给英文版《牛津语言学研究百科全书》（*Oxford Research Encyclopedia of Linguistics*）贡献一个条目的方式，向英文世界输出了这个新概念。

　　语言特区有三大类型：诗歌文体、网络平台和标题口号。三类语言特区里的创新形式和驱动诱因既有共性也有差异。罗堃博士的《标题口号对语法规则的突破及其限度》一书正是在语言特区理论指导下，研究标题口号突破现代汉语语法规则的理论问题和相关案例的重要学术成果。

　　本书是作者在其澳门大学博士学位论文基础上修改而成，书中发掘了一批有悖于常规语法规则的语言现象，并对其进行了深入的刻画描写。全书内容共分为三个板块，第一是语言特区背景下标题口号性质特征的重新认识；第二是标题口号中实词对语法突破现象及其限度；第三是虚词对语法的突破现象与限度。作者在描写语法突破案例的同时，运用相关理论解释语法突破现象产生的动因与机制。

　　《标题口号对语法规则的突破及其限度》一书语料翔实，观察入微，描写细致，解释独到。作为罗堃在澳门大学攻读博士学位期间的指导教师，看到此书的出版，我倍感欣慰。我衷心希望罗堃未来在语言学研究领域开拓创新、不断进取，努力取得更多更大的学术成就！

　　同时，我们也希望有更多同行跟我们继续研究语言特区现象，进一步细化相关的案例分析和理论建设。我们一向认为，语言特区研究具有显著的实用价值和辽阔的理论纵深。

徐　杰

2024 年 11 月 3 日

中国澳门

目　　录

第一章

绪　论

第一节　研究背景

标题是"标明文章、作品等内容的简短语句"。[《现代汉语词典》（第七版），2016：85]

口号是"供口头呼喊的有纲领性和鼓动作用的简短句子"。[《现代汉语词典》（第七版），2016：750]

标题"居文之首，勾文之要"，可以说是整篇文章或整部著作的"眉眼"，俗话说，"看书看皮，读报读题""题好一半文"，可见标题之于正文的重要性。伴随着生活节奏的加快，大众阅读开始进入"读题时代"，读者通过阅读标题来了解相关信息，并决定是否继续关注正文内容。为了吸引读者眼球，标题制作者奇招频出，在遣词造句、形式排版等诸多方面下功夫，有的甚至不惜"剑走偏锋"，扭曲夸大相关事实，成为受人诟病的"标题党"①。当然，这也从侧面反映出标题的价值所在。标题在当今

---

① "标题党"现象是近年来与标题制作密切相关的社会问题，同时也是语言学、传播学、社会学等专业领域的热点议题。它发端于网络，指利用夸张、怪诞、离奇、歪曲等各种耸人听闻的手法来制作标题，强行吸引读者注意，诱惑读者点击阅读。其概念与英文当中的"点击诱饵"（clickbait）相近，因此"标题党"可被翻译为 clickbait headline。例如，将《西游记》改为《一个和尚的艳遇》，把《红楼梦》改为《一个男人和一群美少女的风流史》。"标题党"标题的直观特征是表述夸大、失实，甚至打"颜色"擦边球，标题与内容关系不大。"标题党"标题的构成元素可以概括为五个维度：一，列表式标题，即围绕一个数字组织标题，如《一夜暴富的 10 种方法》；二，前向引用，即标题中暗示正文将提到相关内容，提前透露一些线索信息，如《网红背后的赚钱套路，真相令人咋舌……》；三，夸张表达，如《震后惨状曝光，死亡人数惊人！这些城市危机四伏？》；四，网络俚语，如《90 后的货小伙"无名"河南话 666》；五，情绪化的标点符号，如《普京确定访华！中俄共建"一带一路"有大动作?》。这五个构成维度可以单独运用，也可以共同出现（吴辉，2008；周葆华、张悦，2024）。

文化生活中扮演着极为重要的角色，吕叔湘先生曾在《人民日报》（1980年11月12日）上撰文指出："'标题'要作为专门学问来研究"。

口号是一种独特的文化，是中华民族记忆的重要组成部分，可以看作"国粹中的国粹"（孔庆东，2008）。口号起源较早，《尚书》所载"时日曷丧，予及汝偕亡"就是早期的口号（汤颖芳，2012）。时代不同，口号各异，而口号的内容集中反映了时代特色。列宁在《论口号》一文中就提到"在历史急剧转变的关头，往往连先进的政党也会在相当一段时间内不能理解新的局势而重复旧的口号，这些口号在昨天是正确的，但在今天已经失去任何意义"（转引自韩承鹏，2007）。正是基于这一特殊意义，口号成为文化学者窥探历史的重要窗口。在信息化大潮迅猛发展的今天，口号更是成为随处可见、随时可闻的宣传手段，无论是公益宣传，还是商业宣传，口号总能发挥其特殊的鼓动作用。

从功能价值角度来看，标题口号都是当今文化生活中不可或缺的组成部分。就形式来看，二者也颇为相似，在特定条件下甚至可以相互转化使用。因此，完全有必要也有可能将二者置于一起进行系统研究。

第二节　相关研究概述

标题口号在文学、新闻传播学、文化学、政治学、翻译学等诸多学科领域都是研究热点，成果颇丰。语言学领域的成果可以根据研究对象和内容的不同大致分为四类：性质类型研究、具体问题研究、比较研究、语用功能及规范研究。具体来讲，性质类型研究主要是标题口号的性质、特点和分类，具体问题研究是标题口号词汇、语法、标点等个案描写，比较研究是针对某一问题跨语种、跨媒介的对比，语用功能及规范研究探讨标题口号的功能作用及语言失范问题。下面分别讨论。

一　性质类型研究

从性质上看，标题是书面语体中区别于正文的一种特殊语言片段（尹世超，2001：5），Straumann（1935：21）将其定义为"块式语"（block language），Mårdh（1980：12）认为其语法层级低于常规句子。但在特定情况下，"句子型"标题也可以出现（Werlich，1976：27）。沈家煊（1995）区分"事件句"和"非事件句"①，将标题划归为"非事件句"，因为其没有实际的终止点。王永娜（2013）进一步指出，标题剥离了时间、空间特质，是高度泛时空的话语形式。标题之所以与自然语句表现不同，白丽娜（2013）将原因归结于版面空间制约和视觉刺激强化所形成的双重压力。对于标题是否成句问题，学界尚存争议，但不可否认的是，短小简洁是标题的"外貌"特征。

口号是有纲领性和鼓动作用的简短文字，有口头呼喊和书面张贴（也称"标语"）两种表现形式，二者内容一致，在一定条件下可以相互转化（相德宝，2010）。口号语言具有简明性、音乐性和鼓动性等特点，富于创新性和表现力（刘凤玲，1999）。Musté et al.（2015）提出重复（repetition）和变异（variation）是口号达成其鼓动作用的两大策略。对比发现，标题口号性质相近，都是形式短小，表达凝练的言语片段，与常规词组、句子有所不同。

分类方面，尹世超（1995、2001：106—122）摒弃了传统的版式位置型标题分类方法（如主题、副题、肩题等），提出"内外结合"（内部结构和外部功能）式分类法。在内部构成视角下，以是否含有标题专用词或结构为标准，将标题分为有标记标题和无标记标题两类；在语法功能视角下，以是否他用为标准，将标题分为可识别标题（只做标题，不做他用）和不可识别标题（既能做标题，也可独立成句或充当句法成分）两类；在表达功用视角下，以是否进行事件陈述为标准，将标题分为报道性标题（能回答"谁/什么怎么样"的问题）和称名性标题（不能回答"谁/什么怎么样"的问题）两类。尹世超先生的标题分类方法体现了句法、语义、语用三个平面相结合的研究思路，为标题语言研究树立了标杆。邵敬敏、周娟（2003）评价其分类方法"对于认识和选用标题以及计算机对汉语标题的识别，显然更具有指导意义"。

口号分类研究相对较少。从内部结构角度看，口号可以分为单句式结构、对举式结构、排比式结构、并列式结构和层递式结构五类（张萍，2006）。根据使用领域不同，口号可以分为政治性标语口号、公益性标语

---

① "事件句"表达一个完整、独立的事件，而"非事件句"没有实际的终止点，不自由的句法结构都是"非事件句"，自由的句法结构有的是"事件句"，有的是"非事件句"，比如惯常句、疑问句、祈使句（沈家煊，1995）。从认知语言学角度来看，"事件句"是有界的（bounded），"非事件句"则是无界的（unbounded）。

口号、商业性标语口号和个人性标语口号四类（胡范铸，2004）。从受众群体角度看，口号可以分为开放型目标群体口号、封闭型目标群体口号和自我反省型口号三类（刘巧云，2006；相宝德，2010）。

二　具体问题研究

（一）词汇方面

刘云、李菡（2006）认为词语标记是标题区别于常规句的一种重要手段，有的词语标记只能用在标题中，如"面面观""风云录""之我见"，而另外一些词语标记的使用尽管不限于标题，但在标题中往往具有新的意义，如"回眸""漫步""撷英"。从相关词语的出现位置来看，标题词语标记分为前标（《浅析班集体目标》）、后标（《化学学习方法漫谈》）和中标（《十年沧桑话扫盲》）三类。总体来看，词语标记能够在一定程度上区分标题与自然语句。

尹世超（2007）的《标题用语词典》全面收录了标题中的常见词语，条目共计 4450 条，并详细说明其意义与用法。该词典对于标题用词的解释非常详细，如关于标题用词在标题中的位置，就分出了"前（前置）""后（后置）""双均（置于标题开头末尾均可）""前倾（前后置均可，但前置频率高于后置）""后倾（前后置均可，但后置频率高于前置）"五种类型。然而，美中不足的是，该词典收词范围过广，缺乏统一的收词标准，一些词条在标题中的意义与自然语句并无差别（如"大字典［大型字典］""代价［为达到某种目的或获得利益所付出的物质或精力］"），但也被收入其中。

（二）语法方面

从数量上看，标题口号语法研究成果相对较多。其中，成分搭配、相关结构格式和虚词是研究热点。

1. 成分搭配

尹世超（2006b）、梁晓玲（2006）、王同伦（2008）针对标题中动宾搭配这一问题展开研究。尹世超（2006b）提出，标题中动词与宾语的特殊搭配是标题区别于自然语句的一个显著特点。王同伦（2008）进一步指出，标题中部分动词的语法功能发生变异，出现了一些与自然语句不同的变异用法。动词带宾功能的扩展就是其中之一，具体表现为：不及物动词带宾语、及物动词带宾能力扩大、宾语可以隐现。而标题中之所以出现特殊的动宾搭配，梁晓玲（2006）认为是为了满足标题简约性、吸引性和称名性三大语用要求。

张萍（2006）研究了不符合现代汉语语法规则，通常行文中不使用或很少用，但在标语口号中却能使用的句法组合形式。主要有述宾结构带宾语（"相约激情十运会　牵手文明新江苏"）、形容词带宾语（"辛苦我一个　幸福十亿人"）、名词和名词的特殊搭配（"激情魅力十运会志愿服务零距离"）、名词和述宾短语的特殊搭配（"激情迎十运　汗水铸辉煌"）、三字格四字格和述宾短语的特殊搭配（"一心一意抓教学群策群力谋发展"）五种类型。

2. 相关结构格式

陆俭明（1985）探讨了用作标题的主谓结构"名+在+名（处所）"（《敬爱的周总理在梅园新村》《老舍先生在重庆》）。该类标题的特色之处在于，常规情况下，该结构表达存在义，用作标题则意义变为"……的情况"。也就是说，标题语境激发该结构产生了新的意义。

张琪昀（1995）、王成宇（2002）、刘云（2002）、尹世超（2006a）研究了并列型标题结构，如《拿破仑和书》《许信胜教授和经济学研究》（转引自刘云，2002）。众所周知，并列结构一般要求其并列项在语法语义上具有对等性，换言之，性质类同才能并列。但该类标题的并列项并不对等。尹世超（2006a）研究发现，在并列型标题"A 与/和 B"中，A 与 B 之间的语义关系有十六种之多：施受关系、施动关系、施空关系（空施关系）、受动关系、受空关系、空动关系、动结关系、方式动作关系、动作工具关系、领属关系、从属关系、因果关系、条件关系、时间发展变化关系、修饰关系及其他关系。也就是说，该类标题形式上为并列，但其实际语义关系并非并列。因此，该标题结构中的连词"与""和"不能像常规并列结构那样自由删略。

Rush（1998）研究英语广告口号中名词短语的相关特点。她认为，英语广告口号中的名词短语有两个特点：一是名词短语可以像独立小句一样自由运用；二是名词短语中的修饰成分可以违反常规语序规则前置。例如 Cover Girl（美国化妆品牌）的产品广告口号 *seven skin-specific formulas*，其正常表述应该为 formulas that are designed seven specific skin types 或者 formulas that are designed specifically for seven skin types。也就是说，广告口号这一特殊使用领域催生了相应的语法变异形式。

刘云（2003b）研究了标题中的隐含型孤立结构，即俗称的"半截子话"。常规情况下，该类结构不能存活，但在标题中不受此限制。刘文研究发现，形式上该类结构主要有介宾（《为了永远的绿洲》）、方位（《大棚内外》）、偏正（《葡萄熟了的时候》）、联合（《话里话外》）四种类型，语义上则可分为时间类（《离别故乡的日子》）、空间类（《连锁经营在俄罗斯》）、事物/事件类（《面对危害旅客列车安全的歹徒》）三种类型。

张玉玲（2006）分析了标题中的"因为A，所以B"格式。常规情况下，"因为A，所以B"是典型的因果复句，A表原因，B为结果。在标题中，该格式的语义关系更加多样。张文将其概括为五类：一，A、B项有天然因果关系存在（《因为快乐　所以漂亮》）；二，A、B项无明显因果关联（《因为成人　所以童话》）；三，A、B项语义矛盾（《因为你是受"害"者　所以你是受益者》）；四，A、B项简单重复（《因为爱　所以爱》）；五，语义留白型（《因为……所以》）。就出现频率而言，该结构主要用作新闻标题。

尹世超（2008）集中讨论了标题中的几种被动表述，包括受事主语标题（《中国图书奖颁发》）、受事定语标题（《石油勘探与开发》）和受事并列项标题（《生态环境与保护》）三种类型。尹文成功发掘了一批标题中所特有的被动表述形式，为相关后续研究提供了材料支持。

王倩（2018）从互动角度描写新闻标题中的双数量表达（《扒开VR光鲜外衣：1年死亡140家公司　数据造假严重》），她提出该类标题通过数量对举产生配比义、极性义、对比凸显义，形成"量与量对比"的格局，从而造成语用增量效果。

左乃文、陈一（2019）研究新媒体标题中"……亮了"结构（《面对无理取闹逼停公交车的乘客　重庆民警的回答亮了》），指出"……亮了"格式可以凸显非关注、非预期对象，激发新闻阅读者的兴趣，达到一定的互动目的，是一种适应新媒体需求的主观评价结构。

曾常红（2020）关注标题中复句结构（《建设草原，发展畜牧业》）的使用情况，从结构、语义、表达角度讨论《人民日报》社论标题中复句结构的简省性、凸显性、对称性特点，并指出标题制作者选择复句结构是为了追求凸显性、对言性和灵动性。

陈禹（2023）探析新闻标题中的"被指"（《韩国最高法院前院长被捕　被指涉嫌干预韩国二战劳工案》），认为该结构形态凝固，并具有简洁性、格式性、语篇性等特点，是新闻标题中的高频词，可归入传信范畴，表达非亲历叙事，后接内容大多为负面信息。

3. 虚词

Turner（1972）研究新闻标题中表"关于"义的介词 on，例如 *Professor Warns on Nuclear Power*、*The Chancellor on His Beer Duty Decision*，有些情况下，同一新闻标题中甚至可以出现两个 on：*On Asking Advice on Affairs of Love*。Turner 认为 on 的使用有其相应的句法环境，在主语和动词方面存在一定的限制。

基于特定的语用动因，标题口号中的一些语法成分常常隐现。英语新闻标题中的冠词隐现就是一个典型案例。例如，（A）*British first world war veteran dies at* 113，*China quarantines*（a）*UK school group*（转引自 Weir，2009）。其中，如果句中存在两个不定冠词，则句首位置的不定冠词一定要隐现，如 Man bites dog，Man bites a dog（*A man bites dog）。针对这一特殊现象，学者们尝试从语用、语义（Simon - Vandenbergen，1981：276—284）以及跨语言（De Lange，2004）角度做解释。Weir（2009）在前人研究基础上，从句法角度研究了这一问题。Weir（2009）指出，作为"块式语"，标题的句法结构被截断了（truncated）。具体而言，从树形图上看，标题中呼应短语（AgrSP）以上的句法部分均未投射出来。根据 Sportiche（2005）提出的"高位限定词"理论，句子主语位置的限定词在句法树上位于 VP 外层，而宾语位置的限定词在句法树上居于 VP 内层。因此，宾语位置的限定词相对自由，可隐可现，但主语限定词在"截断"的标题句法结构中并无栖身之所，必须隐现。这里的句法"截断"并非孤例，类似的现象在童语（Rizzi，1994）和日记语言（Haegeman，1997）中也能看到。Weir（2009）的这一解释为标题句法研究提供了一种崭新的思路，不过，正如作者所言，这个解释并不完美，只能解决不定冠词 a 的问题，解释不了定冠词 the 及其他限定词的隐现问题。然而，有趣的是，Schumacher & Avrutin（2011）通过事件相关电位实验发现，标题等语域因素（还包括电报语、日记等）在大脑处理冠词缺失现象时是不可忽视的参项。换言之，将冠词隐现句为标题这一信息预先告知被试，其大脑处理机制就会变得有所不同。当然，这一实验不能直接证明标题句法结构为 Weir（2009）所说的"截断"式，但至少从侧面反映出标题语法与常规语法存在差异，应该区别对待。

刘云（2004a）探讨了标题中虚词"的"的删略问题，将标题中"的"字删略分成选择性删略与强制性删略两种类型。其中，选择性删略是指自然语句中可用可不用的"的"在标题中删去不用的情况，包括领属性定语后的"的"、双音节性质形容词后的"的"；强制性删略指的是"的"字在自然语句中必须出现但在标题中却能隐而不现的情况，如状态形容词后的"的"、成语等四字格词语中的"的"、介词结构中的"的"。刘文进一步指出，不管是何种类型，"的"字删略都要受到经济原则、音节因素和层次因素的制约。

金泓（2011）运用统计法研究新闻标题中的体标记缺省现象，以2009年全年的《人民日报》为对象，统计标题中起始体、完成体、进行体、经历体标记的缺省情况。金泓研究发现，新闻标题中的起始体标记、进行体标记、经历体标记较少缺省，而大量缺省的是完成体标记。

（三）标点方面

标题中较少使用标点符号，有特殊意图时才会使用，一般而言，句号、分号、着重号在标题中不会出现（尹世超，1992）。相反，标题中出现频率较高的标点符号主要有冒号（张琪昀，1996；张树铮，2003；Lewison & Hartley，2005；刘丽芬，2009），省略号（刘云，2004b），叹号、引号、问号、破折号等（陈群，2006；吴黄青娥，2009）。

三　比较研究

标题口号比较研究可以根据比较对象的不同分为三类。第一类是跨语言、方言比较标题口号的语法特点、词汇特征，由此观察不同语言、方言中标题口号的使用情况，如汉英标语对比（刘巧云，2006）、英汉学术论文疑问型标题对比（王成宇，2005）、中德体育报道标题对比（黄崇岭，2007）、俄汉动词并列标题对比（刘丽芬，2012）、中日网络新闻标题辞格对比（齐平，2015），以及中国大陆、中国台湾、中国香港的影视剧名对比（姜晓，2014）等；第二类是跨体裁、跨学科比较标题的相关特点，如 Busch-Lauer（2000）将医学期刊和语言学期刊的论文标题进行了比较，Haggan（2004）对比分析文学、语言学、科学三个学科论文标题的结构和语用功能，Soler（2007）比较了原创性论文和综述性论文标题；第三类是标题的跨媒介比较，其中包括官方媒体与民间媒体新闻标题比较（张虹、李方海，2012；张菁，2014）、传统媒体与新媒体新闻标题比较

（张荣，2010）、同一地域内不同媒体新闻标题比较（邹敏，2009；皮乐敏，2013）等。

四　语用功能及规范研究

标题口号有其特定的语用功能。Dor（2003）将新闻标题看成"关联优化器"（relevance optimizer），认为其使用目的是为读者优化事件的关联性。Hartley（2005）则认为，文章标题的主要功能是提供信息，这一功能大于其他所有功能。Haggan（2004）提出，标题的语用功能是梗概介绍、信息提供，从而吸引读者注意，是作者与潜在读者的首次交流，潜在读者通过标题的"吸睛"程度来决定是否继续阅读正文。"吸睛"的手段多种多样，如设置悬疑就是一种既新颖又经济的策略（杨海明、周静，2014）。另外，特殊的标题也有一些特定的语用功能，比如"网友评论类"双视点互动标题（《钟南山袁隆平同台视频火了！网友：致敬"医食无忧"组合》）就有信息增量、互动关联、立场构建、风格整合和客主交融等五种语用功能（李洋、陈一，2020）。

口号是一种宣传、鼓动工具，是时代的缩影，反映了各个历史时期的特点和要求（张萍，2006）。口号的语用功能在于宣传影响。因此，从言语行为角度看，指令式口号数量相当大（汤颖芳，2012）。此外，Vizcaíno（2011）发现，为实现相关功能，广告口号会通过特殊的语码转换来传达新鲜感。Fuertes-Olivera et al.（2001）注意到，尽管有信息传递的目的，但广告口号的劝说特征表现得十分明显。

基于标题口号特定的语用功能，如何规范无误、卓有成效地写作标题口号成为学界的一个关注点。王学作、刘世勤（1988），石川（1994），王建华、邓明（2000），尹世超（2005），张娜（2014）分别从动词运用、规避歧义结构、语言文字规范使用、词典编纂、情感修辞等方面探讨了标题口号的规范写作问题。

五　对现有研究成果的评述

总体而言，近年来标题口号研究在各个层面都取得了较为丰硕的成果，这些成果深化了学界对标题口号语言使用的认识，同时为其他相邻学科研究提供了材料支持。当然，在成绩的背后也存在着诸多问题。

（一）研究对象

先前研究大都没有严格区分标题口号特有现象和常规现象，将二者混为一谈，从而低估了标题口号这一语言特区的真正价值。例如冯胜利（2013：9—10）、王永娜（2013）、朱赛萍（2014）都讨论过［VN］$_双$+O结构，如"收徒少林寺""讲学中南海""打虎景阳冈"，学者们认为这一结构经常在标题中使用。但仔细观察发现，这些［VN］$_双$+O结构只能出现在标题中而不能入句，如"*住持没有收徒少林寺""*知名专家昨日讲学中南海了""*武松想要打虎景阳冈"皆为不合法。

孙德金（2012：248）也提到名词做状语现象应该区分标题与正常行文两种情况，因为标题中成立的说法（《水泵破裂　女老板<u>棉被拦水</u>》）放到正常行文中并不能成立。换言之，标题中的某些现象能够突破常规语法规则存活，而该类突破常规语法规则的语言现象往往具备更高的研究价值。

（二）研究视角和方法

上述成果大多在2000年前后问世，近十年内的成果相对较少，像《标题语法》这样有影响力的成果更是寥寥无几。可以说，标题口号研究进入了瓶颈发展期。而出现这一状况的原因在于缺乏新颖的研究视角。就现有成果来看，尽管学者们陆续发现了一些零碎的标题口号语法现象，但仅限于观察描写，较少运用当代语言学理论进行研究，缺乏宏观的研究视角和系统的研究方法，其成果与国际主流语言学对话困难。

（三）理论贡献

纵观前人研究，现象描写多而理论探讨少，很多研究只是"就事论事"。从另一角度看，先前标题口号研究大多以语文学为导向，而非语言学。研究者关注的是某个特殊语法现象、词汇现象是否符合语文规范，如何促进其在标题口号中准确无误地使用。因此，这些研究成果对语言学理论贡献甚微。

第三节　研究目标、对象与内容

本书在语言特区理论背景下研究标题口号中的语法突破现象及其限度。具体研究目标为：发掘一批具有研究价值的标题口号语法突破现象，充分描写其语法形式，分析其语义特征。在此基础上，探求该语法突破现象的使用限度。此外，全方位、多角度地考察语法突破现象产生的动因与机制。

在研究对象上，本书所说的标题包括新闻标题、书名、歌曲名、称号等；口号包括广告、俗语等。尽管新闻标题、书名、称号、广告、俗语的功能用途并不一致，但其在语言使用方面特点相近，本书关注的是语言使用状态，而非功能用途，故将其统一作为本书的研究对象。

关于语法突破现象的判别，本书遵循三条标准。第一，母语者的语感；第二，语言学家对相关语法规则的描述；第三，能否入句。具体判别方法，将在本书第二章详细介绍。另外，在案例选择方面，本书倾向于规律性强、语料数量多、特色鲜明的语法突破现象。

本书内容共分为六章，其中理论部分一章，实例部分三章，由于虚词内容丰富，故拆分为两章。

第一章是绪论，主要介绍本书研究对象，并总结、评述前人研究成果，提出本书的研究价值、采用的相关理论以及运用的研究方法。

第二章在语言特区视域下探讨标题口号相关理论问题，将标题口号语言特区置于人类语言发展变化的大背景下，考虑语法突破现象的价值与意义。首先，对"语法突破"这一术语进行界定，在不同理论背景下审视语法突破问题；其次，在前人研究基础上，将标题口号性质特征重新概括为两条：远距单向、韵律亲和；最后，从标题口号语言特区看汉语综合性语法特征的回归趋势。

第三章讨论标题口号中实词语法突破现象及其限度，涉及的词类有名词、动词和量词。该章节深入分析三个个案，分别是"N+N"式标题口号、标题口号中的不及物动词带宾语现象与"VN+O"式标题、标题口号中的量词删略现象与量词缺失的"一 NP"主语标题。

第四章是标题口号中虚词语法突破现象及其限度，该章节主要研究副词，案例有三个，即"又""再"连用式标题，"或"字新闻标题，标题口号中的"最+N"结构。

第五章也是虚词语法突破现象与限度，主要讨论助词，两个案例是标题中的"被+V$_单$"结构、标题口号中"的"字非常规删略现象。

第六章是研究总结，内容为研究结论、研究的不足之处以及未来研究展望。

本书所用标题口号语料来源有三。

第一，人民网（http：//www.people.com.cn/）、新华网（http://

www. xinhuanet. com/）、光明网（http：//www. gmw. cn/）、新浪新闻
（http：//news. sina. com. cn/）、百度新闻（http：//news. baidu. com/）、
标语大全网（http：//www. biaoyu. org/）、口号标语大全网（http://
www. liuxue86. com/kouhao/）等网络站点的搜索语料①。

第二，笔者在日常生活中发现并记录的语料。

第三，前人研究文献中的语料。此外，为了避免方言因素的影响，在
语料选择过程中，本书刻意排除了方言地区的标题口号。

本书常规说法语料来自北京语言大学现代汉语语料库（BCC）、北京
大学中国语言学研究中心语料库（CCL）、前人文献和自我内省（所用语
料经过语言学专业人士和非专业人士的核实）。

第四节　研究构想与方法

一　研究构想

本书在徐杰、覃业位（2015）提出的语言特区理论背景下展开。基
本构想为：通过比对现代汉语普通话常规语法规则，找出一系列违反常规
语法规则的标题口号语言现象，着力描写语法突破现象的句法语义特征，
探究其使用限度。更为重要的是，本书将标题口号语法突破现象置于汉语
语法演变的大背景下，充分发掘语法突破现象的意义价值。

二　理论视角

（一）语言特区

"语言特区"（Special Language Domain）②指"有条件地突破常规语
言规则约束的语言运用特定领域"，语言特区有诗歌文体、标题口号和网

_____

① 语料中涉及艺人姓名的，本书做了一定处理，隐去部分信息。

② "语言特区"这一术语的英文翻译与最初版本有所不同，最初版本为 Special Linguistic
Zone，现变更为 Special Language Domain，这一变化凸显了诗歌、标题口号、网络等语言特区的天
然属性，语言特区不是人为界定的范畴，而是自然形成的语言运用领域。徐杰、覃业位
（2015）论文中就提到，冯胜利教授指出"语言特区"术语虽比照"经济特区"设立，但二者性
质不同，"经济特区"是人为划定的，而"语言特区"是自然形成的。

络平台三大类型（徐杰、覃业位，2015）。就其实质而言，语言特区是一种动态的研究视角，关注的是特定领域内语言的变异使用情况，与语言接触、语言习得一样，是语言发展演变的第三大源泉①。从功能价值来看，语言特区具有三大功能，即深入认识语言机制、合理解释语言变异、积极预测语言发展。为了更加清晰地说明"语言特区"理念的内涵，并界定三类语言特区的共性与差异，本书引用刘彬、覃业位、唐仪（2021）论文当中的一张图表，如表1-1所示。

表1-1　　　　　　　　　　**"语言特区"理念的基本内涵**

定义	类型	创新的动因		创新的规律和限度	语言特区现象的特征	举例
		共同动因	个性动因			
有条件地突破常规语言规则约束的语言运用特定领域	诗歌文体	标新立异	特殊情感及陌生化的表达需求	"能突破但有限度"，限度即普遍语法所划定的大框架（UG）	[−合语法] [+可接受]	饱满着，绿着，像血液一样葱绿着
	标题口号		追求简洁和吸引眼球			某产品 亮相 中国
	网络平台		匿名特性和追求新奇			军训教官 各种严

从表1-1可以看出，在诗歌文体、标题口号和网络平台上，"新奇"的语法突破现象层出不穷，其中既有共同动因，也有个性动因，不能等同视之。但整体而言，常规表达中却很难看到语法突破现象的踪迹。

在前人研究中，有不少学者已经注意到了这些语法突破现象，一些研究成果甚至流露出朴素的"特区"意识。如陆俭明（1985）、尹世超（2001）等学者就认识到标题中的语言使用与常规情况不一致。范妍南（2007）直接提出"与一般的口语或书面语不同，标题对语言的精炼程度有着较高的要求，所以，标题中常常会出现一些违反语法常规的语言现象"。与此同时，一些学者开始尝试联系当代语言学理论解释这些"新奇"现象。Östman（2005：121—144）、袁野（2011）将构式压制的思路运用到语篇研究领域，两位学者认为，由新闻标题、缩略语、宣传用语等

---

① 语言发展演变有内因（internally-motived）和外因（externally-motived）之分，内因相当于儿童母语习得，比如皮钦语的"克里奥尔化"（Creolization），皮钦语中杂乱无章的特征经过母语习得，变成匀称、完整的词汇、语法系统；语言发展变化的外因与语言接触有关，语言接触是指多种语言（方言）相互接触产生影响，例如白语（藏缅语，SOV语序）和回辉话（南岛语，VSO语序）由于长期与汉语接触，致使基本语序结构变成了SVO。

文体语篇所引发的特殊语言使用现象，如超常搭配、类型移变等应该纳入语篇压制研究范围之内，即将篇章看成一个构式，各类"新奇"现象由篇章构式压制而产生。当然，该解释似乎并不完美。为何只有标题等领域能压制出"新奇"现象，两位学者未能给出合理的答案。而语言特区理论则较为圆满地解决了这一问题，并且从语言发展变化角度重新审视了"新奇"语言现象的理论价值。

众所周知，语言接触与语言习得是促使语言创新变化的两大源泉。而语言特区在语言演化发展方面也发挥了类似的作用。Östman（2005：121—144）研究表明，标题与语言习得在某些方面具有相通性，如 Mother Drowned Baby，表面上看缺少冠词不合语法，但在标题和英语学习者口中（尤其是母语没有冠词的学习者，比如芬兰人），能够被接受和理解。有意思的是，De Lange et al.（2009）运用实验证明，发生在语言获得期幼儿身上的冠词缺失与新闻标题中冠词缺失，二者的认知理解机制竟然极为相似，甚至具有跨语言的共性表现，在荷兰语和意大利语这两种冠词系统不同的语言里，其处理机制毫无差别。这一情况说明，标题口号语言特区与语言习得这两大领域在某些方面具有相通性。此外，研究发现，语言特区中的一些语法突破现象能够进入常规语言系统，成为通行的说法。比如标题口号语言特区中的双音节 VN 式动词带宾语现象，在 20 世纪 80 年代以前，一度被认为是非法表达，但伴随语言变化发展，在 30 年后的今天，很多 VN 式动词带宾语用例已经脱离了标题语言特区，逐步进入日常语言生活（本书第三章会讨论这一案例）。因此，语言特区能够在一定程度上预测现代汉语语法规则的发展走向。张谊生在论及当代语法研究的转型时提出，当前语法研究已经由"三个充分"变为"四个充分"，即观察充分、描写充分、解释充分、预测充分①，增加了"预测充分"一条。由此来看，是否具有预测力是评价理论工具优劣的一项重要指标。而语言特区理论在这一方面优势明显。

正是由于其较强的解释力，在语言特区理论提出之后，已有一批学者在该理论框架下开展研究工作。经澳门大学人文学院语言学研究中心统计②，徐杰教授团队语言特区相关研究成果已具规模，其中包括博士学位

---

① 参见《中华读书报》于 2017 年 5 月 10 日刊发的针对《语法调查研究手册》（第二版）（刘丹青，2017）的书评文章《指明了一条汉语语法调查研究的新途径》。

② 参见网页 https：//linguistics. fah. um. edu. mo/语言特区的理论。

论文和核心期刊文章。根据研究对象的不同，本书将语言特区研究文献目录重新整理，内含诗歌语言特区文献 19 篇，网络语言特区文献 10 篇，标题口号语言特区文献 17 篇，其他相关理论议题文献 4 篇，具体篇目见书后附录一。

除上述文献之外，还有不少学者在研究中提到或用到了语言特区理论，如刘树苓、张美涛（2023）标题构式"从 X 看 Y"研究，黄善婷（2021）"蹭+宾语"结构网络新用法，周毕吉（2020）网络感叹句式"不要太……"，陈景元（2019）网络流行语"尬 X"研究等，这些成果为语言特区理论的深入发展提供了案例支持。

（二）韵律语法

韵律语法是以韵律为基础来研究语法的理论（冯胜利、王丽娟，2018：1）。

20 世纪 60 年代初期，吕叔湘先生（1963）就注意到，现代汉语词汇中有"双音化"的倾向，单双音节的搭配也会影响句法组合的合法性。比如，很多双音节动词后的宾语要求也是双音节，只能说"管理图书"，不能说"管理书"，只能说"开垦荒地"，不能说"开垦地"。某些双音节形容词后只能用双音节名词，只能说"伟大人物"，不能说"伟大人"，即使加"的"也不能成立（"辉煌成绩""＊辉煌的城"）。吕先生还发现，三音节偏正组合［2+1］式（"动物学、示意图"）多于［1+2］（"副作用、手风琴"）式，三音节动宾组合［1+2］式（"买东西、写文章"）多于［2+1］式（"买东西、糟践钱"）。周韧（2011：32）用例（1）、例（2）重新展现了吕先生的这一思想。

（1）偏正结构
车厂 ＊车工厂 汽车厂 汽车工厂
菜店 ＊菜商店 蔬菜店 蔬菜商店
考题 ＊考题目 考试题 考试题目
（2）动宾结构
存包 存包裹 ＊存放包 存放包裹
订票 订车票 ＊预订票 预订车票
开会 开大会 ＊召开会 召开大会

在偏正结构中，［1+1］、［2+1］、［2+2］均合法，［1+2］不合法；在动宾结构中，［1+1］、［1+2］、［2+2］合法，但［2+1］不合法。由此可见，韵律与语法之间相互制约、相互影响。

为了解决韵律与语法之间的关系难题，冯胜利提出了音步组向理论和核心重音指派规则。音步组向理论认为，汉语中词从左向右组织音步，而短语从右向左组织音步，正所谓"右向构词，左向构语"，普通话自然音步的规律如下（参见冯胜利，1998；冯胜利、王丽娟，2018：58—59）：

（3）a. 从左向右组建音步；

      b. 双音节优先组构标准音步；

      c. 单音节不成音步；

      d. 剩余的单音节与其左邻的双音节组成一个音步。

核心重音指派规则包括（参见冯胜利、王丽娟，2018：99—101）：

（4）NSR in Chinese（汉语核心重音）

［S］特征必须指派给基干树形结构的最后成分。

（5）Government-based NSR（管辖式核心重音）

给定两个姊妹节点 C_i 和 C_j，若 C_i 和 C_j 为选择次序且被彼此管辖（mutually govern），则 C_j 较为凸显。

这两个理论在一定程度上解决了"皮鞋厂、＊鞋工厂"以及"收徒山神庙、＊收徒弟山神庙"类的问题。当然，两个理论在事实覆盖方面也存在一些问题（应学风，2013）。周韧（2022：59—67）则摒弃了重音这一概念，径直提出"汉语是一种音节计数的语言"[①]，汉语的节奏并非取决于轻重音，而是来自音节数量和音节之间的松紧关系。音节和音节数量，是汉语韵律语法运作的支点。在"音节—语义"视角下考察汉语句

[①] 沈家煊（2017）也提出，在词汇层面，汉语没有重音，但在话语层面有重读。与英语相比，汉语的韵律和语法是包含关系，韵律是"大语法"的一个子集，但英语中韵律和语法是交叉关系。英语的节奏靠轻重来区分，是"重音定时"（stress-timing），而汉语的节奏是"音节计数"（syllable-counting）或"音节定时"（syllable-timed）。

法结构的韵律模式，周韧（2022：84）提出"语义语用信息相对大的成分在音节书目上相对多；语义语用信息相对小的成分在音节书目上相对少"。

基于特殊的使用目的，标题口号韵律性极强，我们将这一特征概括为"韵律亲和"，亦即标题口号偏好使用自然谐律的音步结构，在表意相同的情况下，更倾向于使用相对紧凑的句法结构，舍弃较为松散的组合形式。如广为流传的"小平您好"标语口号，是"2+2"自然音步结构，平衡对称，朗朗上口，而表意相同的"邓小平同志您好""向邓小平同志致敬"皆因音节结构不和谐导致其使用度不高（邹哲承、李又平，2002）。此外，一些语法突破现象在类推使用过程中，受制于特定的韵律模式，如本书第二章描写的"N+N"式标题口号，其中的第一个名词 N_1 受韵律模式制约，不能是单音节形式（"汽车中国、＊车中国"）。

（三）语体语法

20 世纪六七十年代，以 Labov（1966）为首的社会语言学家注意到不同语体的语言风格、篇章结构、叙事模式存在差异，由此开启了语体视角下的语言变异研究。与社会语言学不同，以 Haegeman（1987、2013）为代表的本体研究者则更关注语体因素对语言变异形式的塑造，认为语体变异是一种参数重置现象。

在汉语研究领域，老一辈语言学家很早就意识到语体特征的不同导致语法现象的差异。吕叔湘先生（1977）提倡使用对比方法研究语法，他说道"某些句式，某些虚词，用在某种环境很合适，用在另一种环境就不合适。比如'我们'和'咱们'，'被'和'叫、让'，'跟'、'和'、'同'、'及'，都有这样的问题"，这些差异可以归结于"语域"的不同。朱德熙先生（1987）提出，"在区分语料层次的基础上进行语法研究"，语法研究中应该区分口语语料和书面语语料，一些句式"只见于书面语，口语是不说的"，"进行语法研究的时候，必须区分语料中的不同层次以保证研究对象内部的均匀一致。这就像化学家研究水的性质时，必须先把混在水里的杂质分离出来一样。作为化学家，不能把溶液跟纯水混为一谈；作为语法学家，也不能无视口语、书面语、方言和新兴句式的区别"。胡明扬先生（1993）探究汉语书面语系统，他认为，现代汉语书面语不是一个纯粹的系统，其中包括口语成分、欧化成分、文言成分和方言成分，因此，对反映不同语体特点、不同语言系统特点的语法现象分别处理，将会减轻现代汉语语法研究的困难。

到了 20 世纪 90 年代末期，学者们开始探索语体语法研究的具体操作模式。陶红印（1999）认为书面语和口语的二分较为粗疏，语体分类也可以有以下几种维度：传媒（medium）和表达方式（mode）、有准备（planned）和无准备（unplanned）、庄重（formal）和非庄重（informal）。陶红印、张伯江（2000）区分"宏观语体"和"微观语体"，张伯江（2012）谈道，宏观语体是不同语体变量的组合，一个细微的语体变量往往会导致语法特征的差异。方梅（2007）直接提出，语体对语法具有塑造作用。

冯胜利（2003、2010）舍弃了书面语、口语的语体二分法，而将距离关系与语体机制联系起来，并指出，"正式与非正式""典雅与便俗"是语体构成的基础范畴。"正式"与"非正式"取决于共时交际距离的远近，交际距离远就是"正式"，而交际距离近自然就是"非正式"。"典雅"与"便俗"来源于历时距离感。体现在语言表达上，"正式"与"非正式"通过现代汉语词汇、语法手段表达；"典雅"与"俗便"则通过古代汉语词汇、语法来表现①。例如：

（6）正式与非正式

a. 你的事儿就是编教材。

b. 你们的职责是对现有教材进行改编。

（7）典雅与便俗

a. 这句话不行，得改改。

b. 此句欠妥，宜加修改。

在现代汉语层面，"对……进行 V"是正式语体语法项，而"该"和"宜"来源于古汉语。可见，尽管表达意义大致相同，不同语体也会使用不同词汇、语法手段来彰显语体特征。与此同时，冯胜利（2010）提出，语体范畴中的两个方面不是绝对的，而是存在高低量度之差。如：

---

① 这一部分所用例证均转引自冯胜利（2010）。

（8）正式度等级

零级正式度 编教材

一级正式度 编写/改编 教材

二级正式度 教材编写/改编、教材的编写/改编

三级正式度 对教材进行改编

（9）典雅度等级

白话 像 皮肤白净得像雪花膏似的

一级典雅度 如 皮肤洁白如雪

二级典雅度 似 肤白似雪

三级典雅度 若 肌肤若冰雪之白

例（8）、例（9）显示，语体等级差异同样依靠词汇、语法手段来实现。正式度等级最低的说法是［1+2］式动宾短语"编教材"，［2+2］式动宾短语"编写/改编教材"的正式度等级稍有提升，正式度等级较高的结构是动词后置的 OV 式（也包括"O 的 V"结构）和"对……进行 V"。典雅度等级最低的是"像……似的"结构，"如"和"似"的典雅度等级在"像"之上，典雅度等级最高的是"若"。在此基础上观察标题口号发现，标题口号属于正式度等级较高的严肃语体，具有远距单向特征，其中诸多语法突破现象的产生与使用均受制于这一特征。比如，本书第三章讨论的"VN+O"标题案例，我们依据正式度将 VN 式动词分出等级，考察不同等级 VN 式动词的带宾能力。结果发现，正式度等级较低的 VN 式动词本身就具有带宾能力，而正式度高的 VN 式动词能够在标题语言特区突破常规语法规则带上宾语。又比如，本书第五章讨论所讨论案例标题口号中"的"字的非常规删略现象，"的"违背语法规律删略，其动因就是提升标题口号的正式度等级。

特别说明，虽然本书在行文过程中用到了语体语法的研究思路和方法，但语体语法与本书的宏观理论背景"语言特区"在精神内核上有所不同。下面引用徐杰、覃业位（2015）原文中的一段话来说明二者的区别。

（10）a. 语体语法强调语体对语法的影响，语体不同语法就有差异；语言特区理论则强调该领域能产生突破惯常语言规则的新形式，

并（可能）促使语言发生演变；

　　b. 语体语法主要关注"某种语法特征何以在某种语体里高频出现，或者说何以带有明显的语体选择倾向"（量的差异），该理论并不认同存在一种凌驾于各种语体之上的核心语法规则，是一种语用的功能主义语法研究；而语言特区理论着眼于语言的创新形式及其对语言演变的影响（质的差异），并认为所有语言使用平台上的具体语言规律均为核心语言规则的具体表现，必须受到核心语言规则的约束，是一种基于普遍语法的研究。

　　c. 并非所有语体（或文体）在语言形式上都能创新，如政论语体、法律语体等，而且一般语体的（零星的）创新能力也远不如语言特区那么强势。

　　一言以蔽之，语体语法奉行"多元论"，即不同语体有不同的语法；而语言特区的实质是"一元论"，即只有一种语法，但其在不同语体中存在变体①，语体语法是功能主义研究思路，语言特区是形式主义研究思路。

　　本书整体上在上述三个理论视角下进行。但考虑到每个案例各有特点，在具体研究过程中，我们并不囿于某一特定理论，而会根据案例的特色选择相应适合的语言学理论。比如，在量词缺失的"一 NP"主语标题案例中运用语法化理论，在"又""再"连用式标题案例中运用"整句焦点"理论等。

三　研究方法

　　本书主要运用比较法，比较常规语法现象与标题口号语法突破现象，比较标题口号中可能成立的语法突破现象与不可能出现的现象，进而深度

---

　　① 语言特区的"一元论"思路来源于生成语法的"原则与参数理论"。"原则与参数理论"（Principles and Parameters Theory）是生成语言学领域中关于"普遍语法"的理论（Chomsky，1981；Chomsky，1986；Chomsky & Lasnik，1993）。该理论认为"原则"（常数）为人类语言所共有，具有生物学属性，"参数"（变量）设置的不同导致了诸多自然语言的差异（徐杰，2018：2—3）。在这一意义下，标题口号语法突破现象所违反的仅仅是现代汉语普通话的语法规则，亦即个别语法（Particular Grammar），并未突破普遍语法（Universal Grammar）。而标题口号中纷繁复杂的语法突破现象也存在一定限度，受制于人类的语言能力。

发掘语法突破现象的特征与规律。总体上看，本书研究过程力求做到以下四个"结合"。

（一）理论发掘与事实呈现相结合。本书基于语言特区理论，通过对标题口号中多个语法突破现象及其使用限度的分析，探究语言特区中语法突破的规律与特点，进一步完善、拓展语言特区理论。

（二）现象描写与类型比较相结合。本书着重分析标题口号语言特区中的语法突破现象及其限度，并尝试与另外两类语言特区诗歌文体、网络空间中的同类现象进行比较，观察其共性特征与类型差异。

（三）动态与静态相结合。本书将标题口号语法突破现象置于语言发展变化的轨迹当中，考察其对现代汉语语法规则的影响。既有静态的分析描写，又有动态的发展预测。

（四）共时与历时相结合。很多标题口号语法突破现象来源于古代汉语语法手段的复生使用，因此，共时与历时相结合的研究方法能够帮助我们更好地认识相关语法突破现象的演变规律和产生机制。

第五节 研究价值

一 理论价值

（一）本书研究支持并发展了语言特区理论。本书搜集了一批标题口号语法突破现象。该类现象违反常规语法规则，但并非肆意乱用，而是遵循一定的条件，受制于特定规则。此外，通过对语法突破现象进行细致的分类描写，我们发现，语法突破现象的出现具有一定的语言类型学规律，很多情况下只是在既定的语法化道路上比常规语法规则先走一步而已。

（二）对语言发展演化有所启示。语言特区为观察语言变异、预测语言发展变化提供了一扇窗口（徐杰、覃业位，2015）。通过对标题口号语法突破现象、限度及其扩散使用的研究，能够窥探语言发展变化的内在规律，在一定程度上预测汉语语法规则的未来走向。事实证明，标题口号催生了大量突破常规语法规则的语言现象，其中大多数现象都是古汉语综合性语法手段的重生使用。也就是说，在语言周期性演变的长河中，标题口号正是观察汉语语法特征"综合→分析→综合"循环发展演变的绝佳场所。

（三）丰富"句法——语义——语用"界面研究。标题口号语法突破现象的实质是特定区域内语言的变异使用，从产生机制来看，语法突破现象是句法、语义、语用界面互动的结果。已有成果显示，界面研究往往会成为新语言理论的生长点，比如韵律语言学（包括韵律词法学和韵律句法学）就是"句法——音系"界面研究的成果（施春宏，2014）。因此，对标题口号语法突破现象及其限度问题的探讨可以进一步丰富句法、语义和语用界面研究，为新兴语言学理论的出现提供土壤。

（四）重新认识标题口号的性质特征。长期以来，学界将标题口号的性质特征概括为两点：形式简洁、内容凸显。通过观察大量案例，我们发现，上述两个特征难以解决相关问题。因此，基于语法突破实例，本书将标题口号的特点重新概括为两条：远距单向和韵律亲和（具体阐述在本书第二章第二节）。这两大性质特征能更好地解释语法突破现象产生的动因与机制。

（五）加深对现代汉语常规语法规则的认识。本书所研究的语法突破现象有悖于现代汉语常规语法规则，因此，只有对相关现代汉语常规语法规则有比较深入的了解，才能判别出语法突破现象。反观之，通过对标题口号语法突破现象的研究亦能加深我们对现代汉语常规语法规则的认识。

二　应用价值

（一）为汉语教学提供参考资料。标题是文章的重要组成部分，正确理解并撰写标题是汉语阅读写作教学的重点之一。本书广泛搜集汉语标题，分析其结构特征，为中小学语文教学和汉语作为第二语言教学提供材料。

（二）为信息检索技术的发展提供语言学支持。在信息检索领域，标题检索发挥了重要的作用。众多新闻门户网站均设有标题检索栏目。本书对汉语标题特点的分析，能够在一定层面上为检索技术的优化提供语言学支持。

（三）为解决"标题党"问题提供语言学对策。本书研究标题语言变异，从语言文字角度规范标题使用，维护良好的媒体生态环境，为解决"标题党"问题提供相应的语言学对策。

（四）除语言学以外，标题口号也是新闻学、传播学、文化学、政治学等诸多学科领域的研究重点。因此，本书对标题口号语法突破及其限度研究，能够发掘标题口号的相关特点，充分发挥其应用价值，以服务于其他兄弟学科。

第二章

作为语言特区的标题口号

本章运用标题口号实例，从宏观角度讨论语言特区的理论问题。主要内容包括三个方面：一是"语法突破"的定义与特点；二是语言特区视域下标题口号性质特征的重新概括；三是从标题口号语言特区看汉语综合性语法特征的回归。

第一节　语法突破

一　"语法突破"界说

语法突破（grammatical violations）是指不合母语者语感、与共时通语语法规则相抵牾，在常规情况下使用受限的语法现象。就汉语来讲，语法突破就是不符合现代汉语普通话语法规则的一类现象。

为什么不合语法规则的语言现象能够存活？这涉及语言现象的"接受性"问题。就个别语法（Particular Grammar）而言，"合语法性（grammaticality）"与"可接受性（acceptability）"特征应该区分开来。从逻辑上讲，这两个特征有四种组合可能（徐杰，2018：73—74）（见表2-1）。

表2-1　　　　　"合语法"与"可接受"的四种组合可能

	情况 A	情况 B	情况 C	情况 D
合语法	是	是	否	否
可接受	是	否	是	否

（1）情况 A：张三昨天开车来的。

　　　情况 B：张三的父亲的同学的弟弟的外甥的姨妈的邻居去

世了。

　　　　情况 C：张三是早上八点的火车。（比较"张三是学生。"）
　　　　情况 D：来昨天的开车张三。

　　情况 A 司空见惯，情况 B 和情况 C 较为特殊。先说情况 B，合语法但不能接受的现象，如"张三的父亲的同学的弟弟的外甥的姨妈的邻居去世了"，符合语法规则，但不用于交际，不被接受。再谈情况 C，不合语法却能被接受的现象，即本书所说的语法突破。Lakoff（1977：73—86）曾提出"语言中的可接受性与社会心理感知直接相关。当一个句子适合它所被运用的情景时就会被认为是可接受的"（转引自司富珍，2009）。依此来看，语法突破现象需要在特定的场合情境中存活，若放在常规情况下，语法突破现象也不能被接受。覃业位（2016a）在讨论网络语言特区中语法突破现象的"合语法"和"可接受"问题时有一段十分有趣的论述，能够清晰地说明这一问题。覃文指出，从"合语法"角度看，网络特殊语法现象与常规现象都遵守普遍语法原则，即与 UG（Universal Grammar）一致，网络特殊语言现象之所以特殊，是因为其未遵守个别语法规则，与汉语语法规则不一致；就"可接受"特征而言，在网络语言特区中，所有特殊现象均能被接受，若在常规情况下，特殊现象的可接受度就会降低，甚至成为不可接受的说法。概言之，网络特殊语法现象只有在网络语言特区这一特定情境中才能存活。

　　那么，在标题口号语言特区中，如何判断某一现象是否突破了语法规则？依据前文提及的语法突破定义，我们提出如下判断方法。

（一）汉语母语者的语感

　　母语语感（intuition）与二语语感（language sense）不同，母语语感是语言本能的一部分，通过自然发展获得；二语语感则是语言知识积累的结果，是学得的语言能力（汤富华，2008）。一个汉语母语儿童，不需要任何语法课和老师的讲解，也能够依靠自己的语感判断"宝宝在喝奶"是汉语，"宝宝喝在奶"不是汉语（即不合汉语语法，宁春岩，2011：8—9）。所以，汉语母语者能够依靠自身语感判断某一现象是否发生了语法突破。

（二）语法学家对相关规则的描述

　　现代汉语语法研究肇始于《马氏文通》，百余年来发展迅速。在中国语言学众多学科领域之中，其成果最多、最具前沿性、最为活跃（施春宏、李晋霞，2014）。诸多前辈学人在此领域辛勤耕耘，其研究成果基本覆盖了语法系统的方方面面，这也是本书判断语法突破现象的依据。在具体操作上，主要参考《语法讲义》（朱德熙，1982）、《汉语语法学》（邢福义，1996）、《现代汉语描写语法》（张斌，2010）等理论语法学著作，《现代汉语八百词》（吕叔湘，1999）、《实用现代汉语语法》（刘月华、潘文娛、故鞾，2001）等教学语法著作、辞书以及其他相关研究论文。

（三）　置于具体叙述句或语篇中进行判别

标题口号语法突破现象有一个重要的表现，即同一个话题或事件，在标题中使用语法突破形式，但在正文里则使用常规语法形式。例如：

（2）新闻标题：60 后大叔成功求婚 90 后萝莉（新华网，2015年 6 月 28 日）

新闻正文：一位大叔单膝跪地，向一名红发女孩成功求婚，场面壮观。

（3）新闻标题：武汉一房管所违规发福利　3 领导班子成员受党内警告（《长江日报》2017 年 2 月 6 日）

新闻正文：某房管所连续两年在春节前擅自扩大福利发放范围，使用工会经费发放现金，并使用行政经费发放节日物资并组织聚餐，违反了中央八项规定精神，3 名领导班子成员因此受到党内警告处分。

根据现代汉语语法规则，例（2）中"求婚"一词为 VN 式不及物动词，其后不能带有宾语成分，但在新闻标题中"求婚"却带上了宾语"90 后萝莉"；相反，在新闻正文中，相应的表述形式依旧为"向一名红发女孩成功求婚"，未发生语法突破。据此可知，该则新闻标题中的"求婚"带宾语为语法突破现象。例（3）"3 领导班子成员"在标题中无量词，而在正文中却加上了量词"名"，这一情况说明，标题中量词隐现用法属于语法突破现象。

同样的道理，时体特征完备的叙述句亦能判别语法突破现象。比如判断标题中名词做状语是否为语法突破现象时，可以添加相关时体成分，将其置于具体时空背景下进行判别：

（4）a. 宁晋花甲老人钢笔<u>画下</u>千年古县风貌（河北新闻网，2014 年 5 月 13 日）

　　b. *宁晋花甲老人钢笔<u>画下了</u>千年古县风貌。

　　c. *宁晋花甲老人<u>曾经</u>钢笔画千年古县风貌。

（5）a. 辽宁大学生违规洗漱 <u>花盆砸保卫</u>被铐手铐（中国青年网，2016 年 4 月 21 日）

　　b. *（辽宁大学生）<u>花盆砸了保卫</u>。

　　c. *（辽宁大学生）<u>昨天花盆砸保卫</u>。

例（4b）、例（5b）添加了体标记"了"，例（4c）、例（5c）分别添加了表过去的时间副词"曾经""昨天"，但显而易见，增加成分并没有改变句子的合法性。试对比"宁晋花甲老人用钢笔画下千年古县风貌""辽宁大学生用花盆砸保卫"，这两个结构添加"了"就可以变为常规事件句。由此证明，标题中名词做状语为语法突破现象，在自然语句中不能类推使用。

综上所述，母语者的语感、相关语法规则的描述、入句法是本书判别语法突破现象的三种方法。需要说明的是，在判断标题口号中某一现象是否为语法突破现象时，母语者的语感是最重要的方法，后两种方法则是起到辅助性作用。

二　不同理论背景下的语法突破现象

在传统语法研究领域，语法突破现象一直未受到充分重视，甚至被贴上"灰色语料""边缘语料"的标签（覃业位，2016a）。施春宏（2015）提出："所谓边缘，有两种情况，一是客观上的数量少、形式和/或语义及其结构关系相对特殊；二是研究者视野中的'边缘'，某个理论体系中的'边缘'。"换言之，客观上的特殊与主观上的轻视共同导致了语法突破现象的边缘化地位。但从语言发展变化角度看，特异性与规则性的互动关系，是任何语言学理论都不能回避的问题。可喜的是，近年来伴随着当代语言学理论的深入发展，这些原本未被重视的材料开始逐步进入语言学家的研究视野。

（一）语言特区与语法突破现象

徐杰、覃业位（2015）在形式语言学视域下提出了语言特区理论。

语言特区的定义为"有条件地突破常规语言规则约束的语言运用特定领域"。这一概念模拟"经济特区"而创制,其精髓在于将语法突破现象置于人类语言发展的大背景下来考察,认为语言特区与语言接触、语言习得一样,是语言演变发展的重要源泉。从类型来看,语言特区主要有诗歌文体、网络平台和标题口号三种类型,在这三个平台区域内,语法突破现象层出不穷。比如,常规情况下,汉语动态助词"着"前成分有两种:一是动作动词("说""打""跳""睡");二是性状变化形容词("亮""臭"),没有其他类型(张国宪,2006)。但徐杰、苏俊波(2014)研究发现,诗歌中的"着"有了突破性用法,可以出现在瞬间动词("抛弃""炫耀")、结果动词("飘满""剥落")、心理感觉动词("害怕""疼痛"),甚至状态形容词("赤裸裸""葱绿")之后。

(6) a. 我被抛弃着 | 被炫耀着 | 长城在群山中艰难地走着(江河《伤心的歌》)

b. 心情像一片河流 | 上面漂满着记忆的树叶(丁泓《深秋》)

c. 长大了,成熟了,丰满了 | 划分的骨头剥落着爱情(海男《歌唱》)

d. 少年的日子忧心忡忡 | 害怕着班集体 | 会看透他的坏心眼(于坚《女同学》)

e. 那只带血的手 | 疼痛着古老的伤口(刘泽球《赌局》)

f. 猝然老了 | 夏季赤裸裸着欢呼(杨炼《人日》)

g. 她以为最好的表达 | 就是一心一意把树种好 | 饱满着,绿着,像血液一样葱绿着(傅天琳《柠檬叶子》)

再来看网络语言特区的例子。选择问是提出两种或两种以上情况供听话人择其一作答的问句(张斌,2010:502)。网络新兴的"还是"选择问句则突破了这一语法规则,仅给出一个可选项,借"选择问"之名,行"强调"之实(刘颖、罗堃,2019)。

(7) a. 肉已经没有了,你看你吃菜还是吃菜呢?(微信聊天室)

b. 女人这么强调这些有必要吗?心虚还是心虚呢?(BCC

汉语语料库)

　　　　c. 椅子都搬走了，只剩这一张，你坐<u>还是</u>坐呢？（新浪微博)

　　　　d. 额头好痒，<u>是</u>过敏<u>还是</u>过敏还是过敏呢？（新浪微博)

　　　　e. 你<u>是</u>嫌我不够胖<u>还是</u>不够胖还是不够胖？（新浪微博)

　　　　f. 绝对伏特加兑红牛，自己在家兑酒喝的感觉很好呢。你<u>是</u>要喝<u>还是</u>要喝还是要喝呢？（新浪微博)

　　该新兴选择问句共有"……还是……""是……还是……""……还是……还是……（还是）……""是……是……还是……""是……还是……还是……"五种子类型。而在常规情况下，"吃菜还是吃菜""坐还是坐"之类表达不符合语法规则，不被接受，但在网络语言特区中却能成立，并且发挥着特殊的交际作用。同样，标题口号中的动宾式动词带宾语现象也是一个十分有意思的案例。

　　（8）a. 保<u>驾</u>春运　护<u>航</u>平安（甘肃酒泉火车站派出所春运口号)

　　　　b. 众街坊<u>献花</u>"女神"　志愿者传递爱心（光明网，2017年3月8日)

　　　　c. 市民<u>尝鲜</u>非遗活动　"大世界"外感受"大世界"（新民网，2017年3月27日)

　　　　d. <u>探营</u>全球最酷的办公室：顶层可以打高尔夫（中国新闻网，2015年6月22日)

　　"保驾""护航""献花""尝鲜""探营"等动宾式动词在常规情况下一般不能带宾语，但在标题中不受限制，可以构成"VN+O"格式。这一特殊格式首先在标题中出现，而后扩散至非标题语言（尹世超，2006）。当然，扩散受限，大部分动宾式动词带宾语格式还是只能出现在标题口号中，不能在自然语句里使用（本书第三章会详细分析）。研究发现，在这一"可疑句式"（邢公畹，1997）进入常规语言的过程中，语言特区发挥了重要的推动作用。

　　总体而言，语言特区中语法突破现象与常规语法规则的关系及其发展变化，可借用徐杰、覃业位（2015）论文中的一幅图来说明（见图2-1）。

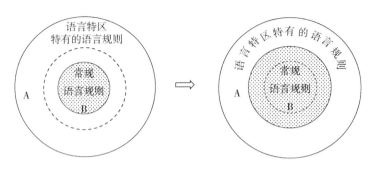

图 2-1　语言特区特有规则与常规语言规则的关系及其变化

　　语言特区中的语法突破现象与常规语法现象本来"泾渭分明"，存在界限，语法突破现象也只有在语言特区中才能被"合法"观照，但随着语言的发展变化，一些语法突破现象可能"溢出"语言特区，在日常语言生活中也能够被"合法"解读，如此一来，常规语法规则的范围就会扩大。

（二）语篇压制与语法突破现象

　　功能——认知流派的"语篇压制"也是新近出现的，旨在解决相关语法变异问题的理论工具。考察发现，语篇压制与语言特区理论相似点颇多，甚至可以说二者具有异曲同工之美。

　　语篇压制，又称语篇构式压制（discourse construction coercion），其核心观点是，构式应该覆盖至语篇层面，即特定的语篇类型（text type）会对语篇中的词汇、句法项目产生压制作用（Östman，2005：121—144；袁野，2011；郑洁，2015）。换个说法就是，特殊语篇能够允准特异词汇、句法现象出现。在此基础上，Östman（2005：126）和袁野（2011）主张，新闻标题、缩略语、行话、方言，甚至外语学习者的"错误"语都应纳入语篇构式压制研究的范围之内。例如，mother drowned baby（母亲溺死婴孩）中，mother 和 baby 两个名词前均无冠词，在常规情况下是违背语法规则的表达，符合英语语法的正确表达为 a mother drowned a baby，但是，冠词缺失的 mother drowned baby 若作为新闻标题出现，就可以被接受（袁野，2012）。新闻标题这一特殊语篇将非法形式"压制"成合法表达。除了冠词以外，标题中的介词、连词、物主代词、系动词 be 都可以隐而不现，这在常规情况下都是不允许发生的（顾维芳，2005；李莹，2018）：

　　（9）a. Divorce New York Style（The Divorce of the New York Style，

冠词、介词隐现)

  b. US Famers Keep Eye on Immigration Reform（US Famers Keep an Eye on the Immigration Reform，冠词隐现)

  c. Bush Pressures Arafat, Backs Israeli Self Defense（Bush Pressures Arafat and Backs Israeli Self Defense，连词隐现)

  d. Good News, Bad News on Food Prices and Production（Good News, and Bad News on Food Prices and Production，连词隐现)

  e. China Appoints First Governor in World Bank（China Appoints its First Governor in World Bank，物主代词隐现)

  f. Seven Injured in NJ Chemical Blast（Seven are Injured in NJ Chemical Blast，系动词隐现)

  又比如，根据扩充的投射原则（EPP），英语句子都应该有主语，在语义完整的情况下，仍然需要形式主语 it 或 there 来满足句法要求（温宾利，2002：59）。然而，标题口号中没有主语的情况比比皆是，如 Death to invaders！（诅咒辱骂性口号）Shorter working time！（请愿口号）Early solution of the problem of supervision on banks（新闻标题）（以上三例转引自刘丹青，2010）。从这一角度看，语篇构式为语法突破现象的生存提供了土壤，这与语言特区理论思路一致。但语篇压制理论关注的重点并不是语法突破现象的成活，而是语篇偏离（discourse deviation），即语篇类型与语篇功能的错位（袁野，2013）。例如，郑洁（2015）曾介绍上海徐汇警方微博中的"淘宝体"通缉令："亲，被通缉的逃犯们，徐汇公安'清网行动'大优惠开始啦！亲，现在拨打 24 小时客服热线 021-648××××或 110，就可预订'包运输、包食宿、包就医'优惠套餐，在徐汇自首还可获赠夏季冰饮、编号制服……亲，告别日日逃，分分慌，秒秒惊的痛哭吧，赶紧预订喔。亲，记得粉我，转发哦。"其中，网络交际语篇类型与通缉案犯的语篇功能"混搭"，产生了轻松幽默的语用效果①。不难发现，

---

  ① 郑洁（2015）文中还提到昆山青阳派出所运用"甄嬛体"制作防范电诈的警方提示，试图用清新、有趣、时尚的文体风格来吸引广大群众关注，从而达到警醒民众的语用效果。具体内容为"方才处理了几起电讯诈骗案子，想必是电讯骗子又在兴风作浪了。您若能拒接陌生来电那必是极好的。因为陌生来电多存在诈骗隐患，但您若是接了确认有害再挂断是最好不过的了。相信您也愿意密切联系警方，虽然会耽误一点时间，倒也不符警方提醒"。

语篇压制理论意图将语法结构与修辞、文体联系起来，这一意图本无可厚非，但研究领域的扩大严重削弱了该理论的价值魅力。

三　语言特区背景下语法突破现象的理论价值

施春宏（2015）在论及语言研究的价值问题时提出，对于任何语言现象，都需要结合语言价值（language value）和语言学价值（linguistic value）两个方面来进行分析。其中，语言价值"是为作为交际系统的语言提供特定的语言成分，形成特定的结构关系，实现特定的功能"；而语言学价值"是指特定语言现象的形成和发展、形式和功能以及由此而引起的语言学与非语言学争议，为语言学研究在观点、方法、内容、事实等方面启发了新的思考，产生了新的认识，得出了新的结论，预测出了新的趋势"（施春宏，2010）。由此来看，作为一种研究材料，语法突破现象与常规现象在形式上有所区别，并且具有特定的语用功能，这是其语言价值。与此同时，在语言特区理论背景下探讨语法突破现象，其语言学价值主要体现在以下几个方面。

其一，语法突破现象是对理论空位的有效填充。徐杰（2015）在讨论语言学理论与语言事实的互动关系时指出，语言学理论应该给"当有却无"的语言事实预留空位。也就是说，目前我们所能观察到的语言事实只是自然语言系统中的一部分内容，还有另外一部分语言事实尚未被观察到。而出现这一问题的原因在于，我们对语言系统的认识程度还不够高，我们的理论工具还不够完善。就此而言，语言特区实际上是给"当有却无"的语言事实预留了一个外显的空间平台，而语言特区中的语法突破现象有效地填充了理论空位。例如，理论上讲，"状语—中心语""中心语—状语"两种语序都有存在的可能，现代汉语普通话基本语序为"状语—中心语"（"在教室里学习""在广场上唱歌"），而诗歌语言特区里介宾状语"在+NP"可以突破常规语法规则后置（覃业位，2016b）：

(10) a. 融进这六点钟的夕阳｜散步在晚风里（许巍《天使》）

b. 风暴铭记我在异地｜如一颗装满的湿树（张枣《风暴之夜》）

c. 书打开在桌上｜瑟瑟作响（北岛《雨中纪事》）

d. 它要你疯狂在温暖的黑暗里（穆旦《诗八首》）

　　e. 多谢你们飞来飞去<u>在我们头顶</u> | 在幕后高谈 | 折冲 | 策动 （穆旦《时感四首》）

　　f. 让绿苍苍的生命 | 重新波动<u>在你的枝条</u>（舒婷《致》）

　　"在晚风里""在异地""在桌上""在温暖的黑暗里""在我们头顶""在你的枝条"这些"在+NP"结构介宾短语用作状语，居于中心语之后，中心语可以是光杆动词（"散步""波动"）、动宾短语（"铭记我"）、动补短语（"打开"）、联合短语（"飞来飞去"）和形容词（"疯狂"）。这一语法突破现象填充了现代汉语"中心语—状语"的语序空位。

　　其二，语法突破现象是沟通语言用变和语言演变的桥梁。语言用变（changes of application）是语言成分在使用过程中的临时变化，亦即临时活用；语言演变（changes of development）指语言用变现象进入常规语言系统，成为通行的用法（施春宏，2006）。在语言特区理论背景下，语法突破现象是语言用变的深入发展，也是其成为常规说法的必经之路。比如，程度副词"最"在特定语境中可以修饰普通名词，如"今天你最女人了""东北的大老爷们最男人"，很明显，这里的"最+N"是一种临时用法，而且其中名词类型单一，只有陈述性用法，不具备类推性，可以视作语言用变现象。而标题口号语言特区中的"最+N"，名词类型多样，还发展出了指称性用法，像"最车主"（易车网活动口号）、"最武汉　最生活"（大楚网活动口号）、《最音乐》（网络节目名称）、《最小说》（杂志名），其类推性有所提升，逐渐成为语言演变现象。

　　其三，语法突破现象从一个侧面反映出人类语言能力的局限性。事物的两面性告诉我们，语法突破现象并非任意妄为，而是遵循一定规则，受到相关制约。徐杰、覃业位（2015）这样描述突破"限度"："在语言特区中，其语言创新无论多么灵活，都不能突破普遍语法这一天赋的语言机制大框架。这就好比极为优秀的竞技型运动员，无论在何种程度上超出常人，不管如何努力，其跳高所能达到的高度、跳远所能企及的长度，都是无法逾越上天赋予人类生理极限的。"因此，语法突破现象在突破常规规则的同时也让我们看到了语言能力的边界。例如，前文提到，网络平台上特殊选择问句的选择肢项可以相同，表达"强调"意义，如"都到了法定结婚年龄，然而我连个男朋友都还没，是我太丑还是我太丑还是我太丑呢？（新浪微博）"，这一现象尽管突破了常规语法规则，但刘颖、罗堃（2019）研究发现，该类选择问句"还是"能够连接句子谓语、状语和宾语成分，不能连接主语成分，与常规情况所有不同。

> （11）a. 小王还是小张明天去划船？
> 　　　b. * 小王还是小王明天去划船？

例（11a）是合法的常规情况，"还是"连接主语"小王"和"小张"。但网络平台上的新兴的选择问句，"还是"并不能连接两个相同的主语成分"小王"，所以例（11b）不合法。

又如，标题中重复义副词"又""再"可以突破常规语法规则连用（《滴滴又再搞事情　接入12306客户端首页》《曾志伟庆贺刘嘉玲获影后又再酩酊大醉》），但是由于"又"在句法树上的附接层级高于"再"，根据"线性对应公理"（Linear Correspondence Axiom, Kayne, 1994：3）①，即使二者连用也不可能形成"再—又"的连用位序，"再—又"位序是语言能力所不允许的表达形式。

总体而言，语法突破现象作为一类语言事实，其地位不容忽视，应该在相应的语言学理论观照下，充分发挥其内在价值，为语言学理论发展、学科进步添砖加瓦。

第二节　语言特区视域下标题口号性质特征的重新概括

长期以来，学界对标题口号性质特征的分析主要集中在两个方面：一是结构形式上的短小精悍（Straumann, 1935：21；刘云，2005：51；白丽娜，2013；高更生、王红旗，1996：485—486）；二是表达内容上的凸显性（张萍，2006；白丽娜，2013；盛新华，2014）。

这两个特征概括来自学者们对标题口号的直观印象，客观公允，同时

---

① "线性对应公理"的内容是：线性语序上 α 位于 β 之前，当且仅当 α 非对称成分统制 β，α 的最大投射 XP 非对称成分统制 β。

也在一定程度上影响了后来的研究。但是，随着语体语言学、韵律语言学等相关学科领域的发展，我们发现，标题口号形式和内容上的特征概括似乎只能解决一些表面问题，并不能触及其本质。比如，为什么标题口号中会有这么多的语法突破现象？该类现象产生的动因和机制如何，其中是否有规律可循？对于此类问题，直观经验式的回答显得捉襟见肘。因此，完全有必要对标题口号的性质特征进行更深层次的探讨。而语言特区理论为相关特征分析提供了一个崭新的视角。在语言特区视域下，本书将标题口号的性质特征概括为两点，即远距单向与韵律亲和。主要内容如下：

> 远距单向（long-distance and unidirectionality）：标题口号交际距离较远，属严肃正式语体，其信息流动呈现单向性。
>
> 韵律亲和（prosodic compatibility）[1]：标题口号常常使用自然谐律的音步结构，在表意相同的情况下，更倾向于使用相对紧凑的句法结构，舍弃较为松散的组合形式。

这里的特征概括主要基于两个角度：第一，与非语言特区相比，标题口号有什么样的特色；第二，与诗歌文体、网络平台这两个语言特区相比，标题口号语言特区又有怎样的不同。下面详细论述这两个性质特征。

一　"远距单向"特征的具体分析

交际中的空间距离和心理距离都会影响到语言要素的使用（Eggins，1994：54；吴春相、金基石，2008）。冯胜利（2003、2010）将距离关系与语体机制联系起来，提出交际距离是语体正式与否的内在机制，"说话者不仅可以采用变速度、变声调、变语气、变韵律等语音手段，甚至还可以通过变词汇、变说法、变结构等语法手段，来表现、确定和改变与听者的距离（关系）"，推远距离产生正式严肃语体，拉近距离产生亲密随意语体。此外，王洪君、李榕、乐耀（2009）在语域理论、叙事学和戏剧

---

① 《现代汉语词典》（第七版）（2016：1057）这样解释"亲和"：①亲切和蔼；②亲近和睦。这两个义项与笔者的想法不太一致，本书提到的"亲和"更接近于词典中"亲和力"的意思，即"两种或两种以上的物质结合成化合物时互相作用的力"。如果精确一些，理解为"亲和性"更好，其涵义是两个或多个实体之间相互吸引、相互关联和相互兼容的特性（生成式人工智能软件"文心一言"2024年8月29日查询结果）。

表演等相关理论背景下研究语体得出类似结论：汉语的语体在最高层级上可分为两类，即"主观近距交互式语体"和"主观远距单向式语体"，通俗一点讲，就是正式语体和非正式语体。

在此基础上审视标题口号发现，标题口号属远距离的单向正式严肃语体①。首先，在空间距离上，标题口号的制作者与其受众一般不在同一个话语时空内，双方不会以标题口号为媒介进行交流；其次，在心理距离上，标题口号的制作者与其受众之间往往是一对多的交际关系，换言之，标题口号的主要功用价值在于信息传递，而非互动交流，因此，信息的流动是单向度的。

"了$_2$"的使用就是一个很好的佐证。很多学者注意到与自然语句相比，标题罕用"了"（尹世超，2001：123—135；郭灿，2007；金泓，2011），尤其是句末的"了$_2$"，在标题中几乎不能出现，口号情况与之相同。对此，学者们的解释是，"标题必须简短精练，突出醒目"（尹世超，2001：133）。与表达独立、完整事件的"事件句"相比，标题可以看成"非事件句"（沈家煊，1995），其在事件流程上没有终点，所以排斥终点标记"了"。事实上，这一解释并不圆满。仔细观察语料发现，标题中"了$_1$"与"了$_2$"的使用情况有所不同，具体表现为两点：第一，"了$_1$"可以单独使用，"了$_2$"则禁止单独使用，如《60 年 我们走了多远》《北京奥运 赚了 10 多亿元》《救人献身大学生彰显了什么》《胡德堡枪击案击中了什么》（上述标题转引自金泓，2011）；第二，若"了$_2$"与"了$_1$"合而为一，则允许使用，如《车轱辘飞了》《有创造力特征的青少年多了》（上述标题转引自尹世超，2001：126）。针对这一事实，"简短精练、突出醒目"的回答显然解决不了任何问题。若换用远距单向来分析，则能顺利解决这一难题。较之"了$_1$"，"了$_2$"对句法语义环境的依赖较弱，而与话语环境关系紧密。在时间性上，"了$_2$"可以提供外部时间参照，"了$_1$"则不行（郭锐，2015）。据王洪君、李榕、乐耀（2009）研究，"了$_2$"出现的条件是"话主显身，客观或主观上与受话同处一个话语空

---

① 徐杰、覃业位（2015）指出，诗歌文体、网络平台、标题口号应该是文体，而非语体。将诗歌文体和网络平台归为语体十分合理，但将"标题口号"也归为文体则值得商榷。口号在某种意义上可以归为文体，但标题横跨（cut across）各类文体，在每一类文体中都可以见到，如诗歌标题、小说标题、散文标题等，因此，很难说"标题"属什么文体。所以，本书将"远距单向，韵律亲和"视为标题口号的语体特征。

间，主观上与受话近距互动"，简言之，"了$_2$"需要近距交互的语境，而标题的特点是远距单向，缺乏互动性，因此排斥"了$_2$"出现。当"了$_2$"和"了$_1$"合并为一个"了"之后，其语境需求则大大降低，便可在标题中使用。从"了"在标题中的相关使用情况可以看出，远距单向的特征概括更具解释力。

比较而言，远距单向这一特征在三个语言特区中表现不同。

先来看诗歌。从语体功能来看，诗歌是较为正式的文体，其语言使用偏书面、典雅，交际距离较远（冯胜利，2010；刘颖，2016）。在这一点上，诗歌与标题口号并无差别。但从信息流动角度看，诗歌与标题口号差异较大。第一，诗歌可以作为媒介进行交际，唱和体诗歌就有交际的功能。诗人可以通过诗歌作品交流友情、沟通思想、切磋诗艺、风雅应酬（汤吟菲，2001）；第二，诗歌文本具有强会话性。姚双云、万莹（2014）研究发现，现代白话诗歌中可以出现"纯粹的对话"和"对话性"语言，例如：

（1）a. 我说："同志，请允许我到后方再学几年！" | 于是 | 将军的沉重的声音 | 在我的耳边震响了："问题很简单——不勇敢的 | 在斗争中学会勇敢，怕困难的 | 去顽强地熟悉困难。"（郭小川《向困难进军——再致青年公民》）

b. 你们 | 在祖国的热烘烘的胸脯上长大 | 会不会 | 在困难面前低下了头？不会的，我们信任你们 | 甚至超过我自己，不过 | 我要问一问 | 你们做好了准备没有？（郭小川《向困难进军——再致青年公民》）

c. 门外谁在呼唤？ | 河南父老，逃荒来讨饭。 | "俺们不是坏人！" | 怀中掏出证件。（流沙河《故园九咏》）

d. 丑石说：不要那么晃 | 可是树叶不听 | 树叶说：你以为你是谁呀 | 树叶谁的话也不听 | 树叶自由自在 | 不怕什么（赵丽华《丑石说：不要那么晃》）

e. 你们说绝对 | 我选择了可能 | 你们说无疑 | 我选择了未知（洛夫《巨石之变》）

f. 是我眷恋那残忍的战斗吗？ | 不，在战斗中我每天都盼望着胜利。 | 是我不喜欢这和平的国土吗？ | 不，我喜欢，我爱，我

感激。｜是我讨厌这山中的景色吗？｜不，初来的时候我也有很好的兴致。（郭小川《山中》）

例（1a）中是"将军"与"我"在直接对话，例（1b）中同样有两个声音对话，表现出问和答的关系。姚双云、万莹（2014）进一步指出，诗歌文本的强会话性主要通过会话的序列结构、言说动词、第二人称代词和疑问句四种语言手段来实现。例如，例（1c）诗句中"门外谁在呼唤"和"俺们不是坏人"就是一个相邻对，分别是诗歌叙述者发出的"询问"话轮和"河南父老"发出的"应答"话轮。在诗歌文本中，言说动词的作用是引出会话主体和话语内容，并且还能起到区别话轮边界的作用，如例（1d）中言说动词区分了不同的话语角色和话语内容。另外，与散文文本相比，言说动词使用频率更高。而第二人称代词的作用是称代受话人，所以第二人称代词的使用说明文本的会话性强，例（1e）中"你们"与"我"构成了非常明显的会话关系。疑问句在诗歌文本中也有较高的使用频率，像例（1f）中那样，通过"一问一答"的形式展现言语互动。

种种迹象表明，诗歌语言具有强对话特征，并且这一特征会随着诗歌创作的口语化逐渐增强。概言之，在信息流向方面，诗歌是双向的，而标题口号是单向的。

再说网络。网络的突出特点是自由、虚拟和互动（于根元，2001：46—48；覃业位，2016a），因此网络语言①在正式性上有所削弱，更贴近白俗、随意的日常交流，交际距离较近。而作为一种新兴的媒介工具，网络的主要功能就是交际。在网络平台上，很多实时通讯软件突破了空间限制，其互动性甚至大大超过了日常口语对话，实现了信息的快速双向流通。就此来看，远距单向这一特点与网络语言特区没有任何交集（见表2-2）。

表 2-2　　　　　　　　三类语言特区"远距单向"特征的比较

	标题口号	诗歌文体	网络平台
远距	+	+	—
单向	+	—	—

---

① 本书的"网络语言"取覃业位（2016a）的定义"网民在网络交际中使用的自然语言"。

　　关于标题口号的远距单向特征，这里还有两个问题需要说明。第一，口号是供口头呼喊的简短语句，既然是口头形式，其正式性是否有所欠缺？的确，标题一般以书面形式呈现，而口号则是口头形式，但这并不影响其远距单向特征。从语体特征看，口号是精细加工的言语产品，不具有即席性。口头呼喊的口号也都能转化成书面形式的标语（相宝德，2010）。因此，呈现形式不影响其自身特点。第二，疑问式标题是否体现了互动性？疑问式标题是一种特殊的标题形式，常见的几类疑问句都可以用作疑问标题，例如：

　　（2）a. 廊坊限购也升级了　天津会是下一个吗？（经济观察网，2017 年 3 月 21 日 是非问）

　　　　b. 北京楼市调控升级："退烧针"还是"镇静剂"？（中国财富网，2017 年 3 月 21 日 选择问）

　　　　c. 150 米"大竹子"里的环幕电影　你看不看？（《杭州日报》2017 年 3 月 5 日 正反问）

　　　　d. "来水 5 分钟停水 2 小时"尴尬了谁？（人民网，2017 年 2 月 28 日 特指问）

　　杨海明、周静（2014）曾提出，疑问式标题的功能是激活一个话语场景（situation of utterance），使标题和正文构成"提问—作答"的话轮，进而增进新闻读者和作者的互动。我们不赞同这一分析。我们认为，疑问式标题的作用依然是提供信息，只是换用疑问句的形式而已，新闻读者与作者之间没有互动关系。观察语料发现，上述几例标题尽管以疑问句的形式出现，但其正文部分并未做出正面回答，只有针对这一问题的分析和讨论。依此来看，疑问式标题的信息流动仍然是单向度的。远距单向是标题口号的一大特点。

二　"韵律亲和"特征的深入阐述

　　韵律与语体有着千丝万缕的联系，韵律手段可以改变语体特征，相应地，不同的语体对韵律也有不一样的要求，一般来说，语体的［正式］程度与其韵律性正相关（冯胜利，2010）。

　　从整体形式来看，标题口号齐整谐律，富于音乐性。冯胜利

（2010）认为齐整律是韵律文体的基本特点，"齐整"直接讲就是旋律重复、排列有序。在这一点上，排比对仗式标题口号特色鲜明。例如《官员代表不减　歌功颂德不休》《建设文化民生工程　奉献优秀文化成果》《加强党性修养　弘扬良好作风》（上述标题转引自韩书庚，2014：102），"为人师表风范长存　教书育人桃李天下""同在广州城　共讲公德心""工厂有名气　队伍有士气　职工有志气"（上述口号转引自刘凤玲，1999）。不难发现，该类标题口号匀称整齐，节奏感强，便于记忆传诵。

汉语标题在音节上的一个显著特点是，四音节和七音节标题数量大，标题作者会有意无意地制作这两种音节数目的标题（刘云，2005：125），同样，口号对四音节的偏好也十分明显。进一步观察发现，四音节和七音节标题口号的音节组配一般为最自然的韵律形式。冯胜利（1998）曾指出，四字符串的组合有［2+2］（语言研究）、［1+3］（副总经理）、［3+1］（被选举人）三种形式，而七字符串的组合有［4+3］（热爱人民热爱党）、［3+4］（为他人作嫁衣裳）两种形式，其中较为自然的韵律形式分别是［2+2］和［4+3］。而四音节、七音节标题口号往往选择这两种韵律形式，如四音节口号"森林云南""风电三峡""山水临沂""齐国故都　陶瓷名城"均为［2+2］韵律模式。即便意义相同，［1+3］、［3+1］也不是优选项，如"小平你好"比"邓小平好"更适合做口号（邹哲承、李又平，2002）。刘云（2003a）也曾列举了六类七音节标题，全部为［4+3］形式：《临危受命宋文富》（省略式）、《沧桑巨变无定河》（移位式）、《医患官司喜忧谈》（标记式）、《众说纷纭防护栏》（借用式）、《科技战士李洪涛》（同位式）、《结构调整看襄樊》（三段式）。此外，五音节、六音节标题口号也倾向于较为自然的［2+3］、［2+4］、［4+2］形式。

汉语标题口号在音节上的另外一个特点是，倾向使用双音节关联信息焦点，特别是在标题口号音节数量较多的情况下，有时甚至为此更改句法结构。比如，自然语句中，"被"后VP一般是复杂形式，不能是光杆动词，更不能为单音节动词，但在标题中"被"后动词倾向选择单音节形式，与"被"字组合成双音节音步，关联信息焦点（《打赌为求合影　男子给老外敬酒被殴》《90后CEO央视演讲被疑用户和融资数据造假》）。再比如，"又""再"在自然语句中是单用的焦点副词，几乎不能连用，但二者在标题里可以羡余式连用形成双音节音步（《美国又再公布登月最新内幕》《"城市菜地"又再浮头》）。具体问题，后续章节会进一步讨论。

汉语的节奏在一定程度上反映了音节组合的松紧程度（沈家煊，2017）。反观之，音节组合的松紧度，也影响着汉语的节奏。标题口号节奏上要求明快有力，故倾向使用紧凑的句法结构，舍弃松散的结构形式。关于句法结构中成分组合的松紧度问题，朱德熙（1982：95）、吴为善（1986）、梁源（2000）等学者都曾有所涉及，柯航（2012：29—55）在前人研究基础上，根据组合成分的连读变调情况，得出汉语常见句法结构的松紧度等级为（">"读为松于）①：［主谓>偏正］、［主谓>述宾>述补>偏正］，［主谓、述宾、述补、状中偏正>定中偏正、并列］。以此为参照比对标题口号语料，可以发现，在意义相同、音节数量相当的情况下，标题口号偏好松紧度较紧的句法形式。

动词后置的 OV 式标题就是松紧度偏好的最佳证据，如《京都企业编余人员透视》《孙中山知行观辨析》《一九八一年国外航天活动回顾》（上述标题转引自尹世超，2001：33—34），该类 OV 式标题在意义上等同于相应的动宾结构，《京都企业编余人员透视》与"透视京都企业编余人员"表达同一件事，但就句法形式而论，OV 是中心语为动词的定中偏正结构（可以改写成带"的"的定中结构，如"孙中山知行观的辨析"），其松紧度比动宾结构紧，更适合在标题中使用②。

就韵律亲和特征而言，诗歌、网络两类语言特区与标题口号有同有异（见表 2-3）。

与标题口号类似，诗歌也具有韵律亲和特征。古代格律诗自然不用说，现代白话诗歌在韵律上的限制同样强于散文、政论等文体。部分学者和诗人甚至提出，无律不成诗。即使是现代白话诗歌，也应该在音乐性上有所追求（刘富华，2006；蒋德均，2006），可见韵律之于诗歌的重要性。冯胜利（2010）提出，汉语诗歌更青睐标准诗法，亦即"单音不成步、单步不成行、单行不成诗"，齐整谐律是诗之为诗的必备要素。网络则与之不同，网络语言表达与口语贴近，鲜有典雅的用词、反复的旋律、工整的造句，所用语句大多没有刻意雕琢，不具备韵律亲和特征。

---

①　柯文共列出十一组松紧度排序，考虑到本书的研究目的，这里只列出三组。

②　动宾倒置的 OV 标题除了松紧度的差别以外，在概括性、非事态性等方面也有所改变，具体参见王灿龙（2002）、王丽娟（2009）、冯胜利（2012）。

表 2-3 三类语言特区"韵律亲和"特征的比较

	标题口号	诗歌文体	网络平台
韵律亲和	+	+	—

三 小结

在语言特区视域下重新审视标题口号发现，标题口号具有两大特点：远距单向、韵律亲和。对比来看，诗歌文体与标题口号较为相似，二者均具备韵律亲和与远距特点，但在信息流动方向上二者有所不同，诗歌文体为双向，标题口号则是单向；网络平台与标题口号差异较大，既没有远距单向特点，亦无韵律亲和特征。而重新概括标题口号性质特征的意义在于，正是这两大特征导致了大量语法突破现象的产生。换言之，远距单向、韵律亲和两大特点是标题口号语法突破现象产生的根本动因和力量源泉，同时又是制约其无限类推的重要因素。

第三节 从标题口号语言特区看汉语综合性语法特征的回归

徐杰、覃业位（2015）将语言特区的理论意义概括为三条，即深刻认知语言机制、解释相关语言变异现象、预测语言未来发展走向。众所周知，理论的魅力在于其对事实的预测性，预测能力在一定程度上体现了该理论的水平高低。作为语言特区的三大类型之一，标题口号中存在大量违反常规语法规则的语言现象，这些现象究竟有何价值，能否准确预测语法规则的走向？进一步说，在更大的背景下，这些现象与语言发展演变是否有所关联？基于这些问题，本节将从语言周期性变化角度入手，探究标题口号语法变异现象背后蕴藏的理论价值。

一 语言发展变化的周期性

周振鹤、游汝杰（2019：15）提出，语言发展演化分为宏观演化和微观演化。其中，宏观演化包括语言分化、融合和更替；微观演化则是一种语言或方言里的语音变化、词汇变迁和语法流变。同理，语言发展变化的周期性（cyclical change）也可以从宏观和微观两个角度来观察①。

从宏观上看，语言的周期性变化是语言类型的更迭变迁。Hodge（1970）研究发现，早期埃及语中复杂的形态特征在中古埃及语里转变为相应的句法结构，后来又变为形态特征。而 Dixon（2010：36—37）用"表盘"来比喻语言类型变化机制，假定孤立语位于4点钟位置，黏着语居于8点钟位置，融合语在12点钟位置，则可以清楚地看到不同语系语言的发展变化轨迹。所有语言在表盘上经历了一个周而复始的变化过程：从孤立语变为黏着语，再变为融合语，而后又变回孤立语②（见图2-2）。

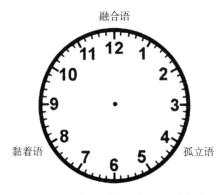

融合语

黏着语　　　　孤立语

图2-2　语言类型的"表盘"式变化

Dixon 的详细描述如下：

（1）a. 原始印欧语大概在12点钟位置，其子语言有的已经移动到了1点钟或2点钟，甚至3点钟位置；

b. 原始达罗毗荼语是具有孤立语言特征的黏着语，在7点钟位置，现代达罗毗荼语已经越过了8点钟位置，逐步移动至9点钟；

c. 原始芬兰—乌戈尔语在9点钟位置，而现代芬兰—乌戈尔语已经移动至10点钟乃至11点钟位置；

d. 上古汉语在3点钟位置，中古汉语大概在4点钟位置，

---

① 国内也有学者将 cyclical change 翻译为"轮回变化"，如庄会彬（2014）。

② 将语言分成孤立语、黏着语和融合语，是早期形态类型学从词法变化角度所做的语言分类（Comrie，1989：42—52；陆丙甫、金立鑫，2015：173—174）。"融合语（fusional languages）"又译为"屈折语"。

现代汉语朝着 5 点钟方向移动，并出现了一些黏着语的特征。

语言类型的周期性变化这一议题，Matisoff（1976：413—442）、Delancey（1985：367—389）等都有过相似论述，此处不再赘言。

从微观上看，语言的周期性变化是指某些具体语言特征的消失与重生。具体而言，某些词或短语消失之后，其功能被其他词和短语所替代，某些词汇单位语法化为功能成分之后，又以词汇身份重生，形成一个循环往复的周期（van Gelderen，2011：1—14；庄会彬，2014）。很多重要的语法形式，比如否定成分、指示成分、情态成分、主语、介词、助词等均具有周期性变化特点。

其中，否定形式演变的"叶氏周期"（Jespersen's Cycle）就是一个例证。叶斯伯森（1988［1924］：484—487）提出否定形式演变是一个周期变化的过程。早期的否定形式往往是一个单独成分，由于其否定力度不强，需要添加另外一个成分以增强否定强度，在后续发展过程中，这个添加成分往往会被当作否定词，并经历与原否定形式类似的发展历程。比如，古法语中否定词 ne 单独用于动词前表达否定义；中古时期，成分 pas 加入其中，与原有否定词 ne 组成 ne…pas 结构，共同表达否定义；在现代法语里，特别是口语当中，ne 常常被省去，而 pas 则成为独用于动词后的否定词①。概括来说，法语否定形式经历了"独用→配套→独用"这样一个周期性演变过程。Willis et al.（2013）通过对欧洲以及地中海沿岸语言否定形式的历时研究证实了"叶氏周期"的存在，同时认为其在一定程度上具有语言共性②。当然，周期性演变并不意味着复生的语言形式与之前完全一样，更多时候复生形式只是类似于先前形式。因此，"螺旋式（spiral）"周期变化似乎更符合语言实际情况（Hagège，1993：147）。

总之，语言发展演变并非杂乱无章，而是遵循一定的规律与模式，周期性变化是语言演变发展的一个重要特点。

---

① 法语否定形式演变的具体分析可参考 Breitbarth（2020：4—5）。

② 据何宏华（2016）研究，汉语否定词在与其他词语组合过程中发生了词汇化，但未进一步语法化，没有表现出"叶氏周期"的相关特点，但对否定词进行限定，同时起到加强语气作用的否定极性词（如"从、从来、根本、几乎、绝"等）的演变发展能反映出"叶氏周期"的特点。

二　汉语"综合→分析→综合"的演变过程

在语言周期性演变的长河之中，汉语又有着怎样的表现呢？Spair（1985［1921］：115）很早就提出，具有综合性特征的汉语在发展过程中"变得越来越分析了"。所谓综合性语言（synthetic language）和分析性语言（analytic language），是比较语言学、语言类型学等学科按照形态标准所划分的语言类型。综合性语言词形变化丰富（词一般包括多个语素），语法意义的表达依赖于词形变化；而分析性语言缺乏形态变化，语法意义的表达多诉诸句法手段（Schwegler，1990：3—28；Crystal，2000：19）。

从历时角度看，蒋绍愚（1989：232）曾提出，自古至今汉语词汇变化有从"综合"发展为"分析"的趋势，这一趋势直接影响语法演变①。宋亚云（2006：66—102）进一步研究发现，从上古晚期开始，汉语词汇、语法发生了由综合到分析的转变，具体表现在八个方面，如使动用法减少，动结式兴起，使令式兼语句增多；意念被动句缩减，有标记被动句增多；处所介词"于"衰落，方位词出现等等。另外，从综合性到分析性的变化还表现在形态层面。据张志毅（1987）、梅祖麟（1991：130）研究，上古汉语中的各种屈折形态（如四声别义、清浊别义）到中古汉语中明显减少，到现代汉语里几乎绝迹。由于现代汉语形态变化少，与谱系关系临近的藏缅语作比较，现代汉语（北方官话，不包括南方方言）甚至可以定位为"超分析性语言"（戴庆厦，2014）②。

在生成语法框架下，综合性与分析性的差别可以归结于"派生时机参数"（Derivational Timing Parameter，DTP）的取值不同。黄正德、柳娜（2014）对 DTP 的定义是"语言差异可以取决于既定语法规则在操作时机上的差别"，亦即语法规则可以选择在词库、句法、语义、语音等部门操

---

① 蒋绍愚（2021）重新讨论了"综合"与"分析"相关问题，提出"综合""分析"只就汉语词汇语义结构而言，与类型学上的"综合语""分析语"不一样，并且将"由一个字变为几个字"这种现象分为三种情况，其中从"沐"到"洗发"的变化，才是从综合到分析。

② 也有部分学者观点与之相左。如 Peyraube（2014：62）提出，汉语综合性与分析性演变路径为：综合性（远古）→分析性（前古）→综合性（上古）→分析性（中古、近代）→综合性（现代）。而何元建（2017）以复合词、使役句、感叹句为个案，得出古今汉语的词法与句法各有千秋，在汉语演变历史中，由综合性到分析性和由分析性到综合性的演变模式二者势均力敌，因此，很难说古汉语和现代汉语是何种类型的语言。本书认为，断定综合性、分析性应该以主导性语言特征为标准，不排除汉语某些非主导性特征发生了由分析到综合的转变。

作完成，但不同部门的操作存在时间差异，其先后顺序依次为"词库>句法>语义、语音"。语法操作时间越早，综合性越强，相反，操作时间越晚，综合性越弱，分析性越强。

　　与此同时，Huang（2015：1—48）提出，现代汉语的分析性特征在词汇结构（lexical structure）、小句功能结构（clausal functional structure）和论元结构（argument structure）三个层面均有所表现①。限于篇幅，这里仅对比现代汉语、上古汉语和英语词汇结构（VP、NP）上的差异（见表2-4）。

表2-4　　　现代汉语、上古汉语、英语在词汇结构层面的表现差异

		现代汉语 （分析性）	上古汉语 （综合性）	英语 （综合性）
动词及动词短语		有大量的显性轻动词，如"打、搞、弄"等	名词转动词（denominal verbs），无须显性轻动词帮助	名词转动词，无须显性轻动词帮助，如telephone his sister
		有假性名词融合结构（pseudo noun–incorporation），如"捕鱼（to fish）""做梦（to dream）"等VO结构在综合性语言当中，相应的意义用简单动词表达	无假性名词融合结构	无假性名词融合结构
		没有压制现象（coercion），如"张三开始一本书"不成立，应为"张三开始读一本书"		有压制现象，如John began a book
		没有简单完结动词，表达完结义依赖于动结式复合词（verb–result compounds）、结果短语（resultative phrases）和迂回致使结构（periphrastic causative）等复杂形式	无合成或短语形式的完结式	用简单谓语表达完结事件或情状，英语中有很多动词具有"非宾格—使役"交替特点（unaccusative–causative alternation），汉语对应的简单动词一般都是非宾格动词，如英语可以说The window broke. John broke the window. 汉语只能说"窗子破了"，不能说"张三破了窗子"
		动作动词具有非终结性（verbal atelicity），没有内在终点，单纯表达动作		动作动词经常表达完结情状或有界事件

---

　　① 部分汉语翻译参考了微信公众号"语言学微刊"于2016年5月24日、9月20日刊发的《黄正德论汉语的分析性和参数理论》（上）（下）（作者郝琦）。

续表

	现代汉语 （分析性）	上古汉语 （综合性）	英语 （综合性）
名词与 其他 词类	有量词（numeral classifiers），如"本、根、条、块"等	可数名词后无量词	可数名词后无量词
	方位表达需用方位词（localizer）	无方位词	无方位词
	有非连续性介词（discontinuous prepositions），如"在……旁"		无非连续性介词
	汉语有显性的积极义的程度标记（overt positive degree marker）"很"，可称为"轻形容词"		度量形容词中有隐性程度语素

就操作时机来看，上古汉语中相关语法现象在词库中完成操作，而现代汉语里的相关现象则需要在句法部门中完成。比较英语可以发现，上古汉语的情况与英语更加接近，而这些差异出现的原因是中心语是否具有［+EPP］和［+strong］特征。

整体来说，尽管词汇结构（包括 VP、NP）、小句功能结构（包括 TP、CP）和论元结构三个层面的诸多语法现象均能反映出汉语从综合性到分析性的转变，不过对比之下，这一演变过程最直观的表现来自 VP 和 NP 层面，背后核心问题是相关范畴的隐现与呈现①。胡敕瑞（2009：99—127）研究指出，"隐现到呈现"这一变化过程在"词汇—句法"界面处对汉语语法格局产生了重大影响。江蓝生（2013）进一步提出，呈现是句法创新的一个独特手段。为了表达得更加明晰，"把句法结构的隐含义或隐含项显现到句法结构表层，使原句法结构的构造、语义发生变化，从而产生出新的句法结构"。如隔开型动结式 VOC（"吹我罗裳开""寡妇哭城颓"）隐含"使—得到"义素，为了表达的清晰，把动词"得""教"呈现于句法表层，从而出现了两类新的句法结构："V 得 OC"（"十三学得琵琶成""渔人抛得钓桶尽"）和"V 教 OC"（"惹教双翅

---

① 小句功能结构中部分现象所反映的其实也是隐现与呈现这一核心问题，如动词空缺（gapping），现代汉语中"张三吃米饭，李四面条"不合语法，但据梅广（2003），古汉语中该类说法完全合乎语法："霸为博士，堪译官令（《汉书·儒林传》）""为客治饭而自藜藿（《淮南子·说林》）"。

垂""看教心熟")。可见，语法范畴由隐现到呈现的变化能够带来句法创新，引发语法变革，促使语言类型转变。

然而，随着语言的不断发展变化，在分析性超强的现代汉语中，也出现了一些综合性用法，引发了学者们的持续关注，如新兴"被"字句（黄正德、柳娜，2014）、名词动用后接宾语（黄新骏蓉，2015）、动宾式动词后接宾语（蔡维天，2016）等。

　　（2）a. 上海李天天律师，被失踪了吗？（转引自黄正德、柳娜，2014）

　　　　　b. 负增长比被增长更可怕。（转引自黄正德、柳娜，2014）
　　　　　c. 有什么问题，请电服务处。（转引自黄新骏蓉，2015）
　　　　　d. 别忘了等会短我。（转引自黄新骏蓉，2015）
　　　　　e. 蔡康永牵手小S（转引自蔡维天，2016）①
　　　　　f. 萧亚轩分手百亿男友（转引自蔡维天，2016）

就数量来看，该类用法日益增多，并且有的已经进入了主流语言生活，这充分说明在语言类型周期性演变过程中，现代汉语已经开始了由分析性到综合性的回归。

三　从标题口号语言特区看汉语类型演变

前文提到，综合性语法特征在现代汉语中逐步出现，现代汉语开始了"综合→分析"的类型转变。而进一步研究发现，现代汉语并非"铁板一块"，综合性语法特征在不同语体、不同领域中有着不同的表现，标题口号语言特区则是观察综合性语法特征涌现的一扇窗口。具体表现为两点：其一，现代汉语常规语法系统中不允许出现的综合性现象，标题口号允许其存在；其二，某些综合性语法现象，在自然语句中数量较少，使用受限，但在标题口号中却大量出现，并且使用范围更广。这一部分我们将用方位词和名词做状语两个案例来说明问题。

---

①　动宾式动词带宾语的语料转引自蔡维天2016年8月30日在澳门大学的讲座讲稿，演讲题目为"别闹了，余光中先生！——从生成语法的角度检视语言癌之生成"，原例句为标题，故未加标点。

（一）方位词

方位词（localizer）虽然在现代汉语中数目不多，但却扮演了相当重要的角色①。例如：

　　　（3）a. 我尽量放松自己，尽量在音乐*②（中）忘掉自己，用自己的深情去演唱。（CCL 语料库）

　　　　　b. 在学校（里），他特别擅长掰手腕子，同年级的伙伴都是他的手下败将。（CCL 语料库）

　　　　　c. "七七"事变爆发时，7 岁的我在北京（*里）经历了日本帝国主义飞机的狂轰滥炸。（CCL 语料库）

可以看出，方位词的有无对句子合法性有直接影响，例（3a）"音乐"后必须有方位词，例（3b）"学校"后的方位词有无均可，例（3c）"北京"一词后禁止出现方位词。

为何会出现这一现象？方经民（2002）、储泽祥（2004）等学者从语义特征角度给出了解释。方经民（2002）首先将名词分为三类：先天处所名词（inherent place-word）、可选处所名词（optional place-word）和非处所名词（non-place-word），先天处所名词排斥方位词，非处所名词后必须用方位词，可选处所名词后的方位词可有可无。但这三类名词的界限在哪里，方文未做说明。储泽祥（2004）沿用这一思路，把处所词与一般事物名词置于连续统（continuum）当中：

　　（4）　旁边　　　办公室　　黄山　　屋子　　电梯　　家具
　　　　　前面　　　警察局　　长江　　土窑　　抽屉　　思想
　　　　　东边　　　外贸公司　黄龙洞　阳台　　甲板　　洪水
　　　　　西部　　　火车站　　广济桥　走廊　　石凳　　大火

---

　　① 关于方位词的语法定位，目前主要有三种观点：名词次类、后置介词和附缀。本书倾向于第一种观点，具体分析参见 Huang et al.（2009：13—21）。

　　② *在括号外面，表示括号内的成分不可缺乏，*在括号内，表示括号内的成分不可增加。

这组词中，越往左处所特征越明显，其后方位词隐现的可能性就越大，如"旁边"一词后的方位词定要隐现。与之相反，越往右则处所特征越弱，若想表达空间方位，必须要加上方位词。这一概括较好地解决了方位词的使用问题。在实际操作中，若一定要划出方位词的使用界限，可以考虑在"黄山"一列后划开，原因是"黄山"后面的名词很难通过特指问测试[①]。如：

（5）你在哪儿呢？——我在黄山呢。｜我在长江呢。

我在黄龙洞呢。｜我在广济桥呢。

——我在屋子*（里）呢。｜我在土窑*（里）呢。

我在阳台*（上）呢。｜我在走廊*（上）呢。

也就是说，现代汉语自然语句中，"屋子""电梯""家具"等一般事物名词后面必须使用方位词，否则就不合语法。然而，在标题口号中，方位词的使用突破了一般事物名词这一界限，例如：

（6）a. 刘诗诗拍大片躺花丛妩媚妖娆（国际在线，2016年12月11日）

b. 酒驾司机撞伤女童将其扔进沟（正义网，2016年10月25日）

c. 乌克兰前总理季莫申科或躺担架出庭作证（《环球时报》2012年4月22日）

d. 明天在我手（歌曲名，任泉）

e. 不溶在手　只溶在口（M&M巧克力豆宣传口号）

f. 伊人在水　静候倾城（珠海时代倾城房产宣传口号）

g. 回首　一切都埋在了光阴（白石秋水《情感美文》网络杂志）

---

① 在可接受度测试中，第4列、第5列两列名词表现不太统一，如"我在阳台呢"就很好。根据我们的调查，这可能与提问者的所处位置有关系。如果提问者位于楼下，答话人倾向说"我在阳台上呢"；如果提问者位于室内，则答话人倾向说"我在阳台呢"。这说明，影响可接受度的因素有很多。不过，整体来看第3列名词与第4列名词的差异比较大，故本书统一将界限划在第3列名词之后。

h. 当空城住进爱情（作者晓蔓，晋江文学网）

i. 美专家称人做"清醒梦"时能在梦境学习新技能（《钱江晚报》2011 年 12 月 24 日）

根据方位表达方式的不同，上述标题口号语料可分为两类。第一类是动作（active）动词加 NP，如例（6a）、例（6b），动词"躺""扔进"要求其后 NP 为处所论元；第二类是"在+NP"，如例（6d）、例（6e），其中 NP 也应为处所论元。观察可知，上述各例中的 NP 均为一般事物名词，并非处所词。这些名词类型多样，既有可数实物（如"花丛""担架""沟"），也有不可数实物（如"水""尘埃"），甚至身体部位（如"手""口""心"）和虚拟物（如"光阴""爱情""梦境"）。在"处所词——一般事物名词"的连续统当中，上述名词都是一般事物名词，若在自然语句中，上述方位表达会因为没有方位词而不合语法。

在综合性较强的上古汉语中，方位词的使用情况则有所不同。据储泽祥（1997）研究，先秦文献里，不区分处所词与一般事物名词，二者在方位词的选择上并无差别，表达方位概念往往不需要方位词参与。例如：

（7）a. 有瞽有瞽，在周之庭。（《诗经·有瞽》）（转引自储泽祥，1997）

b. 黄鸟黄鸟，无集于桑……无集于栩。（《诗经·黄鸟》）（转引自储泽祥，1997）

c. 武王克商，迁九鼎于洛邑。（《左传·恒公二年》）（转引自张赪，2002：7）

d. 君命大臣，始祸者死，载书在河。（《左传·定公十三年》）（转引自张赪，2002：10）

e. 衣服附在我身，我知而慎之。（《左传·襄公三十一年》）（转引自张赪，2002：10）

一般事物名词"桑""栩""身"与处所词"周之庭""洛邑""河"一样，其后均未出现方位词。而处所词与一般事物名词的分化，发生在先秦到中古这段时期内，一般事物名词之后必须加上方位词才能表达相应的方位概念。例如：

（8）a. 便问座主<u>从那个寺里</u>住？（《祖堂集五》）（转引自张赪，2002：127）

　　b. 路<u>从岭上</u>过。（圆仁《入唐求法巡礼行记》卷三）（转引自张赪，2002：127）

　　c. 即觅船等，送<u>在水中</u>。（《敦煌变文集》21）（转引自张赪，2002：128）

　　d. 于高处林中见行者<u>在石上</u>坐。（《祖堂集十八》）（转引自张赪，2002：128）

"寺""岭""水""石"等名词后面分别加上了方位词"里""上""中""上"。而到了现代汉语中，若表达方位，一般事物名词之后必须添加方位词。从操作时机来看，上古汉语方位表达无须方位词参与，相关语法操作在词库中完成，具有综合性特点；现代汉语中的方位表达需要借助方位词，相应的语法操作在句法部门进行，具有分析性特点。而处于共时平面的标题口号则与一般语句不同，其方位表达不必借助于方位词而呈现综合性。就此而言，标题口号语言特区能够观察现代汉语常规语法系统所不具备的综合性特点。

（二）名词做状语

现代汉语中名词是否能做状语这一问题，学界观点不一①。朱德熙（1982：141）曾经指出，从修饰语角度看，名词、人称代词、数量值这几类成分只能做定语，而不能做状语。吕叔湘（1999：23—24）的观点是，名词可以做状语，但数量不多，主要是时间、地点名词。郭锐（2002：241—242）认为名词做状语不太常见，只能出现于以下三种情况：一、有处所功能的名词+动词（"图书馆见""学校去"）；二、名词+形容词（"拳头大""碗口粗"）；三、名词+动词性成分（"电话联系""武力镇压"）。刘慧清（2005）同样发现名词做状语现象不常见，其中名词多为双音节，并且多表达特异性、非常态情况，对动词加以限制，而非描写。具体有三种类型：一、表达非常态状况的名词，如"公

---

① 有两类情况不属本书讨论范围，一是名词加"地"做状语，如"历史""形式主义"，标题口号结构紧凑，其中并无这一现象，故不考虑；另一种是状中式合成词，如"函授""云集""枪毙"，由于其词汇化程度较高，也不在本书研究范围之内。

款吃喝""冷水洗澡";二、名词受形容词修饰,如"小范围统计""大规模运作";三、一些特殊的体育解说词,如"黄牌警告""主场迎战"。

概括来说,现代汉语中名词做状语是一种比较受限的语法现象。与之相反,标题口号语言特区中名词做状语则是一种常见的语法现象,不受制于上述规则。例如:

(9) a. 盒寄心意 家家送团圆 ("如家优选"月饼节宣传口号)

b. 崔志佳泪别《喜剧人》 争当全能创作人(新浪娱乐,2016 年 4 月 11 日)

c. 《记忆大师》剑指五一档 黄渤窥探记忆罗生门真相(《深圳特区报》2017 年 3 月 13 日)

d. 图说立法那些事儿(《南方日报》2017 年 3 月 10 日)

e. 许晴机场熊抱短发女闺蜜(腾讯娱乐,2016 年 11 月26 日)

f. 一路一景各具风格 呈贡景观提升蝶变鲜花之城(网易新闻,2017 年 3 月 10 日)

g. 成都至黄山旅游专列本月出发 未来或高铁去欧洲(中国旅游新闻网,2015 年 11 月 4 日)

h. 蔡澜:美食叹人生(《鲁豫有约》2016 年 10 月 11 日)

i. 蓝军三将变身书法大师 毛笔写春联恭贺鸡年大吉(乐视体育,2017 年 1 月 31 日)

j. 筷子夹黄豆 看谁夹得多(《济南时报》2016 年 12 月8 日)

上述各例,"盒""泪""剑""图""熊""蝶"是单音节名词做状语,其中"熊抱短发女闺蜜""蝶变鲜花之城"动词之后还带有宾语,"毛笔写春联""筷子夹黄豆"不表达特异性,均为正常情况。若以常规语法视之,这些名词做状语的例子都不成立,但标题口号语言特区却能赋予其合法性。

孙德金(2012:248)也曾注意到类似现象,即报道同一事件,标题中倾向于使用名词做状语的形式，而新闻正文里则倾向于使用介宾短语形式。例如：

　　（10）新闻标题：水泵破裂　女老板棉被拦水（《新京报》2009年3月6日）
　　　　　新闻正文：她用两床棉被垫住门口，所以小卖部没有受到影响。

　　新闻标题中的表述是"棉被拦水"，名词"棉被"做状语，但在新闻正文中却是"用两床棉被垫住门口"，其中"用两床棉被"是介宾短语做状语。

　　从句法角度来看，名词做状语实际上是介词（轻动词）隐现的结果（贾林华，2014），这种现象在上古汉语里具有相当强的能产性，并且名词与动词之间的语义关系也很丰富，如：

　　（11）a. 天下溺，援之以道；嫂溺，援之以手，子欲手援天下乎？（《孟子·离娄上》）（转引自苏颖，2011）
　　　　　b. 故群居杂处，分不均，求不赡，则争。（《淮南子·兵略训》）（转引自苏颖，2011）
　　　　　c. 董仲舒恐久获罪，疾免居家。（《史记·儒林列传》）（转引自苏颖，2011）
　　　　　d. 豕人立而啼。（《左传·庄公八年》）（转引自苏颖，2011）
　　　　　e. 百官修同，群臣辐凑。（《淮南子·主术训》）（转引自苏颖，2011）

　　"手援天下"是"用手救援天下"的意思，"手"与"援"之间的语义关系是"工具+动作"。"群居"意为"集群而居"，"群"与"居"之间的语义关系为"方式+动作"。"疾免居家"的意思是"因病免职，在家中住"，"疾"和"免"之间的语义关系是"原因+动作"。"人立""辐凑"意思是"像人一样站立""像车轮上的辐条一样，向中心聚集"，名词与动词间的语义关系均为"喻体+动作"。

　　据苏颖（2011）研究，名词做状语这一现象从东汉开始衰微，到了南北朝初期，该现象在口语中已不具备能产性，取而代之的是介宾短语。而这一时期的汉语语法正发生着由隐现到呈现的变化（胡敕瑞，2009：99—127）。名词做状语的衰微，只是诸多语法演变实例中的一个现象①。到了现代汉语中，尽管仍存在名词做状语用法，但数量不多，类型较少，类推性也不高。相反的是，标题口号中名词做状语却具有较强的能产性。

至于名词做状语的操作时机，黄梅（2014）认为单音节名词和不加"地"的双音节名词做状语，其语法运作都发生在词法层。也就是说，名词做状语是一种综合性语法现象。这一综合性语法现象在现代汉语常规语法系统里相当"小众"，在标题口号语言特区中反而变得大众化了。

通过上面两个案例可以看出，标题口号语言特区是观察汉语综合性语法特征回归的绝佳场所，其中的原因主要在于以下三点。

第一，标题口号"远距单向、韵律亲和"的性质特征。标题口号属严肃正式语体，要求使用正式的表达形式，而综合性特征一般都具有较高的正式度和较强的韵律性。换言之，综合性语法手段与标题口号的语体特征完美匹配，故优先出现于标题口号当中。

第二，标题口号短小、简洁的形式特征。标题口号形式上的基本特点是短小，力求用简短的文字表达丰富的意义内涵。国家标准 GB 7713—87 科学技术报告甚至明文规定"题名一般不宜超过 20 字"，最好控制在 12 个字以内（刘云，2005：51）。而口号的用字数量同样也有限制，往往在 20 字之内（张娜，2014）。短小精悍的形式特征在一定程度上制约了标题口号的语法选择。相比分析性语法手段，综合性手段的表现形式更为简单，这正好迎合了标题口号简单明了的特征要求。

第三，标题口号"吸引眼球"的语用功能。众所周知，标题口号功能众多，如概括正文内容、传递相关信息、宣传鼓动等，其中最直接的功能就是吸引受众眼球。为了实现这一功能，标题口号需要在内容与形式上进行创新，与日常表达拉开距离。内容上的新奇主要有三种表现，分别是怪式（《吃个鸡蛋，官升一级》）、怪形（《省优、部优、葛优》）、怪理（《喝米汤的梦想要靠规范权力来实现》）（盛新华，2014），形式上的新

---

① 这些语法演变实例包括：新兴介词的出现、介词短语的前移、句子谓语复杂化等（苏颖，2011）。从整体上看，这些变化之间存在连锁反应关系，名词做状语的衰微受到了这些变化的影响。

奇则主要依靠语法。就语法创新方式来讲，"复古"① 无疑是一种非常经济有效的创新手段，因此，综合性用法在标题口号中大规模复生②。

四　小结

语言发展演变具有周期性特点，汉语从古至今经历了"综合→分析"的类型转变，如今在分析性超强的现代汉语中也出现了很多综合性用法。然而现代汉语并非"铁板一块"，相关案例显示，标题口号催生了大量突破常规语法规则的语言现象，而这些现象反映出汉语综合性语法特征的强势回归。在语言周期性演变背景下，标题口号语言特区正是观察汉语语法特征"综合→分析→综合"循环演变的绝佳场所。

第四节　本章总结

本章讨论语言特区和标题口号相关理论问题。首先，界定了"语法突破"这一术语，并给出标题口号语法突破现象的判别方法，后在语言特区理论背景下探讨语法突破现象的理论价值。其次，将标题口号性质特征概括为"远距单向"与"韵律亲和"两点，并通过与另外两类语言特区诗歌、网络进行比较，来充分认识这两大性质特征。最后，将标题口号语法突破现象与语言类型演变结合起来，提出标题口号语言特区是观察汉语语法特征"综合→分析→综合"循环演变的绝佳场所。

---

① 当然，综合性语法特征的"复生"并不意味着标题口号语法突破现象与古汉语情况完全一致，更多时候，语法突破现象会发展出一些有别于古汉语的特色。关于这一问题，澳门大学徐杰教授打过一个非常有趣的比方："唐装"并不是唐朝真实的衣服，而是现代人的仿古之作。但是，与现代人的日常着装相比，"唐装"突破了一般制衣规则，是一种创新的时尚形式。

② 黄正德、柳娜（2014）研究网络新兴非典型被动式"被××"，认为该结构是古汉语隐含轻动词结构的复生，亦即综合性用法的回归。本书同意其结论，但对该结构的来源表示怀疑。数据显示，论文期刊网上最早研究"被××"结构的论文（郑庆君，2010；彭咏梅、甘于恩，2010），其援引语料绝大多数是新闻标题，也就是说，"被××"很有可能来源于标题语言特区，而后进入其他领域。

第三章

标题口号实词语法突破现象及其限度

本章研究标题口号中的实词语法突破现象及其限度，主要讨论三个相关案例："N+N"式标题口号、标题口号中的不及物动词带宾语现象与"VN+O"式标题、标题口号中的量词删略现象与量词缺失的"一 NP"主语标题。

第一节 "N+N"式标题口号的句法语义问题

一 常规情况下的"N+N"式名词组合

从句法角度看，现代汉语中缺少连接成分的"N+N"式名词组合对应于四种句法结构，分别为偏正、联合、主谓和同位（马洪海，1999；周日安，2007；魏雪、袁毓林，2013），例如：

（1）a. 木头房子　脊椎动物　数学老师　森林警察　语法数据
（偏正结构）

　　　b. 面包牛奶　爸爸妈妈　工人农民　师傅徒弟　丈夫妻子
（联合结构）

　　　c. 今天星期天　苹果三块钱　张先生澳门人　老师急性子
（主谓结构）

　　　d. 首都北京　总理周恩来　宝岛台湾　京剧《红娘》①
（同位结构）

---

① 严格来讲，"京剧《红娘》"是歧义结构，既可以是同位结构，也可以是偏正结构，需要入句判别。比如，"今天要看的是京剧《红娘》，不是豫剧《红娘》"，"京剧"与"豫剧"形成对比焦点，是"《红娘》"的修饰定语，可以用"什么《红娘》"来提问，整个短语应该理解为偏正结构。再比如，"京剧《红娘》是一部不可多得的优秀作品"，不能用"什么《红娘》"来提问，则应解读为同位结构。

从基本语义关系上看，例（1a）类偏正结构是修饰关系，前一个名词用来修饰后一个名词，前者是修饰定语，后者是中心语，如"木头"修饰"房子"，"数学"修饰"老师"，"语法"修饰"数据"；例（1b）类联合结构为并列关系，两个名词之间可以加入并列连词"和"，比如"工人和农民""丈夫和妻子"；例（1c）类主谓结构中后一个名词用来陈述说明前一个名词，即"星期天"陈述说明"今天"的日期，"三块钱"陈述说明"苹果"的价钱；例（1d）类同位结构的两个名词之间具有同指关系，后一个名词用来阐释前一个名词（谭景春，2010；刘探宙、张伯江，2014；周日安，2010：59—76）。

现有研究表明，尽管"N+N"式名词组合的内部语义关系较为复杂，比如谭景春（2010）认为偏正结构的名名组合有 12 种语义关系类型，魏雪（2012）则通过 850 个名名组合总结出 365 种语义模式，但是，就句法结构和基本语义关系来看，现代汉语常规情况下"N+N"式名词组合不外乎偏正、联合、主谓和同位四种，没有其他可能。

二 新兴"N+N"式标题口号对语法规则的突破

随着语言的发展变化，近年来在标题口号（包括称号）中出现了一种新兴的"N+N"式名词组合，其句法结构和语义关系似乎超出了上述四类结构的范围。例如：

（2）a. 婚姻中国　财富中国（转引自周日安，2006）

b. 数据日本（转引自周日安，2006）

c. 和云的家乡在丽江市玉龙县鲁甸乡，这里是世界自然遗产"三江并流"核心区，森林覆盖率达八成，被称为"木材金三角"。（《人民日报》2012 年 9 月 3 日）

d. 西北风变成绿色能源　内蒙古全力打造"风电三峡"（《内蒙古日报》2011 年 8 月 10 日）

上述"婚姻中国""数据日本""木材金三角""风电三峡"等几例"N+N"式名词组合，就内部构造来看，并不能归入偏正、联合、主谓和同位四类结构中的任何一类，下面我们来分别讨论。

（一）该类型名词组合不是偏正结构

朱德熙（1999：361—362）指出名词做定语时，若定语与中心语之

间为领属关系，可用"谁的~？""什么东西的~？"来提问，若定语与中
心语之间是属性关系，可用"什么~？""什么样的~？"来提问。有所不
同的是，"婚姻中国""数据日本"类名词组合不能用上述问句发问①。
例如：

> （3）a. 木头房子——什么样的房子？
>
> 　　　b. 婚姻中国——＊什么样的中国？｜＊什么东西的中国？
>
> （4）a. 脊椎动物——什么动物？
>
> 　　　b. 财富中国——＊什么中国？｜＊什么东西的中国？
>
> （5）a. 数学老师——什么老师？
>
> 　　　b. 数据日本——＊什么样的日本？｜＊什么东西的日本？
>
> （6）a. 森林警察——什么警察？
>
> 　　　b. 木材金三角——＊什么金三角？｜＊什么东西的金三角？
>
> （7）a. 语法数据——什么数据？
>
> 　　　b. 风电三峡——＊什么三峡？｜＊什么东西的三峡？

　　"语法数据"可以用来回答问题"什么数据"，但"风电三峡"却不
能回答"什么三峡""什么东西的三峡"这样的问题。由此可见，该类名
词组合中 N_1、N_2 两个名词之间的语义关系并不是领属或属性。张伯江
（2014：61）也曾提出，偏正结构中的 N_2 是一个既有概念，而 N_1 的作用
是对 N_2 进行限制。换言之，偏正结构中的 N_1 限定了 N_2 的外延，整个偏
正结构的核心为 N_2。如"木头房子""脊椎动物"的核心分别是"房子"
和"动物"，但对于"婚姻中国""数据日本"类结构来说，其核心较难
判断，单从语义角度看，N_1 应为整个结构的核心。另外，观察发现"N+
N"式偏正结构往往是类指的（generic referential），表达一个"类"的概
念，而"婚姻中国"类组合一般情况下是特指的（specific referential），
指称言谈中某一特定个体。因此，"婚姻中国"类"N+N"组合不是偏正
结构。

---

　　①　这里所说的问句要排除"回声问"（echo question）这一情况。"回声问"是指对话中，
一名发话人全部或部分重复另一发话人所说的句子，比如 A：I saw a ghost. B：You saw what?
（Crystal，2000：121）。

(二) 该类型名词组合不是联合结构

联合结构的组成成分具有平等的语法地位 (黄伯荣、廖旭东,2007: 62),因此,联合结构的前后成分可以进行位置调换,调换后不影响结构关系和语义表达。此外,联合结构之间也可以添加关联词语 (齐沪扬, 2000: 91)。如例 (1b) 中的短语可变换成例 (8b)、例 (8c)。

　　　　(8) a. 牛奶面包　妈妈爸爸　农民工人　徒弟师傅　妻子丈夫
　　　　　　b. 面包和牛奶　爸爸和妈妈　工人和农民　师傅和徒弟
丈夫和妻子
　　　　　　c. 牛奶和面包　妈妈和爸爸　农民和工人　徒弟和师傅
妻子和丈夫

而 "婚姻中国" "数据日本" "木材金三角" "风电三峡" 类名词组合,由于前后名词的语法地位不平等,故不能加入连词 "和",也不能更换位序。如:

　　　　(9) a. *婚姻和中国　*数据和日本　*木材和金三角　*风
电和三峡 (加 "和")
　　　　　　b. ?中国婚姻　?日本数据　?金三角木材　?三峡风
电① (换序)

需要特别说明的是,"婚姻中国" "数据日本" 类组合中名词换位变为 "中国婚姻" "日本数据" 之后,语感上也能成立,但其语义相应地发生了变化。两类结构的共现就是证据:

　　　　(10) a. 中国历史与历史中国 (精华中国网,2004 年 3 月 29 日
转引自周日安,2010: 109)
　　　　　　b. 杜维明作为哈佛大学教授,并不是从解构角度谈论后现

---

　　① 这里如果在两个名词中间加入 "的",可接受程度将有所提升,对比 "中国婚姻" "中国的婚姻";"日本数据" "日本的数据";"金三角木材" "金三角的木材";"三峡风电" "三峡的风电"。

代后殖民文化，而是从建构的角度谈论后现代后殖民语境中的"文化中国"或"中国文化"。（王岳川《文化中国与第三世界处境》，转引自周日安，2010：109）

很显然，语义不同的结构才有连用的可能，若二者语义相同，则不能连用。在上例中，"中国历史"是典型的偏正结构，可以解读为"中国的历史"；"历史中国"则与之不同，并不能解读为"历史的中国"。

（三）该类型名词组合不是主谓结构

主谓结构的功能是事件陈述，并不能用来指称事物，所以主谓结构不能做体宾动词的宾语，但可以做谓宾动词的宾语（刘探宙、张伯江，2014）。例如，"今天星期天""张先生澳门人"等主谓结构可以充当谓宾动词"觉得""认为"的宾语，但不能充当体宾动词"挑""打"的宾语。

（11）a. 我们觉得今天星期天。
　　　b. *我们专挑今天星期天。
（12）a. 李小姐认为张先生澳门人。
　　　b. *李小姐打张先生澳门人。

与其相反，"婚姻中国""数据日本""木材金三角""风电三峡"类名词组合可以充当体宾动词"购买""浏览""参观""考察"的宾语，但不能充当谓宾动词"认为""希望""觉得""建议"的宾语。

（13）a. 王先生购买过《婚姻中国》。
　　　b. *王先生认为《婚姻中国》。（对比：王先生认为《婚姻中国》很好。）
（14）a. 我们浏览了"数据日本"
　　　b. *我们希望"数据日本"。（对比：我们希望"数据日本"越办越好。）
（15）a. 外地游客参观了"木材金三角"。
　　　b. *外地游客觉得"木材金三角"。（对比：外地游客觉得"木材金三角"非常好。）

（16）a. 相关领导考察了"风电三峡"。

　　　b. *相关领导建议"风电三峡"。（对比：相关领导建议
"风电三峡"多元化发展。）

由此可以看出，"婚姻中国"类"N+N"式名词组合所指称的是事
物，与指称事件的主谓结构有所不同，不能归入主谓结构当中。

（四）该类型名词组合不是同位结构

同位结构的实质是"在线包装（online package）"，即在具体句子里
前后名词的外延等同（刘探宙、张伯江，2014）。因此同位结构中的前后
名词可以进行分离式改写，如例（1d）"宝岛台湾""京剧《红娘》"等
同位结构可以改写为：

（17）宝岛台湾是世界上少有的热带"高山之岛"。

　　　＝本文提到的宝岛也就是台湾是世界上少有的热带"高山
之岛"。

（18）京剧《红娘》是荀派的保留剧目。

　　　＝我说的京剧也就是《红娘》是荀派的保留剧目。

相反，我们所讨论的"婚姻中国"类名词组合作为一个整体，不能
做如下改写：

（19）a. 请关注杂志新开设的栏目"婚姻中国"。

　　　b. *请关注杂志新开设的栏目"婚姻"也就是"中国"。

（20）a. "数据日本"是一个很有趣的网站。

　　　b. *我说的"数据"也就是"日本"是一个很有趣的网站。

（21）a. 昨天在"木材金三角"召开了旅游发展论坛。

　　　b. *昨天在"木材"也就是"金三角"召开了旅游发展论坛。

（22）a. "风电三峡"是内蒙古未来的发展定位。

　　　b. *我说的"风电"也就是"三峡"是内蒙古未来的发
展定位。

此外，刘探宙（2016：87—88）提出，同位关系可以通过指示词测

试的方法来断定，具体框架为"NP$_1$ 这个 NP$_2$"或"NP$_2$ 这个 NP$_1$"，例如"台湾这个宝岛""《红娘》这个京剧"。同样，"婚姻中国""数据日本"类组合不能通过指示词测试（" * 婚姻这个中国"" * 中国这个婚姻"" * 日本这个数据"" * 数据这个日本"）。

在句法构造上，Packard（2001：85—89）指出"N$_1$+N$_2$"组合的内部关系只有两种基本情况：一种是等级状的"限定符—被限定符"关系（hierarchical "modifier-modified" relation）；另一种是非等级的平行性关系（parallel relation）（转引自王军，2008）。在此视角下观察现代汉语中的"N+N"式名词组合发现，偏正、主谓结构为"限定符—被限定符"关系，联合、同位结构是平行性关系，本书讨论的"婚姻中国"类组合则难以归入其中。

总而言之，"婚姻中国"类"N+N"式名词组合是一种新兴结构，与偏正、联合、主谓、同位等常规情况下的名词组合表现不同，有其自身特点，不能并入上述四类结构中的任何一类，且只能作为标题口号出现。

三 "N+N"式标题口号的句法语义特点

对于这一新兴现象，学界已经有所关注。例如，周日安（2006）考察了非领属义的"XY 中国"结构，其中 XY 代表一个普通名词，XY 与"中国"之前的语义模式大致有"话题—范围""手段—对象""属性—主题""喻体—本体"四种。周文主要从该结构的语义入手，分析其功能与成因，具有一定说服力。稍显不足的是，对于哪些名词能够进入"XY 中国"，周文未加说明。沈威（2013）讨论了"特色 N$_1$+地名 N$_2$"结构槽，运用邢福义（2000）"小三角"研究思路全面分析了该结构的特点，指出"特色 N$_1$+地名 N$_2$"结构槽的语义为"N$_2$，N$_1$ 之地"，该结构槽对 N$_1$ 也有一定的管控作用。沈文材料翔实，描写细致，但其讨论范围过大，诸如"野生菌王国""名人笔迹园林"类普通的偏正结构也被纳入其中，从而削弱了该结构的自身特点。

针对前人研究中的不足之处，本书将在语言特区视角下对特异型"N+N"式标题口号进行全面的分析研究。

从表述对象角度看，"N+N"式标题口号与处所密切相关。就内部组成而言，前一名词 N$_1$ 为普通名词，后一名词 N$_2$ 为处所名词，N$_1$ 与 N$_2$ 之间没有任何连接成分，这是标题口号"形式短小，表达凝练"特征的集中表现。从音节角度看，N₁、N₂多为双音节名词，二者组成［2+2］音步，韵律和谐，具有较强的传诵性。根据前后名词之间的语义关系，可以将"N+N"式标题口号分为"话题—场景""特质—对象""喻体—本体"三种类型。

（一）"话题—场景"型

前一名词 N₁ 与后一名词 N₂ 之间的语义关系为"话题—场景"，整个结构可以解读为"N₁ 在 N₂"，其中 N₂ 一般为"中国"。例如：

（23）a. 汽车中国（汽车网站名）

　　　b. 宽带中国（宽带建设战略口号）

　　　c. 手机中国（手机网站名）

　　　d. 学术中国（微信公众平台名）

　　　e. 舞蹈中国（刘海栋舞蹈摄影网站名）

　　　f. 动画中国（书名，作者长风，安徽少年儿童出版社 2011

年版）

　　　g. 文字中国（书名，作者刘志基等，大象出版社 2007

年版）

　　　h. 梦想中国（中央电视台电视节目名）

观察语料发现，该类型名词组合中，N₁ 可以是具象实在物，如"汽车""宽带""手机"，也可以是抽象无形物，如"学术""舞蹈""梦想"。N₂"中国"是 N₁ 的范围场景。从名词类型来看，只有人造类（artifactual type）和合成类（complex type）名词才能进入该类组合，自然类（natural type）名词①一般不能进入"话题—场景"型名词组合，如"＊山川中国""＊河流中国""＊尘土中国"不能出现。

---

① 生成词库理论基于物性结构，区分了自然类、人造类、合成类三类名词。物性结构描写与名词密切相关的特征，包括构成角色（constitutive role）、形式角色（formal role）、施成角色（agentive role）和功用角色（telic role）。其中，自然类名词只与构成角色和形式角色相关，如"兔子、石头"；人造类名词与施成角色或功用角色相关，如"刀、老师"；合成类名词囊括两三个自然类或人造类概念，如"书、午饭"（详细内容参见宋作艳，2016）。

关于"话题—场景"型标题口号出现的动因，我们赞同周日安（2006）的观点，即该类标题口号在英语词序和网络文化影响下产生。其一，英语地名排列遵循从小到大的规则，致使"中国"一词后置使用；其二，中国网络域名代码 cn 排列在网站名之后，久而久之，该规则推行到语言使用上，形成"话题—中国"式标题口号。

（二）"特质—对象"型

前一名词 N_1 与后一名词 N_2 之间的语义关系为"特质—对象"，即 N_1 为 N_2 的一大特色，其能够在一定程度上代表 N_2。例如：

（24）a. 美食北京（书名，作者陈援，中国轻工业出版社 2008 年版）

b. 历史北京（书名，作者郗志群，旅游教育出版社 2005 年版）

c. 许慎故里　食品名城（河南漯河旅游宣传口号）

d. 山水浙江　首选新昌（浙江新昌旅游宣传口号）

e. 诗文庆阳（书名，作者刘强，甘肃文化出版社 2015 年版）

f. 文化河南　壮美中原（河南旅游宣传口号）

g. 还是那方神奇富饶的草原，一个崭新面貌的"能源内蒙古"正在逐步呈现在世人面前……（转引自沈威，2013）

h. 福建省林业厅厅长陈家东说，森林是陆地生态系统的主体，"森林福建"是生态省建设的基础和主体。（转引自沈威，2013）

"食品名城"意思是名城（漯河）的特色是食品生产，"山水浙江"指浙江的突出特点是有山有水，"能源内蒙古"意为内蒙古以能源著称，"森林福建"可以理解为森林覆盖率是福建的重要名片。与第一类"话题—场景"型标题口号相比，这里的 N_1 是处所 N_2 的区别性特征，而第一类标题口号中的 N_1 往往不具有区别性，如"手机""汽车"很难将"中国"与其他国家区分开来，但"食品"则是"漯河"与其他城市相区别的重要特点。因此，整个结构主观化色彩浓厚。

"特质—对象"关系中的 N_1 多为类名（如"能源""食品"），甚至可以同时指称两类事物（如"山水""诗文"）。在名词类型上，自然类名词与人造类名词均可充当 N_1。

（三）"喻体—本体"型

前一名词 N_1 与后一名词 N_2 之间的语义关系为"喻体—本体"，整个结构可以解读为" N_2 如同 N_1 一般"，例如：

> （25）a. 诗画瘦西湖　人文古扬州（江苏扬州旅游宣传口号）
> 　　　 b. 磅礴乌蒙　花海毕节（贵州毕节旅游宣传口号）
> 　　　 c. 梵天净土　桃源铜仁（贵州铜仁旅游宣传口号）
> 　　　 d. 诚义燕赵　胜境河北（河北旅游宣传口号）
> 　　　 e. 世界佤乡　秘境临沧（云南临沧旅游宣传口号）
> 　　　 f. 东方水城　天堂苏州（江苏苏州旅游宣传口号）
> 　　　 g. 花园伊宁（新疆伊宁旅游宣传口号）

"诗画瘦西湖"意为像诗和画一样美的瘦西湖，"花海毕节"表达如同花海一般的毕节。较之"特质—对象"型标题口号，"喻体—本体"型标题口号中 N_1 以比喻的形式表现 N2，间接地反映了 N_2 的相关特征。

四　"N+N"式标题口号成立的限制条件

研究发现，尽管"N+N"式标题口号与常规情况下的四类名词组合有所不同，突破了现代汉语语法规则，但标题口号的相关特征要求其使用必须遵循一定的规则。具体为， N_1 不宜过于具体且不能为单音节名词。

（一） N_1 不宜过于具体

标题口号具有远距单向特征，其交际距离较远，为严肃正式语体。根据冯胜利（2010）语体调距相关理论，在时空特征上，口语非正式语体对应"具时空"，而严肃正式语体对应"泛时空"。反映到形式上，严肃正式语体排斥"着""了""过"等时体助词，且表达不能太过具体。本书讨论的"N+N"式标题口号受制于这一特征，其中 N_1 不宜过于具体。试对比：

> （26）a. 房产中国（房地产服务网站名）
> 　　　 b. ？楼盘中国
> （27）a. 水果烟台（烟台水果宣传口号）

　　　　b. ? 苹果烟台

（28）a. 光影哈尼（首届红河哈尼梯田世界文化遗产国际摄影展宣传口号）

　　　　b. ? 照片哈尼

（29）a. 人物中国（书名，中国大百科全书出版社 2009 年版）

　　　　b. ? 名人中国

　　相比"房产""水果""光影""人物"，"楼盘""苹果""照片""名人"等均为具体事物，这与标题口号远距单向特征不符，因此难以充当 N₁ 构成"N+N"式标题口号。

（二）N₁ 不能是单音节名词

　　标题口号的另一大特征是韵律亲和，即标题口号倾向使用韵律和谐的结构形式。冯胜利（2013：160—161）曾提出，汉语四字符串必须切分为 [2#2]，自然节律中不存在 [1#1#2]、[2#1#1]、[1#2#1] 等形式，而三音节必须组成独立音节。本书讨论的"N+N"式标题口号以四音节居多，前后名词自然切分为 [2#2]，符合相关韵律规则。若 N₁ 为单音节名词，则整个结构须组成独立音节，表现如复合词，这显然与事理不符。因此，在韵律规则制约下，"N+N"式标题口号中的 N₁ 不能为单音节名词。下面各例中的同义替换均不能发生：

（30）a. 汽车中国——*车中国

　　　　b. 梦想中国——*梦中国

　　　　c. 文字中国——*字中国

　　　　d. 山水浙江——*山浙江

（31）a. 山水古太行　诗画新平顺（山西平顺旅游宣传口号）

　　　　b. *山古太行　诗新平顺

（32）a. 心灵故乡　老家河南（河南省旅游宣传口号）

　　　　b. *心灵故乡　家河南

　　"汽车中国""山水浙江"变为三音节"车中国""山浙江"之后，韵律切分规则要求其表现如复合词，但是，"车中国""山浙江"在事理逻辑上不能视为复合词，韵律要求与事理逻辑发生冲突。因此，"N+N"

式标题口号中的 N_1 不能为单音节名词。

需要特别指出的是，五音节"N+N"式标题口号同样受此限制，如例（31），其中 N_1 也不能为单音节名词。

五　小结

"婚姻中国"类新兴的"N+N"式标题口号突破了常规语法规则的制约，其不能归入偏正、联合、主谓、同位四类结构当中①。从语义关系角度看，该类"N+N"式标题口号主要有"话题—场景""特质—对象""喻体—本体"三种类型。此外，研究发现，标题口号远距单向、韵律亲和两大特征要求 N_1 在语义类型和音节数目上满足一定条件，从而限制了"N+N"式标题口号的类推使用。

第二节　不及物动词带宾语现象与"VN+O"式标题

本节讨论标题口号中的不及物动词带宾语现象，并以特殊的"VN+O"式标题为个案来观察标题口号中不及物动词对语法规则的突破及其限度。

一　常规情况下不及物动词带宾语问题

不及物动词（intransitive verb）指的是不能带直接宾语的动词（Crystal，2000：368）。传统语法对现代汉语不及物动词的界定大致有两种观点：一是不能带常规宾语的动词是不及物动词，其中常规宾语一般指施事或受事宾语（范晓，1991；刘月华、潘文娱、故韡，2001：152—153；黄伯荣、廖旭东，2007：63）；二是不区分宾语类型，只关注宾语是否能出现于动词之后，即形式上不能带宾语的动词就是不及物动词（李临定，1990：122；陆俭明，1991：159—173；邵敬敏，2016b：9）。这两种观点各有利弊，难分伯仲，但都指向了一个事实，即现代汉语动宾

---

① 本书着力说明的是"N+N"式标题口号突破了常规语法规则，至于其究竟属于哪一类语法结构，我们未作断言。严格来讲，"N+N"式标题口号应该是除偏正、联合、主谓、同位之外的另一种语法结构。当然，如果出于教学的需要，也可以对其进行粗略地归类。从整体上看，"N+N"式标题更接近于偏正结构。

组合的复杂性。

徐杰（2018：47）在"非宾格假说"（Unaccusative Hypothesis）（Perlmutter，1978）理论框架下用"及物性"特征将现代汉语动词分为四类：不及物动词、潜及物动词、单及物动词、双及物动词。具体特征见表3-1。

表 3-1　　　　　　　　基于"及物性"特征的现代汉语动词分类

分类	特征	例词
不及物动词	最多可以带一个名词短语，该名词短语是"施事"	咳嗽、结婚、旅游、哭、笑、工作
潜及物动词	最多可以带一个名词短语，该名词短语是"受事"	死、塌、沉、倒、掉、来、漂、走
单及物动词	最多可以带两个名词短语，其中有一个是"受事"	打、喝、吃、骗、耽误、修理、批评、整理、挖
双及物动词	最多可以带三个名词短语，其中有两个是"受事"	送、问、称、教

该分类方法的理论意义在于区分了现代汉语非作格动词（unergative verb）和非宾格动词（unaccusative verb），从而厘清了一系列问题。也就是说，现代汉语中的不及物动词应该是"咳嗽、结婚、旅游"等非作格动词，其后禁止携带名词性成分，而"掉、倒、沉"等非宾格动词（潜及物动词）形式上可以带一个名词性成分（该名词性成分也能出现于主语位置）。因此，有学者将现代汉语中的非宾格动词称为"假不及物动词"（袁博平，2002）。

非作格动词与非宾格动词句法上的区别是，在深层句法结构里，非作格动词无宾语，非宾格动词有宾语，并且该宾语在句法表层可以移动至主语位置。但是，在形态手段匮乏的语言里区分非作格动词与非宾格动词有一定难度，针对这一难题，Sorace & Shomura（2001），Sorace（2004：243—268），以及郑丽娜（2015）提出了动词非宾格性与非作格性的连续统："位置变化—状态变化—存现—过程不可控制—过程可控制"，即越靠近左边，非宾格性越强。与之相反，越靠近右边，非作格性越强。不过，研究发现，现代汉语中作格性很强的不及物动词（非作格动词)[1] 在一定

---

① 本书后续部分提到的"不及物动词"均以徐杰的分类界定为标准，即非作格动词，不再做注解说明。

条件下也可以带上宾语，主要限于以下两种情况。

(一) 计数句

刘探宙（2009）注意到，不及物动词在计数句中也能形成带有宾语的论元结构 NP_1+V+NP_2，例如：

(1) a. 在场的人<u>哭了一大片</u>。
b. 不到七点，我们宿舍就<u>睡了两个人</u>。
c. 我大学同学已经<u>离婚了好几个</u>了。
d. 这次流感小班的孩子<u>咳嗽了五六个</u>。

其中 NP_2 有严格的要求，必须是数量值、数量短语、数量名短语或数量短语重叠式，且应为不定指成分。从语义上看，该类计数句无蒙受义，仅表达数量。

(二) 对比结构

孙天琦、潘海华（2012）在刘探宙（2009）基础上，将不及物动词带宾语的允准条件扩展到对比结构，例如：

(2) a. 一号场地<u>跳这组运动员</u>，二号场地<u>跳那组运动员</u>。（转引自孙天琦、潘海华，2012）
b. 左边泳池只<u>游男生</u>（不游女生）。（转引自孙天琦、潘海华，2012）
c. 西门<u>走车</u>。（转引自孙天琦、潘海华，2012）
d. 路由器只<u>跑数字信号</u>，而不跑仿真信号。（BCC 语料库）

不难发现，例（2a）、例（2d）是明显的对比结构，例（2b）有对比焦点副词"只"，例（2c）的意思是"西门只能走车"，两例均能解读成完整的对比模式。另外，我们发现，对比结构中的不及物动词大都是单音节动词，若替换为同义的双音节动词，则不合语法，如例（2b）不能变为"左边泳池只游泳男生"。

孙天琦、潘海华（2012）进一步指出，不管是计数句还是对比结构，不及物动词带宾语必须提供显性话题，比如不能说"自杀了一个人"，"富士康又自杀了一个人"就可以说了。而潜及物动词则不需要显性话题，如"死了一个人"。这充分说明，现代汉语中不及物动词带宾语是一种非常受限的语法现象，受到来自句法、语义，甚至语用的诸多限制。

除计数句和对比结构之外，还有一种特殊情况需要补充说明。郭继懋（1999）、刘晓林（2004）、孙天琦（2009）提到"飞上海""哭周瑜""跑第一棒"等不及物动词带宾语用例，该类组合中动词与名词性成分之间没有题元选择关系，名词性成分为"旁格宾语"（oblique object）①。郑丽娜（2015）认为，旁格宾语出现于非正式文体中，并且数量不多，不及物动词与潜及物动词都有此用法。就动词来看，能带旁格宾语的不及物动词都是单音节动词，而正式语体中常用的双音节动词几乎没有。

本书讨论的标题口号属正式严肃语体，故不考虑旁格宾语的情况，将其排除在外。

二　标题口号中的不及物动词带宾语现象

通过前文研究得知，常规情况下不及物动词带宾语有着严格的句法语义限制，是一种不常见的语法现象。相反，语料显示，在标题口号语言特区之中，不及物动词突破常规语法规则携带宾语则是一种常见的现象。关于这一问题，尹世超（2006）曾指出，"现代汉语标题是现代汉语动宾搭配产生变异的一个活跃地带，是促使现代汉语动宾搭配多样化的一个重要生长点"。此外，前人研究表明，一些特殊的动宾搭配，产生于标题，而后渗透至常规语句，进而发展为一般用法。可以说，在动宾搭配多样化的发展进程中，标题口号语言特区发挥了重要的推动作用。

（一）标题口号中不及物动词带宾语的类型

研究发现，标题口号中不及物动词带宾语不限于计数句与对比结构两种类型，其表现丰富，类型多样，根据不及物动词的不同，可以进一步分成以下五类。

1. 单纯词+宾语

单纯词有单双音节之分，双音节单纯词多为古代书面语中存留下来的连绵词（符淮青，2004：22；张斌，2010：105）。动词性的双音节连绵

---

① 事实上，旁格宾语内部比较复杂，而一些不及物动词带旁格宾语的用例完全可以归入前文提到的计数句与对比结构之中，比如"跑第一棒"就是一个隐性对比结构。

词是不及物动词,常规情况下禁止带宾,但在标题中却带上了宾语,例如:

> (3) a. 八旬老人迷路徘徊街头　交警开警车护送其回家 (《三秦都市报》2017 年 1 月 18 日)
> b. 已婚女辗转两"男友"之间　盗刷银行卡积蓄 4 万元 (网易新闻,2017 年 4 月 4 日)
> c. "五线谱"蜿蜒岭南山水间 (《广州日报》2016 年 12 月 7 日)
> d. 两人落入冰窟　众人匍匐冰面施救 (央视新闻,2016 年 11 月 28 日)

"徘徊""辗转""蜿蜒""匍匐"四词均为连绵词,其中"徘徊""蜿蜒""匍匐"是叠韵形式,"辗转"是双声叠韵形式。在常规情况下,连绵词不带处所宾语,处所题元须通过介词引入,例 (3a) 正常的说法是"八旬老人迷路徘徊于街头"或"八旬老人迷路在街头徘徊",标题中无须介词参与,连绵词可以直接携带处所宾语。

2. 派生词+宾语

派生词是由词根和词缀组合成的词 (邵敬敏,2016a:91—92)。"腾""相""化"等类词缀所构成的派生词往往为不及物动词,但标题口号却允准其携带宾语。例如:

> (4) a. 百龙翻腾雪峰山 (《湖南日报》2017 年 2 月 12 日)
> b. 800 只小天鹅欢腾南洞庭　洞庭湖发现最大小天鹅迁徙群 (《三湘都市报》2016 年 11 月 25 日)
> c. 人脸识别相逢人工智能　便胜却人间无数 (中国安防网,2017 年 3 月 30 日)
> d. 诗歌相遇牡丹　朱琳等名家倾情朗诵 (中国网,2017 年 4 月 16 日)
> e. 数字化你的胶片和照片 (HP 扫描仪宣传口号)
> f. 艺术化你的网站 (《电子商务世界》2006 年第 1 期)

3. 各类合成词+宾语

一些不及物合成词在标题口号中也可以突破语法规则带上宾语，例如：

联合式动词+宾语

（5）a. 昔日大学校花伴病夫海上<u>漂流 8 年</u>航行全球（中国新闻网，2014 年 9 月 27 日）

　　　b. 2024 桂林马拉松赛三万名中外跑友<u>奔跑山水间</u>（中国新闻网，2024 年 3 月 18 日）

动补式动词+宾语

（6）a. "南通味道"<u>走红大上海</u>（《江南时报》2017 年 4 月 28 日）

　　　b. 宋代怀古音乐<u>倾倒美国观众</u>（《楚天金报》2017 年 4 月 18 日）

动宾式动词+宾语

（7）a. 智慧沃家　<u>造福万家</u>（天津联通宣传口号）

　　　b. 一句普通话　<u>知心你我他</u>（普通话推广宣传口号）

4. 四字格成语+宾语

成语是熟语的一种，以四字格居多，其语言风格古朴、凝重、典雅，书面色彩浓厚（周荐，1997；符淮青，2004：197—198）。一般来说，动词性成语后不能带宾语（韩启振，2005；冯胜利，2006：15）。而标题口号则突破了这一语法规则。

（8）a. <u>刮目相看</u>新农村（《广州日报》2017 年 3 月 17 日）

　　　b. 马布里<u>轻描淡写腿伤</u>：没事　我不会以这种方式离开（《扬州晚报》2017 年 2 月 21 日）

　　　c. <u>品头论足</u>开幕式（《苏州日报》2012 年 8 月 8 日）

　　　d. <u>身体力行</u>"五个坚守"（网易新闻，2016 年 8 月 8 日）

　　　e. <u>一网打尽</u>好电影（猫眼电影 App 宣传口号）

特别指出的是，标题中也存在这样一类"成语+名词性成分"组合，其结构类型不是动宾，而是定中。例如，《众说纷纭袁崇焕》（网易历史，2017 年 4 月 26 日）、《老兵重回海岛红了眼圈——魂牵梦绕达山岛》（中国江苏网，2016 年 7 月 25 日），成语与后续名词性成分之间可以插入"的"（"众说纷纭的袁崇焕""魂牵梦绕的达山岛"）。但上述五例标题口号中，成语与后续名词成分之间不能插入"的"，这说明二者之间的语义关系不是修饰，而是支配。

5. 静态动词+宾语

邓思颖（2010：31—32）将传统语法中的形容词作为动词的次类来处理，称之为"静态动词"。静态动词与动态动词相对，其主要句法功能是做谓语[①]。本书沿用这一处理方法。

从及物性角度看，静态动词可以分为两类，即不及物静态动词与潜及物静态动词（魏丽滨，2013）。其主要区别是，潜及物静态动词具有变化性，可以带上"了""着"等动态助词，如"红（红了脸）""肥（肥了地产商）""硬（硬着头皮）""繁荣（繁荣了经济）"；不及物静态动词不具备变化性，不能带动态助词，如"无限（＊无限了）""美丽（＊美丽着）""舒适（＊舒适了）""简单（＊简单着）"。在"位置变化—状态变化—存现—过程不可控制—过程可控制"这个连续统当中，潜及物静态动词靠近左边，而不及物静态动词更靠近右边。

在常规情况下，潜及物静态动词后可以带宾语，不及物静态动词后则禁止出现任何名词性成分，但标题口号里的不及物静态动词不受此限制。例如：

（9）a. 建筑无限生活（万科房产公司宣传口号）

　　　b. 红房子天使护士美丽你的心灵和眼睛（江阴红房子医院宣传口号）

　　　c. 舒适你的心灵之旅　畅享你的完美人生（乐途网订制旅游项目宣传口号）

───────────

① 具体来说，邓思颖（2010：31—32）将能作谓语的形容词看作"静态动词"，认为不能作谓语的形容词才是真正的形容词（区别词或非谓形容词）。邓文指出，将形容词作为动词的次类并非其首创，Chao、Li & Thompson、屈承熹、纪宗仁等都持有相同的观点。吕叔湘先生（1979：32）也曾指出"如果把形容词合并于动词，把它作为一种半独立的小类，也不失为一种办法"。

d. 聪明你的旅行（去哪儿网站宣传口号）

e. 简单你的快递生活（手机 EMS 宣传口号）

f. 精致你的生活（《大河风尚》2014 年 6 月 6 日）

g. 多张"药方"<u>畅通城市道路</u>（《南湖晚报》2017 年 4 月 26 日）

h. 乐高机器人学校<u>坚强你的意志</u>（乐高机器人学校宣传口号）

从目前掌握的语料来看，不及物静态动词带宾语现象大多发生在口号中，且具有三个显著特点：第一，静态动词大都带有褒义色彩，如"舒适""聪明""精致""坚强"，有些静态动词尽管其本身不具有褒义色彩，但在口号里往往有褒义解读，如"无限"；第二，就宾语来看，出现频率较高的宾语是由第二人称代词"你"所构成的名词短语，这与口号的宣传鼓动功能密切相关；第三，标题口号中静态动词带宾语都是致使结构，可以解读为"使（让）……变得……"，如"简单你的快递生活"理解为"使你的快递生活变得简单"，"精致你的生活"意思是"让你的生活变得精致"。

按照徐杰（2018：47）的分类标准，不及物动词最多可以带一个名词性成分且该名词成分为"施事"，句法形式上该名词成分只能出现于动词之前，而不能置于动词之后。就这一点来看，在常规情况下，单纯词、派生词、合成词、四字格成语、静态动词五类不及物动词后均不能带有名词性成分，但在标题口号中五类动词却可以突破语法规则带上宾语。

（二）标题口号中不及物动词带宾语的限制条件

从宾语角度看，不及物动词之后的宾语与常规宾语有诸多差别，存在限制条件。

其一，不及物动词后的宾语不能话题化。宾语的性质是影响其话题化的一大因素，在常规主动宾句中，当宾语语义类型为受事、与事、对象、处所时，可以有条件地话题化（杨德峰，2015），比如"小刘昨天买了《红楼梦》"可以变为"《红楼梦》小刘昨天买了"。标题口号不及物动词后所携带的宾语无论是何种类型，均不能话题化，如：

（10）a. "五线谱"蜿蜒岭南山水间→＊岭南山水间"五线谱"

蜿蜒

　　　　b. 人脸识别相逢人工智能→＊人工智能人脸识别相逢

　　　　c. 宋代怀古音乐倾倒美国观众→＊美国观众宋代怀古音乐
倾倒

　　　　d. 马布里轻描淡写腿伤→＊腿伤马布里轻描淡写

　　　　e. 红房子天使护士美丽你的心灵和眼睛→＊你的心灵和眼
睛红房子天使护士美丽

　　其二，不及物动词后的宾语一般不定指。除了处所词和专名以外，标
题口号中不及物动词后的宾语往往不定指。"静态动词+宾语"小类，虽
然宾语中有第二人称代词"你"，但也不能确定其具体所指。

　　由此可见，标题口号中不及物动词带宾语与常规情况下的动宾结构二
者并不一样，尽管不及物动词在标题口号语言特区中具备一定的带宾能
力，但其变换受限，是一种特殊的语法现象。

三　突破常规语法规则的"VN+O"式标题

　　在不及物动词带宾语的几种类型里，"动宾式动词+宾语"① 是较为突
出的一个案例。之所以突出，除了数量上的因素以外，更为重要的原因在
于，20 世纪 80 年代以前，动宾式动词不能带宾语是公认的语法规则。而
在改革开放以后，随着语言生活的不断变化发展。"VN+O"的用例逐步
增多，与此同时，普通大众对这一结构的语感也在不断提升。

　　刘大为（1998a，1998b）调查了 37 个"VN+O"结构的语感②，他将
语感划分为以下四个等级。

　　　　（11）a. 语义理解没有任何问题，也无任何不顺畅感；

---

　　① 学界认为，动宾式动词"词"的身份较为可疑（邹立志、周建设，2007）。换言之，有
些动宾式动词结构松散，不像真正的词，介于词和短语之间。本书讨论的动宾组合均为双音节形
式，统一起见，将所有的动宾组合都视作动宾式动词，不再区分词和短语。

　　② 37 个 VN 式动词分别是聚焦、控股、摸高、写真、扫盲、打趣、中意、见证、抢滩、接
轨、决战、联手、触电、捐资、捐款、赠书、投资、存款、倾情、加盟、转岗、登录、转会、迁
址、分流、出炉、造福、服务、备战、创意、创新、扮靓、引爆、约会、应聘、投诉、解码。不
过，我们认为，其中一些词看起来不太像 VN 式动词，如"分流""投诉"。

b. 语义理解基本没有问题，但有不同程度的不顺畅感；

c. 语义理解产生了不同程度上的困难而必须依赖语境，同时有强烈的不顺畅感；

d. 语句无意义，不顺畅感达到极点。

调查结果显示，选择例（11b）的人占绝大多数。覃业位（2023）沿用刘大为（1998a，1998b）的思路和方法，重新调查了"VN+O"结构在常规情况下的可接受度①。他发现，二十多年后，该结构的接受度有了大幅提升，选择例（11a）的比例高达 49.71%。

正是基于上述变化，就有学者提出"VN+O"结构是新时期汉语语法变异的经典案例之一（杨彩贤，2015）。不过，更有意思的是，在"VN+O"结构由"非法"变为"合法"的过程中，标题充当了"幕后推手"的角色。具体来说，"VN+O"结构首现于新闻标题，其特征"简洁明快、内蕴丰厚"，契合新闻标题的语用要求，而后由新闻语言进入日常口语、文学语言当中（尹世超，2001：84；杨文全、王刚，2004；邹立志、周建设，2007；王海妮，2012）。依此来看，"VN+O"这一结构的发展得益于标题语言特区。

（一）前人研究述评

早在 20 世纪 80 年代初，老一辈学者就注意到"VN+O"这一特色鲜明的语法结构（李临定，1983；饶长溶，1984）。从 90 年代中后期到 21 世纪，这一结构一直是汉语语法学界的研究热点。学界的关注点集中在三个问题上：一，"VN+O"源自何处？二，"VN+O"的句法构造如何？三，"VN+O"规律何在？

对于第一个问题，学界的看法是"VN+O"结构古已有之，但在现代汉语中断档了，伴随着香港书面语中文及中国台湾"国语"、海外华语与现代汉语普通话的交流，该结构逐步复苏（汪惠迪，1997；刁晏斌，1998；杨彩贤，2015）。

第二个问题"VN+O"的句法构造，学界主要有两种观点。第一种观点是轻动词、施用结构分析法（冯胜利，2011；蔡维天，

---

① 覃业位（2023）的调查用了 11 个动宾式动词，分别是点赞、接轨、出轨、致歉、牵手、打假、对话、喊话、求婚、合影、签约。

2017)。比如蔡维天（2017）提出"我们相见北京"的句法操作过程如图 3-1 所示。

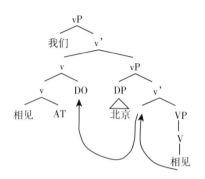

图 3-1 "我们相见北京"句法生成过程

在这个结构中，如果轻动词 DO 为零形式，轻动词 AT 为介词"在"，那么只有［AT-DO］的移位；如果轻动词 AT 也是零形式，就会吸引低层次中心语"相见"向上移位，形成［相见-AT］，最后移位到轻动词 DO 的位置。

第二种观点是罗琼鹏（2024）新近提出的名词融合分析法。他认为，VN 是 V 和 N 通过词根移位融合构成的复杂谓词，与事件有关系的其他参与角色可以"升级"为该复杂谓词的旁格论元。VN 既不是复合词，也不是动宾短语，而是一种正在演化过程中的名词融合结构。

第三个问题，学者们主要从 VN 式动词的角度进行考虑，亦即 VN 式动词词汇化程度越高，其带宾能力越强，词汇化程度越低，带宾能力越弱，而判断 VN 式动词词汇化程度的依据是能否扩展（高更生，1998；刘大为，1998a；刘大为，1998b；罗昕如，1998；邹立志、周建设，2007）。这一论断具有较强的解释力，但却忽视了一个重要问题，即 VN 式动词在不同语域中带宾能力的差异。如"收徒""夺冠""点睛""出轨"等 VN 式动词一般只能在新闻标题中带宾，在其他使用场合禁止携带宾语。为数不多的几位学者意识到了这一缺陷。吴锡根（1999）提出，"VN+O"不出现于法律文书、科技作品等场合，而在文章标题（特别是新闻标题）、广告、标语口号、诗歌歌词、对称性语句中较为多见。范妍南（2007）指出，VN 带宾现象在新闻标题中大量出现，原因是新闻标题与一般的口语或书面语不同，允许出现违反语法常规的语言现象，一些 VN 式动词尽管在新闻标题中能够带宾，但在新闻正文中又恢复了它的常规用法。不难发现，这一研究思路与本书语言特区理论背景几乎一致。然而遗憾的是，该学者并未在这一思路下进行系统研究。

覃业位（2023）考察了"VN+O"结构在新闻标题中的特征表现，他发现该结构语感特别，语域分布特别，且句法语义表现明显区别于NCO（Non-Canonical Object，即非典型宾语，又称"旁格宾语"）结构和普通动宾结构。其中，"VN+O"结构与NCO的差别主要体现在五个方面：第一，"VN+O"中O与NCO的题元角色都比较丰富，包括对象、与同、蒙受、处所、益事、目的等，但对单个动词来说，二者有所不同，NCO结构，同一个动词后可以出现多个题元角色不同的宾语，比如"切"，可以组成"切这把刀"（工具）、"切方块"（结果）、"切大刀"（方式）。但在"VN+O"结构中，VN式动词所带宾语的题元角色比较单一，如"对话"只能跟对象类宾语，"登陆"只能跟处所类宾语，"点赞"只能带与同类宾语；第二，"VN+O"的句式义与PP-VN一致，与NCO结构不同，例如"吃食堂"不一定是"在食堂吃饭"，只是与"吃餐厅""吃饭店"形成对照，但"喊话美国总统""撤兵伊拉克"与"向美国总统喊话""从伊拉克撤兵"语义一致；第三，NCO可以被删略，但"VN+O"中的O不能删略。例如，"他常吃豪华餐厅，我不常吃"，第二个动词"吃"后删略了"餐厅"，"张三赠书希望小学，李四也赠书希望小学"，第二个动词"赠书"后的宾语"希望小学"不能删略；第四，NCO可以有条件地话题化，但"VN+O"中的O不能话题化，如"我知道没有人愿意做七点到九点"可以话题化为"七点到九点，我知道没有人愿意做"，"小米CEO将对话所有在场观众"不能话题化为"所有在场观众，小米CEO（都）将对话"，即使有复指代词也不合法，不能说"所有在场观众，小米CEO（都）将对话他们"；第五，NCO可以被关系化，"VN+O"中的O不能被关系化，例如"吃餐厅"可以关系化为"他吃的（餐厅）都是好餐厅"，但"华为总裁主动喊话美国总统特朗普"不能关系化为"华为总裁主动喊话的总统是特朗普"。正是基于上述五类差别表现，覃业位（2023）认为"VN+O"结构具有特殊性，应该在新闻标题这一语言特区中进行分析。

本书将在语言特区理论背景下全面分析"VN+O"式标题对现代汉语语法规则的突破及其使用限度。

（二）语言特区视域下的"VN+O"式标题

1. VN 式动词的正式度等级

从构词角度看，现代汉语中动宾式动词是一个开放的类，数量巨大。据朱军、盛新华（2008）统计，单《现代汉语词典》（第四版）收录的动宾式动词就有 4175 个，第五版又增加了 121 个，共计 4296 个。如此之多的动宾式动词，其句法语义表现是否一致，内部是否存在差异？这是我们应该思考的问题。

王永娜（2013）依据能否扩展这一标准将动宾式动词分为四类，认为不同类型的动宾式动词适用语体不同，因此其句法表现也不尽相同。这一思路极具启发意义，为相关研究开辟了一条新路，但十分遗憾的是，王文分类稍显混乱，未能将统一的标准一以贯之，并且将口语非正式语体与书面正式语体二者截然分开①，从而造成分类不匀净的后果。

本书沿用王永娜（2013）的研究思路，并结合刘靖（2009）②的相关统计结果，对 VN 式动词进行正式度等级排序，具体如下：

A. VN 式动词能够进行 VVN 式重叠或变换为"V 个 N"格式。如"看报""读书""洗澡""帮忙""骑车""道歉""报名""点火""拐弯""打针"；

B. VN 式动词能够进行 VNVN 式重叠或添加补语"一下"（"VN 一下"）。如"抱怨""抗议""关心""当心""怀疑"；

C. VN 式动词不能重叠或变换形式，但其后可以带数量宾语（仅限于数量宾语）。如"裁军""毕业""集资""罚款""增产"；

D. VN 式动词不能重叠或变换形式，带上宾语（不限于数量宾语）后可以入时空，即带宾语后能够与时体成分共现。如"现身""亮相""入境""称霸""入围"；

E. VN 式动词不能重叠或变换形式，带上宾语（不限于数量宾语）后不能入时空，即带宾语后不能与时体成分共现。如"就业"

---

① 尽管王文在后半部分提出了动宾式动词有"较强的正式——一般的正式—非正式"这样一个语体色彩的演变过程，但其分类并未体现出这一过程。

② 刘靖（2009）从《汉语水平词汇与汉字等级大纲》中筛选出 242 个 VN 式动词，在 CCL 语料库与网络中进行搜索统计，发现 58 个 VN 式动词具有带宾能力，而带宾频率亦有高低之别。

"行贿""解码""出轨""夺冠"。

上述五类 VN 式动词的正式度等级依次为：

E>D>C>B>A

正式　　　　　　　　非正式

其中 E 组词最为正式，A 组词正式度最低。A 组词常出现于口语非正式语体中，而 C、D、E 三组词出现于书面正式语体中，B 组词居于过渡地带，在正式和非正式语体里均可出现。与此同时，正式度等级影响了 VN 式动词的带宾能力，具体表现为，正式度低的 A 组词在任何情况下都不能带宾语，B 组词可以带宾语，且宾语单双音节皆可，如"抱怨工资""抗议政府""关心你""当心车"。C、D、E 三组词都能带宾语，但宾语不能为单音节词，而这三组词的差别是，C 组词只能带数量宾语，D、E 两组词所带宾语不限于数量成分。在使用范围上，B、C、D、E 四组词携带宾语之后，E 组词只能出现于新闻标题之中，D 组词可以用在标题与新闻正文当中，C 组词使用范围较广，在诸多正式文体中皆能看到其踪影，而 B 组词的使用不区分正式与非正式场合。

需要补充说明的是，本书对 VN 式动词正式度等级排序的标准之所以有重叠形式、结构变换和时空特性三条，主要出于以下考虑。

首先，重叠是非正式语体的语法手段之一（王永娜，2008；冯胜利，2015）。一般而言，VN 式动词有 VVN 和 VNVN 两种重叠方式，前一种重叠能够将 VN 式动词打开，而后一种重叠保留了 VN 式动词的完整性。就此来看，能够进行 VVN 式重叠的 VN 式动词其结构更为松散，正式度等级相对较低。

其次，"V 个 N"结构轻松、随意，经常在口语中使用，多数情况下，"V 个 N"能与"VVN"互换使用（李炜，1992：158—165；周清艳，2012）。补语"一下"用在动词后表小量、短时、尝试，常用于交际对话当中（邵敬敏、马婧，2009；蒋湘平，2012）。不难发现，"V 个 N"结构与补语"一下"的共同点是语体色彩，而二者的区别在于结构完整性。较之"V 个 N"，"VN 一下"结构完整，其正式度等级相应高于"V 个 N"。

再次，"泛时空化"是正式语体的一大特征。冯胜利（2010）解释，所谓泛时空化就是"减弱或去掉具体事物、事件或动作中时间和空间的语法标记"。反向而言，若要降低正式度等级，则需添加表时空的语法标记。关于这一点，下文将会深入讨论，此处不多赘言。

总之，基于重叠形式、结构变换和时空特性这三条标准，可以在正式度上将 VN 式动词划分出五个等级，而 VN 式动词正式度等级的差别与其带宾能力有直接关系。

2. "VN+O"式标题对语法规则的突破

据高更生（1998）调查，B、C 两组词在现代汉语中本来就有带宾能力，而 D、E 两组词的带宾能力是语法规则变异的结果。观察发现，VN式动词与形式动词的搭配是支持该观点的一个有力证据。

形式动词（dummy verb）脱胎于文言词汇，呈现出正式庄重的语体色彩（李桂梅，2012）。因此，理论上 B、C、D、E 四组词均能与形式动词进行搭配，然而，事实却是，只有 B、C（部分词）两组词可以充当形式动词的后续动词，D、E 两组词则完全不行。例如：

（12）a. 车上的人都知道这点，大家并没有对他们的快乐进行抗议。（BCC 语料库）

　　　　b. 对精简的包装予以奖励，对过度包装的商品予以罚款。（BCC 语料库）

　　　　c. *进行现身　*加以入境　*予以称霸

　　　　d. *进行就业　*加以行贿　*予以夺冠

张斌（2010：100）曾指出，形式动词的一个显著特点是，具有粘宾性，一个词若充当形式动词的后续动词，该动词后就不能带有宾语，宾语成分定要前置。换言之，形式动词禁止其后续动词携带宾语。依此来看，B、C 两组 VN 式动词，V 与 N 的结合发生在词库中，N 已经镶嵌进 V 内部，成为不可分割的整体，所以能获得形式动词的允准；而 D、E 两组VN 式动词，V 与 N 在句法部门组合①，其紧密度不高，不能获得形式动词的允准。进一步看，B、C 两组词携带宾语是现代汉语的固有用法，D、E 两组词携带宾语则是后来出现的现象。

从语法发展变化角度看，D、E 两组词的带宾现象都应视为语法突

---

① 关于这一点，冯胜利（2011）研究发现，VN 式动词中 N 通过句法运作并入 V 中，组成句法词，而后移入轻动词 v 位置，生成"VN+O"结构。

破。不同的是，D 组词带宾语出现时间较早，已经脱离了标题语言特区，进入新闻正文之中。而 E 组词带宾语只能出现在新闻标题当中。试比较下面几组语料：

（13）a. 共享单车<u>登陆湖城银川</u> 助力城市绿色低碳出行（光明网，2017 年 4 月 25 日）

b. 共享单车登陆湖城银川了。

c. 共享单车即将登陆湖城银川。

（14）a. 小米正式<u>进军俄罗斯</u>：首发小米 MIX/Note2、红米 4X 手机（中国网，2017 年 4 月 26 日）

b. 小米（已经）正式进军俄罗斯了。

c. 小米即将正式进军俄罗斯。

（15）a. 巨型吞拿鱼<u>横尸英吉利海峡</u> 长达 2 米壮如牛（中国网，2016 年 9 月 27 日）

b. *巨型吞拿鱼横尸英吉利海峡了。

c. *巨型吞拿鱼即将横尸英吉利海峡。

（16）a. 中国体育报记者团<u>探营全运天津</u>（《天津日报》2017 年 4 月 22 日）

b. *中国体育报记者团探营全运天津了。

c. *中国体育报记者团即将探营全运天津。

对比发现，例（13）、例（14）标题在添加"了""即将"等时体成分之后可以成立，而例（15）、例（16）标题即使添加时体成分也不合法。换言之，VN 式动词"登陆""进军"带宾语的使用范围已不限于新闻标题，其在常规语句中也能获得合法性。语言特区中的这一特殊现象已经渗透到常规语法当中。与之相反，"横尸""探营"等 E 组 VN 式动词在常规语句中不能带上宾语。

从广义上讲，D、E 两组 VN 式动词带宾语都是对常规语法规则的突破，从狭义上讲，标题中 VN 式动词的语法突破只有 E 组。罗堃（2016）在考察诗歌作品"在+NP+方位词"结构中方位词的删略问题时提出，特区现象对常规语法规则的突破呈现渐进性（continuous violation），即典型的突破与典型的合法之间存在过渡地带，而标题语言特区中 VN 式动词带宾语的案例再一次印证了这一观点。

(三)"VN+O"式标题的特点

1. 宾语的类型

VN式动词所带宾语的语义类型较为丰富,主要有以下几种类别。

对象宾语

(17) a. 大学生村官张宏霞:养殖非洲雁 致富穷困乡(《河北青年报》2015年6月22日)

b. 《天天向上》Twins合体撩汉 阿Sa寻仇大张伟(新华网,2016年4月28日)

c. 黄晓明拜师史泰龙 加盟好莱坞新片与最猛硬汉战斗(新浪娱乐,2017年4月12日)

d. 《歌手》总决赛林忆莲夺冠 杨宗纬救场张碧晨(网易娱乐,2017年4月16日)

结果宾语

(18) a. 跨界秀冰雪 李菲儿问鼎总冠军(《北京晚报》2017年4月12日)

b. 杨威张亚东受聘研究生导师(新华网,2017年4月26日)

c. 上海大熊猫龙凤胎定名月月半半 萌化无数游客们的内心(中国青年网,2017年4月22日)

d. 小行星获名何允星 表彰中国广播电视事业先驱何允(腾讯新闻,2016年10月5日)

处所宾语

(19) a. 飓风重创海地 难民试图取道墨西哥投奔美国(中国青年网,2016年10月11日)

b. 百余名青少年扬帆青岛 青少年帆船联赛开赛(大众网,2016年8月17日)

c. 首家央企已行动 中船重工宣布迁址雄安(中国证券网,2017年4月7日)

d. "图兰朵"使者讲学无锡(中国江苏网,2017年4月21日)

2. VN 的喻化与 N 的磨损

朱军、盛新华（2008）提出，在"VN+O"结构中，VN 式动词的比喻化倾向是其进入该结构的一个重要条件。的确，在我们搜集到的"VN+O"式标题中，很大一部分 VN 式动词所表达的都是比喻义。例如：

　　（20）a. 十大数据把脉 2017 中国经济"开局季"（新华网，2017 年 4 月 19 日）

　　　　b. 首期"市民问政"26 日举行　问诊文明城市创建（《湖北日报》2017 年 4 月 25 日）

　　　　c. 农场结缘科技　农户增收不愁（《经济日报》2017 年 3月 3 日）

　　　　d. 快速应对移师云端　东北大学全面启动在线教学（人民网，2022 年 3 月 23 日）

"把脉"的原义是"诊脉"，例（20a）标题"把脉"一词所用的是其比喻义"对某事物进行调查研究，并做出分析判断"［《现代汉语词典（第七版）》，2016，20］。"结缘"原义为"结下缘分"［《现代汉语词典（第七版）》，2016，667］，例（20c）标题的意思是农场运用科技手段促进发展。同样，"问诊""移师"在这里都不是原义，而是比喻的说法。在 VN 式动词的喻化过程中，N 的语义发生磨损，其具体所指模糊化。

（四）"VN+O"式标题成立的限制条件

语料显示，新闻标题中带宾的 VN 式动词数量日趋增多，"VN+O"俨然已成为一种流行的标题结构。然而，研究发现，并非所有的 VN 式动词都能在标题中带上宾语，"VN+O"式标题的出现受制于以下两大条件。

1. 正式度低的 VN 式动词不能组成"VN+O"式标题

标题为严肃正式语体，因此，能够重叠或变形的 VN 式动词禁止携带宾语组成"VN+O"式结构，如下面 b 组 VN 式动词由于其正式度等级过低而不能成为"VN+O"标题。

（21）　　　　a　　　　　　　　　　b

赠书——*赠赠书　*赠个书　送书——送送书　送个书

晤面——*晤晤面　*晤个面　见面——见见面　见个面

合影——＊合合影　＊合个影　　照相——照照相　照个相

携手——＊携携手　＊携个手　　拉手——拉拉手　拉个手

（22）a. 厉以宁赠书重庆永川希望小学（中国新闻出版网，2014年11月14日）

　　　b. ＊厉以宁送书重庆永川希望小学

（23）a. 连马短暂晤面郝龙斌：盼马王尽快和解（新浪新闻，2013年10月8日）

　　　b. ＊连马短暂见面郝龙斌：盼马王尽快和解

（24）a. 何洁梳丸子头扮嫩　合影"虹桥一姐"（搜狐娱乐，2017年4月22日）

　　　b. ＊何洁梳丸子头扮嫩　照相"虹桥一姐"

（25）a. 青岛交警携手代驾公司　成立反酒驾联盟（央广网，2017年4月27日）

　　　b. ＊青岛交警拉手代驾公司　成立反酒驾联盟

对比 a、b 两组词发现，在语义上，"送书""见面""照相""拉手"等同于"赠书""晤面""合影""携手"，两组词并无差异。但就正式度来看，b 组词正式度等级不高，只适用于非正式语体，故不能携带宾语构成"VN+O"式标题。

2. "VN+O"式标题中宾语不能为带"的"的名词短语

王永娜（2013）注意到，VN 式动词所带宾语不能为个体化或具体化的事物，包括数量名结构和含"的"的名词短语，如不能说"亮相北京海淀区的街头""转岗北京的一个保健公司"。但是，我们在语料搜集过程中发现了如下标题：

（26）a. 2.5 米的巨型"酷 MA 萌"亮相北京西单大悦城（新华网，2016年11月4日）

　　　b. 聚焦第 31 届浙江省青少年科技创新大赛（金华新闻网，2017年4月24日）

　　　c. 签约一个家庭医生　享受分级诊疗便利（《湛江晚报》2017年1月10日）

　　　d. "最忙独董"宋常被调查　曾同时任职五家上市公司

（网易体育，2016 年 1 月 23 日）

"北京西单大悦城""第 31 届浙江省青少年科技创新大赛"是十分具体的事物，"一个家庭医生""五家上市公司"为数量短语，完全可以作为宾语出现在 VN 式动词之后。由此可见，问题的关键并不是宾语的具体化，而在于"的"的有无。众所周知，带"的"的名词短语结构松散（王远杰，2013），不够正式，因此不能在标题中充当 VN 式动词的宾语。若将"的"字强行插入上述四例标题的宾语之中，该标题也会变得十分拗口，甚至不合语法。例如：

> （27）a. ? 2.5 米的巨型"酷 MA 萌"<u>亮相北京西单的大悦城</u>
> 　　　b. ? <u>聚焦第 31 届浙江省的青少年科技创新大赛</u>
> 　　　c. ? <u>签约一个家庭的医生</u>　享受分级诊疗便利
> 　　　d. ? "最忙独董"宋常被调查　曾同时<u>任职五家上市的</u>
> <u>公司</u>

四　小结

在常规情况下，禁止带宾的不及物动词在标题口号语言特区中可以突破语法规则带上宾语，该宾语成分不定指，且不能话题化。语料显示，标题口号中能带宾语的不及物动词主要有单纯词、派生词、各类合成词、四字格成语、静态动词五种类型。作为其中的一类，动宾式合成词带宾语现象备受关注。该结构产生于新闻标题，而后进入日常语言。在这一进程中，动宾式动词的正式度等级和宾语的语法结构两大因素制约了该结构的无限度类推，也进一步反映了语言特区"能突破但有限度"这一核心特征。

第三节　量词删略与量词缺失的"一 NP"主语标题

一　标题口号中的量词删略现象及其限度

（一）问题的提出

量词作为现代汉语中的特色词类，其功能是为名词分类，用在数词或代词之后，意义上表示计量，一般分为名量词和动量词两大类。其中，名量词还可以进一步分为个体量词、集合量词和度量词（邢福义，1996：192；张斌，2010：140；邓思颖，2010：30）。依照形式语法的分析，名词不能直接与数词组合，需要先跟量词结合在一起，而后加入数词和限定词，进而组合成"限定词+数词+量词+名词"结构充当论元，其层级关系如图 3-2 所示（邓思颖，2010：65）。

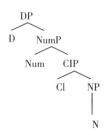

图 3-2　限定词短语的句法结构

就组合成分来看，限定词和名词较容易省去，数词和量词则往往同隐同现，有数必有量，有量必有数，二者缺一不可（邢福义，1996：191；张莹，2012）。例如：

（1）a. 这三台计算机　三台计算机　＊三计算机　＊台计算机
　　　b. 这三台你留给办公室，那三台搬走。

可以看出，限定词、名词省去之后，该结构仍然成立，与之相反，数词、量词省去之后，结构即变得不合语法。这一现象充分表明，量词在现代汉语数量表达中扮演了极为重要的角色，其存在与否会直接影响句子的合法性。那么，量词的作用究竟有多大？现代汉语中是否存在量词缺失，句子却依然合法的情况？李宇明（2000）研究发现，尽管现代汉语语法通则要求数词和量词同隐同现，但仍有一些例外。具体概括如下：

（2）a. 数量为"一"时，数词可以省去，如"这位老师""那座山"，限定词则不能省去，"位老师""座山"不合语法；
　　　b. 数量为约量时，数词可以省去，如"斤把重""尺把

长";

　　c. 数量为大数目时，量词可以省去，如"千千万青年人""老板让了价，只要三万六千"；

　　d. 序数组合中，量词可以省去，如"第一教室""第三小学"。

从例（2c）、例（2d）两条例外规则中可以看出，现代汉语中量词省去的限制条件是大数目数词或序数组合。换言之，除大数目数词和序数组合之外，现代汉语中不能出现"有数无量"的用法。然而，研究发现，标题口号中的小数目数词和非序数组合也能允准量词删略[①]，且该现象较为常见。例如：

　　（3）a. 两手抓　两手都要硬（新时期物质文明精神文明建设方针口号）

　　b. 五讲四美三热爱（社会主义精神文明建设口号）

　　c. 三忠于　四无限（20世纪六七十年代宣传口号）

　　d. 两份水果三份菜　每日记得<u>五蔬果</u>（澳门卫生局营养膳食宣传口号）

　　e. 一师一优课　一课一名师（教育部教师信息技术改革活动口号）

　　f. 一花一草皆生命　一枝一叶总关情（江苏宿迁市绿化口号）

　　g. <u>8省份</u>环保督查反馈出炉　3400人被问责（中国新闻网，2016年11月24日）

　　h. <u>六网店</u>联合卖盗版　半年获利300万（《法制晚报》2016年4月20日）

　　i. 陕西<u>5顾客</u>快餐店内争吵　店员因看了一眼被围殴（《华

---

①　关于语法成分隐匿的术语问题，罗坚（2016）区分了"省略"、"隐含"和"删略"。"省略"的成分可以添补，但只有一种添补可能。"隐含"的成分在意义上是存在的，在句法上往往不能添补。"删略"是基于特定动因的语法操作手段，隐匿的语法成分可以进行添补，但添补的可能不只一种。较之"省略"与"隐含"，"删略"一词更具动态性与针对性，与语言特区动态性的研究思路相契合。

商报》2016 年 11 月 28 日）

　　　　j. 哈工大<u>三教</u>授入选国际电气与电子工程师协会会士（《黑龙江日报》2016 年 12 月 2 日）

　　　　k. 养老金年底前将完成入市　<u>四银行</u>获托管资格（《中国证券报》2016 年 11 月 30 日）

　　　　l. 兰州市定西南路一菜市场电线杆倒下　砸伤<u>五商铺</u>（《兰州晚报》2016 年 10 月 20 日）

　　以上各例中的数量结构皆非序数组合，其数词也都是十以内的小数目，但数词与名词之间的量词却被删略，这与现代汉语语法规则不符，是标题口号语言特区中的一种特殊用法①。

　　观察语料发现，标题口号中量词删略所发生的句法环境主要有两种，一种是照应型，如例（3e）"一师一优课"、例（3f）"一花一草"，前后名词短语中的数词相同，形成照应格局；另一种是独用型，如例（3g）"8 省份"、例（3k）"四银行"。

　　关于这一现象，学者们从不同角度进行了研究。孙银新（1996），郭锐（2002：211—212），丁加勇（2005），张时阳、晁亚若（2014）从"数+名"组合的合法性入手，提出"数+名"结构经常出现在新闻标题中。刘云（2005：226）探讨量词缺失的原因，他解释到，标题中量词所负载的信息量有限，删去并不影响理解，反而使标题更加简洁有力。王宜广、宫领强（2022）分析了标题中量词省略的语体和韵律机制。刘锐、徐杰（2022）在语言特区理论背景下考察发现，标题中量词省略存在限制条件，即分类词（classifier）可以省略，计量词（quantifier）则不允许省略，在泰语中也存在类似的情况。例如：

---

①　据丁加勇（2005）研究，语篇层面上会出现量词删略的数量结构，其功能是回指，例如"2000 年 7 月，'大篷车'在周庄镇巡访时，受理了残疾人王立成的申诉；王立成用三轮车拉 3 名青年到目的地后，三青年因少付车费与王立成发生争执……"，删略量词的"三青年"回指之前提到的"3 名青年"。丁文也提到了标题中量词删略问题，并认为该现象是预指，标明即将出现指称相同的内容。但丁文又提出，回指和预指都采用较弱（weaker）或较单薄（attenuated）的方式表达旧信息，因此量词删略顺理成章。对此我们深表怀疑。众所周知，标题口号一般表达新信息，并非旧信息，量词若要删略也是在后续情境中进行，不可能预先发生，所以标题口号中的量词删略不是篇章指称作用下的产物，而是其语言特区属性造就的。

（4）Mē: - Kɔːj sɔːŋ dāːrāː dāŋ râp sâːp kɔː klàːw hǎː rīːwiw "MAGIC SKIN"（转引自刘锐、徐杰，2022）

　　　　May-Koi　　两　明星　知名　承认　　案子　　宣传 MAGIC SKIN

　　May、Koi 两知名明星已承认宣传"MAGIC SKIN"的案子

（5）Nɔːŋ khāːj mɔːp kāːfȇ jȋːsip ＊（lāŋ）hâi hpȇːt sȗː COVID（转引自刘锐、徐杰，2022）

　　　　Nong Khai　捐赠　咖啡　二十　＊（箱）给　医生　博斗 COVID

　　Nong Khai 向医生捐赠了二十箱咖啡以与 COVID 博斗

例（4）中，"两明星"中可以删略量词"人"（"明星两人"），但例（5）中"二十箱咖啡"不能删略"箱"变成"二十咖啡"。而 Gil（2008）在论及世界语言的分类词时，也提到量词在一些特殊的使用情境中会偏离一般使用规则。

（二）标题口号中量词删略的限度

量词删略是标题口号中基于特定语用动因而发生的语法突破现象。显然，这一现象的发生也存在一定的限制条件。考虑到数量短语由数、量、名三部分组成，我们分别从这三个角度来探讨标题口号中量词删略的制约条件。

1. 数词的限制

从数词角度来看，标题口号中量词删略的发生有两条限制要求。

其一，量词删略只能发生在十以内的数词之后，数词大于十，量词不能被删略。丁加勇（2005）也持有类似观点，例如：

（6）a. "寻找西街最美店铺"　　15 家候选店铺出炉（中国网，2016 年 5 月 19 日）

　　b. ＊"寻找西街最美店铺"　　15 候选店铺出炉

（7）a. 三十二所学校被确立为河北省汉语国际推广基地（中国新闻网，2010 年 7 月 1 日）

　　b. ＊三十二学校被确立为河北省汉语国际推广基地

其二，数词"二"之后的量词不能删略，但"两"之后的量词则可

以删略。例如：

（8）a. 西南林业大学李任波、曹超学<u>二位老师</u>荣获"云南省师德标兵"称号（中国高校之窗，2016 年 6 月 3 日）

　　b. *西南林业大学李任波、曹超学<u>二老师</u>荣获"云南省师德标兵"称号

（9）a. <u>两教师</u>关门殴打学生　被打学生叫来 6 人准备报复（腾讯新闻，2016 年 4 月 12 日）

　　b. <u>两名教师</u>关门殴打学生　被打学生叫来 6 人准备报复

2. 量词的限制

作为删略对象，就量词本身来看，也存在两条限制要求。

其一，度量词不能删略，例如：

（10）a. <u>十里长街</u>　百货咸集　市声若潮（安徽芜湖旅游宣传口号）

　　b. *<u>十长街</u>　百货咸集　市声若潮

（11）a. <u>3 米眼镜蛇</u>躲下水道　民警帮其"挪窝"（《法制晚报》2016 年 12 月 12 日）

　　b. *<u>3 眼镜蛇</u>躲下水道　民警帮其"挪窝"

其二，集合量词不能删略，例如：

（12）a. 用<u>五类药</u>　当心低血糖（《生命时报》2016 年 12 月 13 日）

　　b. *用<u>五药</u>　当心低血糖

（13）a. 石狮<u>两群青年</u>酒后打群架　特警出动拘留四人（《石狮日报》2015 年 12 月 25 日）

　　b. *石狮<u>两青年</u>酒后打群架　特警出动拘留四人

度量词与集合量词之所以不能被删略，原因就在于，这两类量词的语义实在，本身包含了数的信息（何杰，2000：31—40）。删略之后会造成

误读，比如"3 米眼镜蛇"说的是长度，而"3 眼镜蛇"则应理解为数量，"两群青年"所标示的青年的人数大于二，而"两青年"标示的数目等于二。

3. 名词的限制

从名词角度来看，标题口号中的量词删略发生在可数名词（count nouns）之前，而物质名词（mass nouns）前的量词则不能被删略①。例如：

（14）a. 卖荔枝箱底暗藏<u>五瓶水</u>　批发商：只为保鲜（《重庆商报》2015 年 6 月 5 日）

　　　b. *卖荔枝箱底暗藏<u>五水</u>　批发商：只为保鲜

（15）a. 立冬　<u>一杯茶</u>　暖身也暖心（昆明新境茶艺培训班宣传口号）

　　　b. *立冬　<u>一茶</u>　暖身也暖心

物质名词外延上具有非离散性（郑伟娜，2016），反映到量词选择方面，倾向选择借用量词，上述两例的"瓶""杯"都不是专用量词，而是借自于名词。借用量词在计量功能之外，还承载了形象义，因此较难删略。

综上所述，标题口号中的量词删略受到来自于数词、名词和量词本身的诸多限制。总体上看，这些限制条件的提出主要基于两个维度，一是语法的合格性，如数词的两条限制，二是误读的可能性，如量词的两条限制。换句话讲，上述限制条件并非来自同一层面，其中可能还有强弱之别。但可以肯定的是，无论基于何种维度，只有在遵从上述限制条件的基础上，量词才有可能被删略。如果不遵从相关限制，即使处于标题口号语言特区之内，该删略形式也不可能存在。

---

① 郑伟娜（2016）在 Chierchia（1998）、Cheng & Sybesma（1999）等学者的研究基础上，提出汉语可数/物质名词的区分主要依赖于五条标准：与个体量词组合，与数词"一"组合，与可数形容词（count adjective）组合，与集合量词组合，与"们"组合。其中，第一条与个体量词组合是主要标准，其余均为补充标准。

二 量词缺失的"一NP"主语标题

前文已对标题口号中的量词删略现象做了一个简单的讨论，下面将全方位、多角度分析量词缺失的"一NP"主语标题这一案例。

(一) 问题的提出

新闻标题中量词缺失的"一NP"结构较为常见。例如：

(16) a. 江西<u>一中学领导</u>挪用公款炒股　122万亏到不足6万（中国江西网，2016年11月28日）

b. 北京<u>一健身房</u>突关门　200多会员维权（《北京晨报》2016年11月28日）

c. 商丘男子骑电瓶车撞伤<u>一女子</u>　将其送医院后溜走（《京九晚报》2016年7月26日）

d. 澳门女子4次往返珠海追寻<u>一公交司机</u>（大粤网，2016年12月12日）

该类标题的特殊之处体现在以下三个方面。

第一，标题中的"一"可以继续删略，删略之后不影响标题基本意义，这与非"一"型"数名"标题有所不同。"陕西5顾客"不等于"陕西顾客"，相反在新闻读者看来，"江西一中学领导"却与"江西中学领导"意义相同。

第二，与主语位置的"一"不同，新闻标题中宾语位置的"一"不太容易删略，例（16）变换之后，例（17c）、例（17d）明显接受度降低。

(17) a. 江西中学领导挪用公款炒股　122万亏到不足6万

b. 北京健身房突关门　200多会员维权

c. ? 商丘男子骑电瓶车撞伤女子　将其送医院后溜走

d. ? 澳门女子4次往返珠海追寻公交司机

第三，NP的指称问题。刘锐、徐杰（2022）提出，标题中的数名结构倾向于定指，但语料显示，标题中量词缺失"一NP"主语结构似乎不能定指。最直接的表现是，该结构不能构成同位同指短语，如《菏泽一教师辞职从事粮画创作　让粮食"开花结果"》（新华网，2017 年 10 月 30 日）不能变为"菏泽一教师张三辞职从事粮画创作"。

由此可见，量词缺失的"一 NP"主语标题是"数名"标题中的特殊类型，有必要进行系统研究。考虑到主语位置的"一 NP"更有"特区"特点，因此本书只研究该位置上的"一 NP"标题结构，拟不讨论其居于宾语位置的情况。

就现代汉语常规语法规则来讲，"一 NP"结构中的量词一般不能删略，但在少数情况下，数词"一"可以直接修饰名词。郭锐（2002：211—212）将这些例外概括如下：

（18）a. 限定词+"一"+名词，主要出现在书面语中，如"这一地区""某一事物""上一阶段"；

　　　 b. "一"+名词，主要出现在口语中，如"前面来了一老太太""一小孩儿跑丢了"；

　　　 c. "一"+名词，主要出现在书面语中，如"马尔马拉海上一渡轮失火（标题）"。

依次来说，第一种情况的出现须有一定的语篇环境，即"限定词+'一'+名词"指称前文中出现过的事物，属旧信息，其句法功能是回指（anaphora）。若无相关篇章环境，该结构则不能出现；第二种情况严格来讲，并不出现于普通话口语当中，而是北京话的说法；第三种情况亦即本书所研究的语言特区现象，刘祥柏（2004）也留意到该现象常出现在报纸上，但郭、刘两位学者给定的范围区域过大，并未抓住问题关键所在。仔细观察发现，第三种情况的"'一'+名词"出现范围受限，只能出现于新闻标题中（包括新闻导语句），因此应看作标题语言特区中的语法突破现象。

（二）"一 NP"标题的句法、语义、语篇表现

从形式上看，"一 NP"主语标题的基本句法格式是"X+一+NP"，其中 X 位置为范围、处所等成分，李晋霞、张钦钦（2022）称其为"外层定语"，X 的有无会影响到标题的接受度，如例（19b）、例（19d）由于缺少相应的 X 部分，其接受度低于例（19a）、例（19c）。

（19）a. 长沙一老字号汤圆店被查　露天加工遭责令整改（人民网，2016 年 12 月 4 日）

　　b. ? 一老字号汤圆店被查　露天加工遭责令整改

　　c. 青海一草场坠落不明飞行物　巨如房屋（青海新闻网，2016 年 11 月 13 日）

　　d. ? 一草场坠落不明飞行物　巨如房屋

X 成分具有两个显著特征：其一，X 的话题特征明显。唐正大（2018）讨论这类复杂名词短语中最外层的修饰语，认为该类修饰语具有话题性，是名词短语的内部话题，并且与句子层面的话题结构高度平行。其二，X 部分的音节数目有一定限制，不能是单音节成分，至少为双音节。若 X 为单音节，标题中的量词则不能删略，比如"俄一架飞机失事坠毁机上 10 人全部遇难　乘客名单包括普里戈任（中国新闻网，2023 年 8 月 24 日）"，因为 X 为单音节成分"俄"，其后量词"架"一般不能删略，标题不能变为"俄一飞机失事坠毁机上　10 人全部遇难"。

"一 NP"主语标题对范围、处所等 X 成分的依赖来自汉语无定主语句的句法允准要求。形式语法认为，汉语主语和话题位置不接受无定名词短语，原因是位于屈折词短语标志语位置的主语缺乏相应的管辖成分（Huang et al.，2009：294—295）。陆烁、潘海华（2009）深入研究指出，汉语普通话中有三种情况允准无定名词主语，分别是简单判断句（"一个小孩在很快地跑"）、通指句（"猫喜欢吃鱼"）和分配句（"五米种一棵树"）。简单判断句（thetic judgment）中的无定主语投射进核心域，其地位如同宾语（incorporated objects），能够受到存在量化算子的约束。语用上，无定主语句需要有足够的背景信息以提升其简单判断的属性。"一 NP"标题用于事件报道，类似于简单判断句，标题中的 X 成分，其作用就是提供背景信息，以增强无定 NP 的可辨识度，进而提升标题的接受度。当然，也有一些"一 NP"标题，X 不在"一"前位置，而是隐藏在标题后半部分，如例（20a）、例（20b）。

（20）a. 一油轮在广西北部湾海域着火　两人遇难（中国新闻网，2023 年 8 月 23 日）

　　b. 一境外飞机拖欠千万管理费　被北京法院查封（《中国

青年报》2016 年 11 月 29 日）

量词删略的"一 NP"标题中动词主要有动作动词和存现动词两种类型。

动作动词

（21）a. 四川<u>一女子</u>汤圆里<u>吃</u>出钢丝　厂商：自查产品无问题（《成都商报》2016 年 12 月 4 日）

　　　b. 为躲偷拍　济南<u>一车主</u>把车牌<u>掰折</u>"挡摄像头"（光明图片，2016 年 11 月 28 日）

　　　c. 衡水一女子骑车<u>闯</u>红灯　打坏交警执法记录仪（中国网，2017 年 3 月 17 日）

存现动词

（22）a. 上海<u>一商场现</u>"恐龙群"引围观（光明图片，2016 年 11 月 28 日）

　　　b. 挪威<u>一核反应堆发生</u>放射性碘少量泄漏事故（《人民日报》2016 年 10 月 26 日）

　　　c. 叙利亚首都<u>一法院发生</u>炸弹袭击事件　致至少 25 人死（中国新闻网，2017 年 3 月 16 日）

受制于该类标题的报道性功能和无定数量主语的相关允准规则，心理动词（"担心""满意""信任""热爱"等）、关系动词（"姓""属""成为"等）禁止出现于"一 NP"主语标题之中。

从结构类型上看，"一 NP"标题中的 NP 主要有光杆名词和定中短语两种类型。例如：

光杆名词

（23）a. 6 号线<u>一男子偷</u>手机　路人集体帮忙追（光明图片，2016 年 12 月 1 日）

　　　b. 美国俄克拉何马州<u>一机场</u>发生枪击事件（《人民日报》2016 年 11 月 12 日）

　　　c. 兰州一民警围捕盗车犯罪团伙牺牲　警方通缉在逃人员

（中国新闻网，2016 年 11 月 30 日）

定中短语

（24）a. 巴黎一<u>华人旅行社</u>遭遇抢劫 （《深圳特区报》2016 年 12 月 4 日）

b. 河北深州一<u>民办幼儿园</u>体罚幼儿被整顿　涉事人员遭刑拘 （中国新闻网，2016 年 11 月 26 日）

c. 安徽一<u>好赌男</u>盗窃同事银行卡　穿"警服"去取款仍被抓 （中安在线，2016 年 11 月 28 日）

在定中短语这个类别里，NP 除了传统意义上的"形容词+名词""名词+名词"以外，还可以是关系从句（relative clause），例如：

（25）a. 遂宁一<u>装有液化气罐出租车</u>起火　几个灭火器灭不掉 （四川新闻网，2016 年 6 月 22 日）

b. 咸宁一<u>在建排污管道</u>发生爆炸　造成一死一伤 （荆楚网，2016 年 11 月 29 日）

此类 NP 的特点是，核心名词在关系化过程中会留下空位。如上述两例的空位情况为：

（26）a. ［t$_i$装有液化气罐］出租车$_i$（主语空位）

b. ［在建 t$_i$］排污管道$_i$（宾语空位）

从意义类型看，NP 可以是个体名词、关系名词，甚至是集合名词，但物质名词（"河水、土壤、山川"）、抽象名词（"精神、心情、希望"）和部分群体名词（"人群、纸张、树木"）不能进入"一 NP"标题。而根据 NP 语义角色的不同，可以分为施受型、客体型和处所型三种类型。

（27）施受型

a. 云南一<u>职校学生</u>在宿舍养毒蛇 （光明图片，2016 年 11 月 28 日）

b. 河南开封<u>一儿童</u>被卡大桥栅栏　消防员紧急破拆（中国新闻网，2023 年 8 月 21 日）

（28）客体型

a. 美国海军陆战队<u>一战机</u>在加州坠毁　飞行员确认遇难（中国新闻网，2023 年 8 月 26 日）

b. 江苏滨海<u>一轿车</u>冲入河中　车内两名老师溺亡（中国新闻网，2016 年 11 月 26 日）

（29）处所型

a. 西安<u>一高校</u>食堂现三行情书　演绎"食堂爱情故事"（中国新闻网，2017 年 3 月 16 日）

b. 日本<u>一渔港</u>出现大量死亡沙丁鱼（中国新闻网，2023 年 10 月 21 日）

李晋霞、张钦钦（2022）分析新闻语篇导语中的无定 NP 句，提出受制于"倒金字塔"结构，导语里的无定 NP 主语句位于语篇前景，且具有较强的话题延续性。不过，该文也说到，消息中存在隶属于语篇背景的无定 NP 主语句。在该研究的启发之下，本书大规模考察了"一 NP"标题及其所属的新闻语篇，发现单就 NP 在整篇新闻中的信息地位来看，不同语义角色的 NP 在语篇推进过程中信息地位不同，其话题延续性也有所差异。本书主要从 NP 是否为新闻事件参与者、NP 如何参与新闻事件两个方面来观察 NP 的话题延续性。

三类 NP 中施受型 NP 的话题延续性最强，NP 往往是新闻主人公，贯穿于新闻语篇始终，如：

（30）新闻标题：母亲痴迷鹿　澳大利亚<u>一女子</u>带小鹿探望重病母亲

（中国新闻网，2022 年 2 月 14 日）

新闻正文：近日，澳大利亚墨尔本<u>一名女子</u>带着一只小鹿去探望生病的母亲，给了母亲一个惊喜。<u>丽莎·麦克唐纳</u>的母亲一生痴迷鹿，她家里摆着各种小鹿的玩具，还穿有小鹿图案的衣服。在她生病后，<u>丽莎</u>和姐姐一直照顾着母亲，为了给母亲一个惊喜，<u>丽莎</u>从一个移动农场借来一只小鹿探望她。

这篇新闻的核心事件是女子带鹿看望重病的母亲，从标题到正文，新闻主人公"一女子"的指称形式有所变化，出现了"一名女子""丽莎·麦克唐娜""丽莎"三种同指表达，从整体上看，表达形式逐渐定指化。

客体型 NP 一般只出现在新闻语篇的前半段，阶段性参与新闻事件，如例（31），新闻前半段叙述围绕"一汽车"展开，形成的话题链为"一辆 SUV 汽车——该辆白色 SUV"，新闻后半段"汽车"不出现，主体转换为"涉事司机"。

（31）新闻标题：澳大利亚<u>一汽车</u>撞进露天餐厅致 5 死 5 伤　总理发文哀悼

（中国新闻网，2023 年 11 月 6 日）

新闻正文：当地时间 5 日，澳大利亚维多利亚州戴尔斯福特<u>一辆 SUV 汽车</u>穿过人行道，撞进一家酒店的露天餐厅，造成 5 名游客死亡，5 人受伤。据《世纪报》报道，目击者称，事发时<u>该辆白色 SUV</u>冲进戴尔斯福特皇家酒店的露天酒吧，撞到游客后又撞上了电线杆并停下，随后附近群众上前救援。报道称，涉事司机为一名 66 岁的男子，该男子没有犯罪前科，并且在现场接受了酒精测试，血液中并无酒精。目前该男子正在医院接受治疗，警方将尽快与其交谈以展开调查。

处所型 NP 与上述两种类型都不相同，处所型 NP 不参与新闻事件的过程，但限定新闻事件发生的场所、地点，如例（32）新闻事件是艺术浮雕吸引游客打卡，"临崖峭壁"并非新闻事件的主体，仅标记新闻主体所处位置。除新闻标题外，NP 一般只出现于导语句，后续正文不再出现。

（32）新闻标题：重庆<u>一临崖峭壁</u>现巨型艺术浮雕　吸引民众打卡

（中国新闻网，2023 年 10 月 8 日）

新闻正文：10 月 7 日，重庆半山崖线步道<u>一峭壁</u>上的巨型艺术浮雕，吸引民众前往打卡。记者看到，浮雕以佛图关公园的现场山形及崖壁后期喷浆地表为创作原型基底，画面中将崖壁上的吊脚楼、屋舍、背夫爬坡上坎、商贩沿街叫卖、马帮载货谋取营生等融为一体，民众行走于此仿佛穿越古今。

李晋霞（2017）曾提出，"前景"和"背景"不是截然分开的两个概念，二者应该是连续统的两级。我们认为 NP 的信息地位同样存在连续统，施受型 NP 统摄全篇，其信息地位为前景，处所型 NP 在语篇中信息地位是背景，而客体型 NP 处于二者之间，本书将其地位界定为"中景"。尽管信息地位有别，但三类 NP 在新闻语篇中也有一些共性特征，比如从新闻标题到新闻正文，NP 表达形式逐渐定指化；由于 NP 在新闻标题里处于"首现"位置，因此无论其话题延续性如何，三类 NP 均具有一定篇章显著度，但显著度高低不同，从高到低依次为"施受型 NP>客体型 NP>处所型 NP"。

表 3-2 比较了三类 NP 篇章表现的差异。

表 3-2　　　　　　　　　　　三类 NP 的篇章表现对比

NP 语义类型	参与者的延续	事件参与的延续	语篇信息地位	话题延续性强弱
施受型	NP 是整篇新闻主体	NP 全程参与新闻事件	前景	强
客体型	NP 是部分新闻主体	NP 阶段性参与新闻事件	中景	中
处所型	NP 标明新闻时地信息	NP 不参与新闻事件	背景	弱

（三）"一"的冠词化

现代汉语中是否有冠词词类，学界存在争议（罗天华、邓舒文，2022；时健、刘振东、张京鱼，2023）。不过，学者们也提出了相对一致的看法，亦即汉语具有丰富的变体，在不同的方言或语体中，抛开词形不谈，只考虑语义、话语功能以及句法表现等因素，汉语完全有可能存在冠词词类（刘丹青，2008：116）。

本书所关注的"一 NP"主语结构，由于量词缺失，其数量性极弱，"一"已经语法化为不定冠词。判断一个语法成分是否变为不定冠词，各家标准不尽一致，但总体可以概括为两条：高度语法化和句法强制性。本书将从这两个角度观察标题中"一"的具体情况。

首先看语法化程度指标。高度语法化的表现是语义虚化和语音弱化。

第一，语义虚化，"一 NP"标题中"一"的计数功能已经严重磨损，NP 的类型不再限于个体名词，关系名词、集合名词也可以出现于 NP 位置，例如：

（33）a. 南宁<u>一夫妻</u>以高额回报为诱饵　非法吸收存款 3400 余万元（《南宁晚报》2021 年 4 月 21 日）

　　　b.6 万元卖掉亲生儿子　福建漳州<u>一父母</u>因拐卖儿童罪被判刑（央视新闻，2020 年 9 月 11 日）

　　　c. 台百对双胞胎庆百年　<u>一姐妹</u>10 月 10 日 10：10 出生（中国新闻网，2011 年 10 月 9 日）

　　　d. 兄肇事弟顶包　唐河<u>一兄弟</u>双双领刑（纵观新闻，2017 年 10 月 26 日）

　　　e. 美国佛州附近海域<u>一船只</u>倾覆　39 人失踪（中国新闻网，2022 年 1 月 26 日）

　　　f. 兰南高速<u>一车辆</u>自燃起火　消防紧急扑救（央视新闻，2023 年 5 月 15 日）

“夫妻”“父母”“姐妹”“兄弟”是关系名词，“船只”“车辆”是集合名词，这两类名词的共同特征是指称对象数量大于“一”，在常规情况下不能与“一”以及个体量词组合，如“＊一名夫妻”“＊一部车辆”，但在标题中却可以用于“一”后，由此证明，“一 NP”标题中的“一”不再表达数量义。

第二，语音弱化，“一 NP”标题中“一”的读音不受一般变调规则影响，统一读为低降调，同时 NP 至少为双音节。

一般而言，“一”在语流中会发生变调，主要有［35］、［51］及轻声等变调模式（邵敬敏，2016a：37）。那“一 NP”新闻标题中的“一”读音是否与常规情况一致？为了明确这个问题，笔者于 2023 年 4 月至 5 月做了一次语感调查。调查方式为直接访谈，调查对象是西北师范大学在读本科生和研究生，具体操作过程是受试者现场朗读笔者事先准备好的 12 个量词缺失的“一 NP”主语新闻标题，笔者同时记录其发音，后用 Praat 软件对 128 个有效样本进行 LZ 归一化处理①。结果显示，

---

① 考虑到修读过《现代汉语》《语言学概论》等课程的学生可能会受到所学变调知识的影响。因此，本次调查排除中国语言文学、汉语国际教育专业学生，并在访谈前询问是否学习过相关知识。

"一NP"标题中的"一"并不遵循上述变调规律，一律读为［31］。语法化规律认为，在语法化过程中，语法化项在音系层面会发生语音弱化（Narrog and Heine，2021：78—82）。"一"的弱化变调是其语法化的直接证据。

相应地，由于"一"弱读，其后的NP须承担重音，与弱读后的"一"形成节奏对比，所以NP的音节长度应大于或等于二，不能是单音节形式。如例（34）"一轿车""一民房"合法，而"一车""一房"不合法。

（34）a. 天津一高楼发生火灾　无人员伤亡（中国新闻网，2023年8月22日）

b. *天津一楼发生火灾　无人员伤亡

c. 丽江古城一民房发生火情　原因待调查（丽江新闻，2016年11月25日）

d. *丽江古城一房发生火情　原因待调查

另外，"一"作为不定冠词，其语法辖域是整个NP，为了保证形式的完整性，不被切割为两个语调单位（intonation unit），NP中禁止"的"插入，如例（35a）。即便NP为关系从句，也不允许"的"字出现①，如例（35b）。

（35）a. 济南一价值百万（*的）豪车发生自燃　路过洒水车伸援手（网易新闻，2016年10月1日）

b. 长岛一载有284人（*的）客船被困海上养殖区（《齐鲁晚报》2018年8月16日）

再来看句法强制性。所谓句法强制性是指某一成分在语篇中是否强制使用，只有强制使用的才是不定冠词。标题中的"一"的确不具有句法强制性，可以删略，但这并不是其语法性质的问题，而是标题语体的要

---

① 庄会彬（2014）研究指出，在常规情况下，关系从句中"的"字不能省略，如"他昨天吃的面包是长霉的"，不能变为"他昨天吃面包是长霉的"。

求。英语的情况可作旁证，英语的 a（n）和 the 是公认的冠词，但英语标题中的 a（n）和 the 也可以删略，同样没有强制性要求。如例（36a）标题删略了不定冠词 an 和定冠词 the，例（36b）删略了定冠词 the，例（36c）删略了定冠词 the。

　　（36）a. US Farmers Keep ~~an~~ Eye on ~~the~~ Immigration Reform（转引自李莹，2018）

　　　　　b. ~~The~~ High Court Rejects ~~the~~ Mining Plea（转引自顾维芳，2005）

　　　　　c. ~~The~~ Divorce New York Style（转引自顾维芳，2005）

　　总而言之，从语法化程度和句法强制性两方面来看，量词缺失的"一 NP"主语标题中"一"已语法化为不定冠词。

　　在世界语言范围内，从数词"一"到不定冠词的演变路径颇为常见，在阿尔巴尼亚语（Albanian）、巴斯克语（Basque）、匈牙利语（Hungarian）、莱兹金语（Lezgian）、泰米尔语（Tamil）等很多语言中均有出现（Henie and Kuteva，2012：209—210）。下面举匈牙利语、复活节岛语的例子。

　　（37）Keres-　ek　　　　　　　　　　egy　　tanítót.
　　　　寻找-　第一人称：单数：现在时　　一　　老师
　　我在寻找一位老师。（匈牙利语，转引自 Henie & Kuteva，2012：299）

　　（38）i　　tu'u mai ai etahi miro　o te　harani mai Tahiti.
　　　　　完成体 到达 这儿 小品词 一　船　属格 定冠词 法国　从 Tahiti（地名）
　　　　一艘法国船从塔希提岛来到这儿。（复活节岛语，转引自 Henie & Kuteva，2012：300）

　　可以看出，匈牙利语处于宾语位置的"一老师"、复活节岛语居于主语位置的"一船"，其中的"一"均已语法化为不定冠词。上述例句若翻译为现代汉语，则需要添加相应的量词（"位""艘"），"一"仍然承担数词功能。

从语法化角度看，"一"的语法化过程会经历五个阶段（陈平，2016）。

（39）a. 计量功能，如 I need <u>an</u> hour；

b. 某一事物的存在，如 <u>A</u> guy came up the front stairway；

c. 某一事物无定有指，如 He bought <u>a house</u> last year；

d. 事物无定无指，如 He wants to buy <u>a house</u> in this area, any house will do；

e. 名词性成分不指个体，而只表类别或属性，如 He is <u>a good chef</u>。

从例（39a）到例（39e），"一"的计量功能不断减弱。对标"一NP"标题发现，"一"的具体表现大致可以对应第三阶段，即 NP 对新闻作者来说是特定事物，但作者认定读者不知道 NP 是什么。

那数词"一"和不定冠词的界限究竟在何处呢？Becker（2021：117—122）曾提出，"一"和不定冠词的区分在于能否标记语篇凸显的非特指实体，能标记非特指实体的是不定冠词，不能标记的是"一"。特指（specific）和非特指（nonspecific）是与无定 NP 有关的一组概念。特指是指称对象真实存在，发话人可以辨识，但预计受话人不能辨识；与之相对，非特指是一个虚泛概念，发话人与受话人均不能辨识（陈平，1987；熊岭，2012：34—35）。"一 NP"标题中 NP 的指称性比较特殊，其辨识性存在一个连续统，对于新闻读者而言，各类 NP 均不能辨识，但对于新闻作者而言，施受型 NP 的可辨识度最高，客体型 NP 次之，处所型 NP 可辨识度最低。最直接的表现就是，在新闻正文中，施受型 NP 和客体型 NP 可以通过不同的表达形式回指，甚至可以用定指形式表达，但处所型 NP 不能用另外的指称形式回指。由此观之，"一 NP"标题中的 NP 有非特指解读，所以依据 Becker 的标准，"一"已是不定冠词。这一类型的不定冠词被称为呈现型冠词（presentational articles），其特征是标记具有一定的篇章显著度的 NP，处于数词"一"到典型不定冠词的语法化连续统当中。

前文曾提到量词缺失"一NP"主语标题不能构成同位同指短语，不能说"菏泽<u>一教师</u>张三辞职从事粮画创作"，其中缘由现在看来就很好理解，因为"一"已经语法化为不定冠词，而不定冠词与人名等定指成分语义相抵牾。有意思的是，在删略"一"之后，该同位同指短语就合法，可以说"<u>菏泽教师张三</u>辞职从事粮画创作"。并且，在量词不缺失的情况下，同位同指短语也合法，如"<u>菏泽一名教师张三</u>辞职从事粮画创作"。可见，量词缺失的"一NP"主语标题中"一"的语法定位是不定冠词。

（四）一个可比现象：北京话中无量词的"一+名"结构

方梅（2002）研究发现，北京话里的指示词可以用作定冠词，同时，"一"也可以用作不定冠词，并且"一"后量词不出现，"一+名"结构的指称对象不确定。如"一狮子、一熟人、一老外、一耗子"，这里"一+名"结构的特点包括：一律读为阳平调；重音在名词上，不能与其他数量成分形成对比；多用在宾语位置，不能回指；名词用于交际双方的背景知识不能确定所指的情况。董秀芳（2003）也注意到这一现象，她提出北京话阳平"一"与数量短语"一个"句法分布有同有异，在数量义明确、包含有定成分的句法环境中，只能用"一个"而不能用"一"，如"我分到一＊（个）苹果，他分到三个""这一＊（个）盒子里装的是鸡蛋"。在无定的句法环境中，"一"和"一个"可以互换，如"我给他出了一（个）主意"。周韧（2011）进一步指出，受制于韵律，北京话"一+名"结构的信息焦点是"名"，而"数+量+名"结构中数量成分有可能成为信息焦点。

与北京话相比，标题中量词缺失的"一NP"结构主要出现在主语位置，数量性极弱，相反，宾语位置的"一NP"往往带有数量义，这就是本书开头提到的宾语位置的"一"不能继续删略的原因。为何会出现主宾语位置的差异？郭锐（2021）在讨论量词功能扩张时提到一个类似的现象，即量词的不定指标记功能先出现于宾语位置，这时量词的定位是准不定指标记，而后扩展到主语位置，句法性质变为不定冠词。换言之，在量词变为不定冠词的这条语法化链上，句法位置发挥了重要作用，主语位置的量词语法化程度比宾语位置深。遗憾的是，郭文没有给出解释。结合"一NP"标题的具体情况，我们尝试用标记性理论来解释这一现象。主宾语位置与有定、无定成分的搭配有例（40a）、例（40b）两种组配模式。但学界认为，汉语的主语位置倾向于有定，而宾语位置倾向于无定（Chao，1968：99），这意味着，例（40a）是无标记组配，而例（41b）是标记性组配。沈家煊（2015：40—44）指出，语言的共时标记模式可以预测语言结构的历时演变，直接表现为一些附加标记先出现于有标记项上，然后出现在无标记项上。我们由此推出，标记性组配模式上发生语法化的可能性更大，语法化程度也更深。所以，"一"在主语位置表现为不定冠词，在宾语位置是不定指标记。江蓝生（2016）也曾提到，变异是语法化的直接动因。主宾语位置与定指、不定指成分的标记性组配同样是一种变异现象。

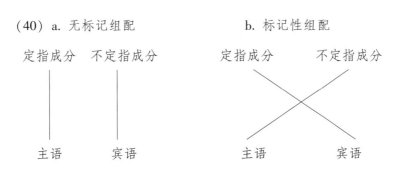

从信息结构角度看，"一NP"标题中NP是信息焦点，"一"不能作对比焦点，所以排斥可能形成对比焦点的副词"仅""只""才""就"，如例（41a）、例（41b），此外，NP也不能作对比焦点，不会出现类似例（42b）、例（43b）这样的新闻标题。

（41）a. 郑州（*仅/*只/*才/*就）一小区物业更替　老物业不肯走拿灭火器喷业主（大河网，2016年11月29日）

　　　b. 重庆（*仅/*只/*才/*就）一防空洞改造亮相　行走其中宛如穿越"彩虹隧道"（中国新闻网，2023年8月21日）

（42）a. 台湾大学一实验室爆炸起火　9名学生受伤（中国新闻网，2023年8月17日）

　　　b. *台湾大学一实验室爆炸起火……一教室内学生受伤

（43）a. 四川一歹徒抢银行鸣枪示威　听到报警后逃离（《华西都市报》2016年12月3日）

b. *四川一歹徒抢银行鸣枪示威……一警察实施抓捕

关于北京话"一+名"结构的形成原因，学界观点不太一致。方梅（2002）、郭锐（2002：211—212）、董秀芳（2003）、吴永焕（2005）认为，由于数量短语"一个"当中"个"弱化脱落，从而形成"一+名"结构，但脱落的"个"或多或少会影响整个结构的语义解读。刘祥柏（2004）则认为，"一+名"结构中的"一"实际是"一个"合音。"一 NP"标题的形成，同样是量词缺省的结果，但与北京话不同，标题中删略的量词不一定是"个"。理由有二，一是有些标题补不出"个"字，比如：

（44）a. 湖北京山一（*个）夫妻赡养孤寡老人 28 年（中国新闻网，2018 年 11 月 16 日）

b. 山西一（*个）高速公路隧道内大巴车撞墙已致 5 人死亡（央视新闻，2023 年 8 月 24 日）

二是新闻标题是一种非常正式的书面语体，而"个"是口语量词，二者并不匹配。所以，"一 NP"标题中删略的是与 NP 搭配的特定量词。

下面表 3-3 比较北京话"一+名"结构和"一 NP"标题的共性和差异。

表 3-3　　　　　　北京话"一+名"结构和"一 NP"标题的比较

	北京话"一+名"结构	量词缺失的"一 NP"主语标题
"一"的读音	［35］	［31］
信息结构	"一""名"都不作对比焦点，"名"是信息焦点	"一"NP 都不作对比焦点，NP 是信息焦点
形成原因	"个"弱化脱落，"一个"合音	删略特定量词
"一"的语法定位	不定冠词	不定冠词

北京话与新闻标题显然不存在互相接触与影响，北京话的"一+名"结构和量词缺失的"一 NP"主语标题属于不同领域的平行演变现象（parallel change），尽管二者的句法表现和形成过程不完全一致，但最终的结果都是"一"演变为不定冠词。

（五）小结与余论

本节先探讨标题口号中的量词删略问题，而后以量词删略的"一

NP"主语标题为个案，详细分析了"一 NP"主语标题的句法语义表现及其使用限度。

标题口号中量词删略突破了常规语法规则的制约，是一种特殊的语法现象，同时受到来自数词、名词以及量词本身的相关限制。就量词缺失的"一 NP"标题而言，在常规情况下"一学校""一飞机""一小区""一高楼"类表达不合语法，但在新闻标题中却"畅行无阻"，正是标题的语言特区属性所致。之前，王宜广、宫领强（2022）曾将新闻标题"一量名"结构中量词删略的原因归结为语距定律中的古今律，亦即通过删略量词使标题更具有庄典性。同时，该文也发现在新闻正文（包括主持人播报新闻正文内容）中量词不用删略，例如：

（45）新闻标题：美国<u>一男童</u>在校不配合效忠国旗宣誓面临刑事起诉

新闻正文：美国佛罗里达州<u>一名六年级男童</u>由于在学校不愿意配合效忠国旗宣誓，面对老师劝说也不愿起立，导致教室秩序混乱……

（46）新闻标题：山东警方打掉<u>一特大网络传销团伙</u>

新闻正文：近日，潍坊安丘市公安局经侦大队成功打掉<u>一个互联网传销犯罪团伙</u>……

该文解释到，新闻正文叙述时不需要庄典性，所以不删略量词。关于这一论断，我们表示怀疑。新闻标题与新闻正文一样，都属于严肃正式语体。标题需要庄典性，而正文却不需要庄典性意味着标题和正文的语体不一致，这显然存在逻辑矛盾。实际上，量词删略的真正原因就在于，标题是语言特区，而新闻正文不是语言特区。

行文至此，还有一个问题未能解决。即在新闻标题中，量词负载信息有限，而"一"的计数功能磨损严重，二者地位可谓"旗鼓相当"，但为何"一 NP"标题中只删略了量词，却保留了"一"？我们猜测，这里可能有两个原因：一是"一"语法化为不定冠词，是具有类型学共性的演变通则，在世界语言当中屡见不鲜；二是标题中"一"之后的量词并不统一，每个标题所删略的都是特定量词，而让所有量词同步语法化为不定冠词或不定指标记显然不太现实。

量词是语言类型学研究中的一个重要参项，值得深入研究（徐丹、傅京起，2011）。标题口号中量词的使用情况为我们深入认识量词提供了一些思考。此外，从来源角度看，标题口号中的量词删略很大程度上是古汉语相关形式的"复古"运用。据吴福祥（2006：553—571）研究，不含量词的数量结构在唐以前都处于主导地位。例如：

（47）a. 我亦欲正人心，息邪说，距诐行，放淫辞，以承<u>三圣者</u>。（《孟子·滕文公下》）

b. 方士有言黄帝时为<u>五城十二楼</u>，以候神人于执期。（《汉书·郊祀志下》）

c. 齐为卫故，代晋冠氏，丧<u>车五百</u>。（《左传·哀公十五年》）

d. 冀罪止于身，<u>二儿</u>可得全不？（《世说新语·言语》）

e. 种瓜，瓮四面各<u>一子</u>。（《齐民要术校释》卷二《种瓜》）

f. 王子猷尝行过吴中，见<u>一士大夫</u>家，极有好竹。（《世说新语·简傲》）

例（47a）"三圣者"是指"禹、周公、孔子"三位圣人，结构中无量词。例（47b）中"五城十二楼"是"五座城池十二座楼"的意思。例（47c）数词短语"五百"置于名词"车"之后，意思是"（损失）五百辆战车"。同样，例（47d）、例（47e）、例（47f）三例"二儿""一子""一士大夫"等结构当中均无量词。也就是说，在中古之前的很长一段时期内，汉语并不强制使用量词。到了现代汉语里，除一些特殊情况外，量词的使用基本是强制性的，一般不能被删略。然而，标题口号语言特区中的量词使用却又是另外一番风景。由此观之，语言特区虽处于共时平面，却是观察历时状况的一个重要平台。

第四节　本章总结

本章研究标题口号中实词的语法突破现象及其限度。语料涉及名词、动词、量词三个词类，其突破方式主要有组合搭配和删略两种。具体案例为，"N+N"式标题口号、标题口号中的不及物动词带宾语现象、标题口号中的量词删略现象。众所周知，名词、动词是汉语的基本词类，而量词是汉语的特色词类，这三类实词在标题口号中均出现了异于常规情况的用法。这些用法的使用范围广泛，有的甚至已经进入了常规语言，具有较高的研究价值，是诸多标题口号语法突破现象中特色鲜明的类型。

第四章

标题口号虚词语法突破现象及其限度（上）

本章描写标题口号当中副词及副词组合的语法突破现象，内容包括三个案例：一是标题中重复义副词"又""再"连用；二是"或"字新闻标题；三是"最+N"式标题口号。

第一节　标题中的"又""再"连用现象

一　问题的提出

"又""再"是现代汉语中的一对常用副词。长期以来，二者的句法语义表现及使用条件都是学界的关注点。从语义表达上看，"又""再"均具有重复义，例如：

> （1）a. 上次你错了，这次你又错了。（转引自侯学超，1998：691、714、719）
>
> 　　　b. 昨天来过的那个人又来了。（转引自侯学超，1998：691、714、719）
>
> 　　　c. 有热水再给我点儿。（转引自侯学超，1998：691、714、719）
>
> 　　　d. 我要再去一次学校。（转引自侯学超，1998：691、714、719）

关于"又"和"再"的区别，现有研究主要基于三种观察角度：一是情态（modality）的角度，如李文治（1982）、史锡尧（1996）认为"又"表示已实现（realis）的重复，"再"表示未实现（irrealis）的重复，周韧（2015）提出"又"和"再"的区分表现在现实性与非现实性方面，即"又"表达现实性情态，"再"表达非现实性情态；二是时（tense）的角度，如陈立民、张燕密（2008）考察了二者的事件时间关联，发现"再"与将来时域相关，"又"与过去、现在两个时域相关；三是时、态相结合的角度，如马真（2004）用［过去］［假设］两个语义特征分析了"又"和"再"的差异，认为"再"可以说过去的事情，可以出现在［+过去］［+假设］的语境当中。

综观前人研究成果，尽管各位学者的分析均存在例外情况，但可以肯定的是，重复义副词"又"和"再"只能在各自情境下使用，二者不能连用，上述四例不能变为：

（2）a. *上次你错了，这次你又再错了。

b. *昨天来过的那个人又再来了。

c. *有热水又再给我点儿。

d. *我要又再去一次学校。

张谊生（1996）在分析副词连用时也曾提到，同义同类副词连用，大多是范围、程度和评注性副词，其他类型并不多见。然而研究发现，在标题（包括新闻标题、书名、歌曲名等）中，表重复义的"又""再"能够连用，例如：

（3）a. 央行又再降准降息　商业银行存款利率首次上浮达 50%（新浪房产，2015 年 6 月 30 日）

b. "两会"又再派出政策"大红包"（中国投资咨询网，2015 年 3 月 13 日）

c. 又再起步（歌曲名，景黛音）

d. 又再遇到你（歌曲名，张立基）

那么，"又""再"为什么能够在标题中连用？标题中的"又""再"连用又有怎样的句法表现和限制条件？本节将就此展开研究。

需要指出的是，有两类"又""再"连用不属于本书讨论范围。第一，非重复义的"又""再"连用现象；第二，"又"与"再 X"类词连用现象。

首先，除重复义之外①，"又""再"还能表达诸多意义，在非重复义情况下，"又""再"可以有条件地连用，但用例不多。具体而言，"又""再"为相继义或追加义时（吕叔湘，1999：633、642；刘月华、潘文娱、故韡，2001：237、239），二者可连用：

（4）a. 次日，辞驻文昌阁，祭扫蒋母墓后，又再移驻到雪窦寺。（CCL 语料库）

b. 激光视盘和录像带销售额为 3 亿美元左右，而电视转播与商标使用权又再创收数亿美元。（CCL 语料库）

以上两例，"又""再"都不是重复义，"移驻到雪窦寺""电视转播与商标使用权创收"并非之前发生过的行为或事件，句中"又再"可替换为"然后""另外"等词以彰显其相继义、追加义，如"然后移驻到雪窦寺""电视转播与商标使用权另外创收数亿元"。相反，表重复义的"又再"若替换为"然后""另外"，或不合法（"央行然后降准降息"），或意思改变（"'两会'另外派出政策'大红包'"）。此外，表相继义或追加义的"又""再"连用还有一个特点，即须有明确的上下文语境，若无相关情境，理解起来则有一定困难。

其次，"又"能与成词后的"再 X"连用，造成了"又""再"连用的假象，例如：

（5）a. 面市后很快售罄，仅隔三个月就又再版。（张清平《林徽因》）

b. 今天，同样的场面又再现南京大学的礼堂。（CCL 语料库）

---

① 本书区分"重复"（repetitive）和"追加"（additive）。"重复"是同一动作、行为或事件的再一次发生，"追加"是类同动作、行为或事件的再次发生。马真（2000：210，例句稍作修改）指出，按照狭义理解，重复前后的行为动作与其所涉及的对象应该一样，如"我把那篇文章又看了一遍""你把这封信再看一遍"，而广义的理解包括"追加"，前后行为动作与涉及对象类同即可，不必同一，如"我吃了一个馒头，还吃了一碗面条""我吃了一个馒头，想再带一个馒头"。本书"重复"取狭义理解。

成词的"再X"有一个显著特点，即X往往是不能独立使用的黏着语素，如"版""现"。

另外，根据Lin & Liu（2009）的研究，一般情况下，"再"与"了"不能兼容，如"＊他再去了学校""＊你再听听这首歌了"，但"再X"类词并不排斥"了"，例如：

（6）a. 没多久钟母便再婚了，对象就是钟父的同学罗叔叔。（BCC语料库）

　　　b. 中国画家之手又运用了西洋透视等技法的绘画，以生动、细腻的笔触再现了200年前中国南方城市的市井风情。（BCC语料库）

由此可见，"再X"类词与"再"差异较大。在自然朗读过程中，连用的"又"和"再X"分别是两个语调单位（intonation unit）[1]，"再"与"X"之间结合紧密，很难分开。这与真正的"又""再"连用有所不同。

二　标题中"又""再"连用的句法语义表现

观察语料发现，标题中"又""再"连用的语法意义是动作、行为或事件再一次重复，亦即该情况发生了n+1次。换言之，"又""再"连用并没有造成语义的重复叠加，并非"又""再"语义的简单加合（n+2），只是凸显其一而已。

从句法角度看，"又""再"连用之后主要修饰动词性成分，也可以修饰形容词性成分和名词性成分，但用例相对较少。

（一）又+再+动词性成分

这里所说的动词性成分类型多样，包括光杆动词、动宾短语、状动短语、"被"字短语等。

光杆动词。从音节上看，既有单音节动词，又有双音节动词，甚至四字格成语。

（7）a. 琴键又再响（豆瓣电影，2007年10月21日）

---

[1] 所谓语调单位，是指自然语流中一个语调框架内的言语串（具体参见Chafe，1987：21—51；乐耀，2017）。

　　　b. 宝马奔驰<u>又再</u>撒野　闯杆暴打高速公路收费员（《辽沈晚报》2005 年 2 月 2 日）

　　　c. 曾志伟庆贺刘嘉玲获影后　<u>又再</u>酩酊大醉（光明网，2015 年 6 月 8 日）

动宾短语。

　　（8）a. 发改委<u>又再</u>批复三个机场建设项目（《中国证券报》2012 年 10 月 12 日）

　　　b. 越南<u>又再</u>截获 21 名中国偷渡者（西陆网，2014 年 4 月 22 日）

　　　c. <u>又再</u>梦见你（歌曲名，江淑娜）

　　　d. 美国<u>又再</u>公布登月最新内幕（西陆网，2012 年 6 月 23 日）

状动短语。状语一般为"为……""给……"等介词短语。

　　（9）a. 美国<u>又再</u>为增加军费进行"忽悠"（央广军事，2016 年 4 月 15 日）

　　　b. 美国<u>又再</u>给中俄合作发展做红娘（人民网，2006 年 3 月 18 日）

"被"字短语。其中，"被"后施事成分往往隐现。

　　（10）a. 三年来新低<u>又再</u>被刷新（《羊城晚报》2012 年 8 月 30 日）

　　　b. "第四朵花"李氏果化石<u>又再</u>被质疑造假　"李鬼"化石泛滥"黑市"（中国化石网，2016 年 1 月 27 日）

（二）又+再+形容词性成分

"又""再"连用修饰形容词性成分，描述相关性质状态再次出现，例如：

（11）a. 宁波消费市场 10 月 6 日现回头潮　商贸区生意<u>又再</u>红火（《宁波日报》2012 年 10 月 7 日）

　　　　b. 开学了　校园<u>又再</u>热闹起来（《南方都市报》2012 年 2 月 14 日）

（三）又+再+名词性成分

"又""再"连用修饰名词性成分，表达该事件状态再一次发生，如例（12a）说明利率为负值的事件再次发生，例（12b）表明孤身一人的状态再次来临。

（12）a. 黄金远期利率<u>又再</u>负值（和讯网，2014 年 12 月 22 日）
　　　　b. <u>又再</u>一个人（歌曲名，叶倩文）

从句类角度看，"又""再"连用的标题句主要为陈述句，也有少量疑问句。较之陈述句，疑问标题更能产生"悬疑设置"的语用效果（参见杨海明、周静，2014）。例如：

（13）a. 谁<u>又再</u>炸碎了美国梦？（人民网，2013 年 4 月 23 日）
　　　　b. "天价大葱"缘何<u>又再</u>扰民？（人民网，2012 年 3 月 14 日）
　　　　c. 男童被电梯夹脚　洞洞鞋<u>又再</u>惹祸？（《羊城晚报》2012 年 10 月 1 日）

除此之外，有一类"又""再"连用标题，其动作、行为的重复具有明显先后次序关系，例如：

（14）a. 入室大盗练成开锁专家五进宫　出狱后<u>又再</u>行窃（《羊城晚报》2015 年 5 月 15 日）
　　　　b. 张学友谈 7 年后复出：亏钱后<u>又再</u>亏　所以要开工（腾讯娱乐，2014 年 12 月 25 日）

此类标题中重复的动作、行为通过时间标记词"后"来凸显次序关系，暗含反复发生之意。

总体而言，"又""再"可以在动词性成分、少量形容词性成分和名词性成分之前连用，表达相关情况再次发生，二者语义只凸显其一。因此，上述各例标题中，删除"又"或"再"都不影响重复义的表达，如例（8a）、例（13c）变为"发改委再批复三个机场建设项目""男童被电梯夹脚　洞洞鞋又惹祸"之后，依然表达该动作、事件重复了 n+1 次，语义未变。由此可知，标题中的"又""再"连用实际上是一种"羡余"（redundancy）现象。

三　标题中"又""再"连用的限度

语言特区给一些貌似"非法"的语言形式提供了一个生存平台，一方面"非法"的语言形式能够在语言特区中被"合法"解读；另一方面这些"非法"的语言形式并不是肆意乱用，而是受制于普遍语法规则（罗埞，2016；覃业位，2019：114—131；董思聪、黄居仁，2019）。本节所讨论的"又""再"连用现象的限度在于连用位序，简言之，二者的连用位序只能为"又—再"，而不能变为"再—又"。

（15）a. 盗窃只为打麻将　刚出狱又再落网（深圳市公安局网站新闻，2014 年 1 月 17 日）

b. *盗窃只为打麻将　刚出狱再又落网

（16）a. "城市菜地"又再浮头（《南宁日报》2015 年 8 月 15 日）

b. *"城市菜地"再又浮头

（17）a. 月亮又再升起（书名，作者张龄之，城邦印书馆 2015 年版）

b. *月亮再又升起

（18）a. FRANKIE! 我又再想起（歌曲名，刘秋仪）

b. * FRANKIE! 我再又想起

不难发现，即便处于标题语言特区中，"再—又"连用位序也不能被解读为"合法"形式。原因在于，"再—又"连用位序违反了"线性对应公理"（Linear Correspondence Axiom，简称 LCA，Kayne，1994：3）。就句法层级来看，重复义副词"又"和"再"都附接在短语之上，不同的是，"又"所附接的是具有［+动态］特征的体貌短语 AspP，"再"附接的则是具有［-动态］特征的轻动词短语 vP，其中"又"能够成分统制（C-command）"再"（如图 4-1 所示，Lin & Liu，2009；陈柏廷，2011）①。根据 LCA，"等级结构和线性语序之间存在着密切关系，具体表现为非对称性成分总是映射成线性居前关系"（王晨、刘伟，2014），因此，在等级结构上处于非对称位置的"又"和"再"反映至线性序列，只能形成"又—再"位序，而不能是"再—又"。

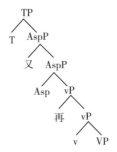

图 4-1　"又"和"再"的句法结构

关于"又"的句法层级高于"再"这一点，诸多证据支持我们的论断。

（一）证据一："又""再"与能愿动词连用

马真（2000：215）描写"又""再""还"三个副词的差别时提出，"再"与能愿动词连用，"再"居后，能愿动词居前，例如（以下两例转引自马真，2000：215—216，此处稍作改写）：

（19）a. 明天我<u>可以再</u>来看你吗？

---

① Lin & Liu（2009）认为，"又"常与"了"共现，句法上"又"是体貌短语层（AspP）的副词，句子的谓语必须是动态的，"再"附接在以静态轻动词为核心的轻动词短语上（vP）。陈柏廷（2011）的观点与 Lin & Liu（2009）基本一致，仅在细节方面做了些许修正，提出"又"与完成动词共现时，可能有两个不同的句法位置，一个是体短语层，另一个是表状态的轻动词短语，但后者出现在逻辑式中，以此来看，"又"的句法位置还是高于"再"。当然，上述学者的观点仍有商榷的余地，譬如动态与静态的区分过于模糊，缺乏操作性，并且"又"完全可以出现在静态谓语句中，如"明天又是星期天"。

　　　b. *明天我再可以来看你吗?

(20) a. 那包子很好吃, 我能再吃两个。

　　　b. *那包子很好吃, 我再能吃两个。

与"再"的表现不同,"又"与能愿动词连用时,"又"居前, 能愿动词置后, 例如:

(21) a. 静秋又可以去做零工了。(艾米《山楂树之恋》)

　　　b. *静秋可以又去做零工了。

(22) a. 公司里又能见到他劳碌的身影了。(CCL 语料库)

　　　b. *公司里能又见到他劳碌的身影了。

据考察,"会""可能""应该""必须"等几个能愿动词与"又""再"连用时, 均具有此特点。能愿动词在句法上具有"界标"作用, 能够将句子层次的外状语 (sentential adverbial) 和动词短语层次的内状语 (VP-adverbial) 区分开来 (蔡维天, 2007)。尽管"又"不在句子层级, 而"再"也不在动词短语层级, 严格来讲, 二者不能视为内外状语, 但是在线性序列上,"又""再"分别处于能愿动词的左右两侧, 可以判断"又"的句法层级高于"再"。

(二) 证据二:"又"与"再"的时间关联

Geenhoven (2005)、张庆文等 (2013) 区分了量化副词 (如"总是""一直") 和频度副词 (如"时常""不时"), 指出量化副词关联的是指示时间或话题时间, 而频度副词所关联的是事件时间或说话时间。在句法层级上, 话题时间位置高于说话时间, 因此二者的连用位序为"量化副词—频度副词", 不能出现"频度副词—量化副词"的次序。以此为视角来观察"又"和"再", 我们发现,"又"与量化副词相近, 能够关联话题时间与说话时间,"再"与频度副词类似, 倾向于关联说话时间, 其关联话题时间的能力较弱 (如图 4-2 所示)。

就语料来看, 这一特点表现为:

(23) a. 等我洗完澡到客厅去看她的时候, 她又变得有点怪。(张洁《世界上最疼我的那个人去了》)

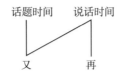

图 4-2　"又"和"再"关联说话时间、话题时间的差异

　　b. ＊<u>等我洗完澡到客厅去看她的时候</u>，她<u>再</u>变得有点怪。

（24）a. <u>战士们都睡下的时候</u>，他们<u>又</u>研究敌情，决定行程。（孙铁犁《风云初记》）

　　b. ＊<u>战士们都睡下的时候</u>，他们<u>再</u>研究敌情，决定行程①。

（25）"小李白"一笑："结了三个，离了三个，<u>现在又</u>结了一个。"（刘震云《一地鸡毛》）

（26）我刚才说过了，<u>现在再</u>给你说一遍，在罗维民身上我们要不惜一切代价。（张平《十面埋伏》）

　　例（23）、例（24）"……的时候"标示话题时间，只能与"又"共现，若替换成"再"则句子不成立。例（25）、例（26）中，"现在"标示说话时间，"又""再"皆能与之共现，这说明"又"和"再"均能关联说话时间，但二者关联话题时间的能力则有所差别，由此推断"又"的句法层级高于"再"。

　　（三）证据三："没"和"不"的连用

　　一个旁证来自否定词"没"和"不"的连用。与"又""再"的时域关联（陈立民、张燕密，2008）类似，《现代汉语八百词》（吕叔湘，1999：383）指出，"没"否定过去和现在，不能指将来，而"不"否定过去、现在和将来，差别在于对将来时域的否定。类比来看，"再"与"不"都能关联将来时域，"又"和"没"则不行。有趣的是，同为否定词的"没"和"不"也可以有条件地连用，其位序同样固定，只能是"没—不"，不能为"不—没"位序。请看：

　　（27）a. "你若不好好儿念书，妈就死在这儿。"我一听这话吓坏了，忙说："妈，我<u>没不</u>好好儿念书。"

———————

①　需要指出，本书只讨论表重复义的"再"，若为其他义项，该例句可能是合格的说法。

　　　　　　b. *……我<u>不</u><u>没</u>好好儿念书……（CCL 语料库）

（28）a. 郭：我告诉你，做人要有一个很平和的心态。

　　　　　　于：我这个太直爽了，我这人。

　　　　　　郭：知道吗？跟我弄这个。

　　　　　　于：我<u>没</u><u>不</u>和平啊。（《郭德纲相声集》）

　　　　　　b. *……我<u>不</u><u>没</u>和平啊……

　　可以看出，例（27b）、例（28b）不合法的原因是"不"和"没"的次序问题。而语料显示，"没""不"连用往往出现在回应句里，一般不能出现在始发句（initial sentence）中。具体对话情境为始发句说"不 VP"，回应句用"没"来否定"不 VP"。

　　关于"不"和"没"的差别，郭锐（1997）认为，"不"是对谓词性成分本身的否定，而"没"是对事件存在的否定。王灿龙（2011）发现，"不"构成的否定句要确定意义只能依赖于具体的语境，如句子、上下文等，"不"本身没有时体意义，而"没"指示性明显，与体范畴密切相关。陈莉、潘海华（2008：74）注意到量化副词"总是""常常"只选择"不"而非"没"，"没"的句法位置应该高于"不"，甚至高于"总是"类量化副词。因此，二者的连用位序为"没—不"。同样道理，与"没""不"情况近似的"又""再"也有句法位置上的高低差异。

（四）证据四：方言接触中的"又"和"再"

　　来自方言接触的证据同样显示出"又"的句法层级高于"再"。郑萦、游孟庭（2011）探究了方言接触所引发的闽南语重复义时间副词"阁""又""再"的词汇重整现象。在闽南语和台湾"国语"的长期接触中，中国台湾"国语"的重复义副词"又""再"被借入闽南语当中，与原有的重复义副词"阁"发生词汇整合，由此产生了新的重复义副词"又阁"和"阁再"。

（29）a. 伊又阁来矣。（他又来了。）

　　　　b. 自彼工了后，伊就毋捌阁再提起彼层代志矣。（从那天以后，他就不曾再提起那件事了）

"又""再"与"阁"整合成词的位序为"又—阁""阁—再"，而非"阁—又""再—阁"。除此以外，在闽南语中还发现了一个使用频率不高的组合形式"又阁再"，如"你若是又阁再哭，小朋友就都不跟你玩了"，"又"依然位于"再"前。这一现象从侧面反映出"又"的句法位置高于"再"，"再—又"位序不合语法。

以上四个证据显示，"又"的句法附接位置高于"再"。尽管"又—再"连用在自然语句中不合语法，但其在标题语言特区中能获得允准，被读者合理解读。与之相反，"再—又"连用位序由于缺乏理论依据，即使在标题语言中也不可能出现。

四　标题中"又""再"连用的动因及机制

标题是篇章的有机组成部分，是特殊的语言片段，具有许多正文所不具备的特点（尹世超，2001：5—6）。刘云（2005：108）提出，自然语句通过一定的篇章化手段变为标题，往往出于特殊的语用动机（pragmatic motivation）。白丽娜（2013）将这一语用动机具体阐述为视觉刺激的强化，亦即标题应该在视觉上吸引读者的注意。研究发现，形成视觉刺激的手段多种多样，包括新词语的使用、新颖的搭配、夸张的版式安排等，创新的语法手段也是其中之一。

（一）视觉强化与整句焦点的形成——"又""再"连用的动因

McConkie（1979：37—48）关于注意机制的"聚光灯"理论认为，类似阅读困难的地方，注意就会像聚光灯一样自动聚焦。标题中"又""再"连用不合常规语法规则，给读者造成了一定的阅读困难，因此能够形成有效的视觉刺激，引发读者的深入阅读。

从篇章的宏观结构上看，标题可以视作"整句焦点"（sentence focus）。所谓"整句焦点"是指与正文内容相比，标题（特别是新闻标题）用来概括正文内容，报道相关事件，由于缺乏上下文环境，整句都用来提供新信息，并且其中不宜加入任何话题标记（Lambrecht，1994：223—224；刘丹青，2016）。整句焦点在形式上有一定表现，如日语（转引自刘丹青，2008：220）：

　　（30）a. KURUMA　ga　KOSHOO-shi-ta.　　"汽车坏了"
　　　　　　汽车（主格）出故障—过去时

b.（Kuruma　wa）KOSHOO-shi-ta.　　"汽车坏了"
　　汽车（话题）出故障—过去时

例（30a）主格标记 ga 具有表达整句焦点的功能，用来回答问题"怎么了"，而例（30b）话题标记 wa 则具有表达谓语焦点（predicate focus）的功能，回答问题"汽车怎么了"。回到本节主题，我们认为，标题中的"又""再"连用，与自然语句中的"又""再"单用相区别，是形成整句焦点的语法手段①。试比较：

（31）a. 英国泰晤士河又再发现浮沉巨物（驱动中国，2016 年 4 月 13 日）
（标题　整句焦点　回答问题"怎么了"）
　　　b. 英国泰晤士河又发现了浮沉巨物。
（自然语句　谓语焦点　回答问题"英国泰晤士河怎么了"）
（32）a. 特朗普又再批评北约（联合早报网，2016 年 3 月 28 日）
（标题　整句焦点　回答问题"怎么了"）
　　　b. 特朗普又批评北约了。
（自然语句　谓语焦点　回答问题"特朗普怎么了"）

整句焦点的表现手段丰富多样，如韵律手段（英语）、韵律加形态手段（日语）、韵律加句法手段（意大利语）、构造性手段（法语、意大利语）等（Lambrecht，1994：223—224）。在汉语中，双音节音步就是一种重要的整句焦点表现手段。与印欧语通常使用音高变化手段标记焦点不同，汉语采用节奏手段表现焦点，其中最小节奏单位体现为双音节音步（周韧，2011：205—206）。换言之，双音节表现焦点的能力强于单音节，较之单用的"又"和"再"，二者连用所形成的双音节音步富于节奏感和语音表现力，传诵性强，适合在标题中使用。

（二）方言与古汉语的影响——"又""再"连用机制

标题中"又""再"连用形成整句焦点，其产生过程有一个步骤不容忽视，即"再"突破已然和未然的用法限制。观察发现，除了未然重复

---

① 在自然语句中，"再"不能表达已然重复事件，不能说"英国泰晤士河再发现了浮沉巨物"。

义，标题中的"再"还能表达已然重复义。例如：

（33）a. 贵州<u>再有</u>重磅人事调整：贵阳书记空缺 3 月后补齐（《新京报》2017 年 8 月 5 日）

b. 北京<u>再有</u>三条轨道交通线开通运营　中国"智"造成亮点（中国新闻网，2017 年 12 月 30 日）

"有"表达"领有、存在"义（吕叔湘，1999：630—631），在常规情况下，"有"字句一般描述已然事件，因此，"有"字句只能与"又"共现，而不能与"再"共现，上述两例标题中的"再有"若置于非标题语境当中，其合法表达只能是"又有"，但标题语言特区不受此限制。那么，"再"的已然重复义用法源自何处呢？研究发现，方言和古汉语是这一用法产生的两大源泉。

先看方言。刘丹青（2009）注意到，穗港粤语"再"的用法扩张进"又"的范围内，例如"温太头咗一支试完之后，再买咗一打"（……又买了一打），扩张后的"再"继续北上，进入了北方媒体中，如：

（34）a. 据央视网刊登的一段视频显示，中央电视台早间新闻节目《朝闻天下》近日<u>再</u>添新人。

b. 东航<u>再</u>出返航事件西安飞成都 10 小时

但是，就刘文所举的其他例子来看，"再"表达已然重复义，只能用于新闻标题和导语句中，上述例（34b）为新闻标题，例（34a）是新闻导语句，该则新闻的标题是"《朝闻天下》再添新人"（新华网，2008 年 7 月 27 日），导语句与新闻标题表述相同。

在语篇分析视角下，新闻导语与新闻标题可以归为一类，原因是二者语言表述相似，却与新闻正文不同（van Dijk 1988：55），因此，导语句就其性质来看也属于标题语言特区，标题和导语中的一致表达是一种互文（intertextuality）现象①。相反的是，在新闻正文（非语言特区）里，表达

---

① 据刘世生（2016：119—120）介绍，"互文"概念由法国符号学家克里斯蒂娃提出，意为"一个文本中交叉出现的其他文本的表述"。其核心要义在于表述的重复性。对于"互文"概念的理解，不同学科领域不尽相同。本书认为，在同一语言特区内，上下文之间的一致性表达，即为"互文"。

已然重复义的"再"就不能出现，必须替换为"再次"或"再度"，如例（34b）标题所对应的新闻正文为：

（35）时隔近 4 个月，东航再次上演"返航门"。25 日晚 11 时 55 分西安飞往成都的飞机，26 日早上 9 时 55 分才到成都。而对于返航原因，东航并没有就一系列疑问给出正面说法。（《重庆晚报》2008 年 7 月 28 日）

此类现象较为常见，又如：

（36）新闻标题：日本核污水排海对韩国影响日益扩大 日韩关系或再蒙阴影

新闻正文：韩国各地近期反对日本核污水排海呼声强烈，民众恐慌情绪加深，海产品交易市场及餐厅的客流量不断减少。日媒认为，如果舆论继续高涨，本已有改善势头的日韩关系或将再度蒙上阴影。（海外网，2023 年 7 月 3 日）

再谈古汉语。"再"的本义是两次。《说文》释"再，一举而二也"。《玉篇·冓部》释"再，两也"。以此为基础引申出第二次、再一次的意思。如：

（37）a. 教不善则政不治，一再则宥，三则不赦。（《国语·齐语》，转引自李秉震，2009）

b. 一鼓作气，再而衰，三而竭。（《左传·庄公十年》，转引自李秉震，2009）

c. 晋韩厥从郑伯，其御杜溷罗曰："速从之？其御屡顾，不在马，可及也。"韩厥曰："不可以再辱国君。"乃止。（《左传·成公十六年》，转引自李秉震，2009）

d. 夕景欲沈，晓雾将合，孤鹤寒啸，游鸿远吟，樵苏一叹，舟子再泣。（鲍照《登大雷岸与妹书》）

从例（37c）、例（37d）可以看出，古代汉语里的"再"能够表达已然重复义。但到了现代汉语中，表达已然重复义的"再"被双音节词"再次"所替换，"再"仅能用于未然重复。不过，在标题语言特区内，"再"的已然重复义存留了下来。这一现象与标题语言的特点密切相关。尹世超（2001：8）曾经指出，标题语言处于古今中外语言的交汇点上，沿袭了较多古汉语的词语和句式，其文言色彩较为浓厚。

除方言与古汉语因素之外，标题的语体特征也是"再"已然重复义存留的重要诱因。作为书面语的重要组成部分，标题剥离了时间和空间特质，是一种高度泛时空的话语形式（冯胜利，2010；王永娜，2013）。在泛时空化的标题语言特区内，已然和未然的对立得以中和，"再"的重复义凸显出来。以此为基础，语义等值的"又"与"再"连用，以形成整句焦点，加强视觉刺激，引发读者的阅读兴趣。而"又""再"连用不能出现在非语言特区中的原因是，句子必须"同现实发生特定联系"，被赋予特定的时特征（邓思颖，2010：138）。但在自然语句中，时间、体貌要求明确，已然与未然的对立难以调和，"又""再"有其各自使用情境，不能置于一起连用。

五　小结

"又"和"再"是现代汉语里的一对重复义副词。一般认为，"又"表达已然重复义，"再"表达未然重复义，多数情况下二者不能替换，更不能在同一句中连用。然而，研究发现，标题中的"又""再"可以突破常规语法规则连用。大量语料显示，"又""再"不能连用这条语法规则在标题语言特区中被突破了。

从语义上看，标题里的"又""再"连用表达动作、行为或事件再一次发生，因此二者连用实际上是一种"羡余"现象。从句法构造上看，"又"的附接位置高于"再"，在线性序列上只能出现"又—再"连用位序，而不能是"再—又"。从语用角度看，"又""再"连用是标题语言特区中的特殊语法现象，其产生机制分为两步：第一，受到方言、古汉语的影响，加之标题语体特征的管制，已然和未然的对立逐步模糊化，"再"可以表达已然重复义；第二，具备相同功能的"又""再"突破常规语法规则，"羡余"式连用，形成整句焦点，从而吸引读者进一步关注。

第二节 "或"字新闻标题

一 问题的提出

近年来，"或"字新闻标题大量使用，引发了学者们的持续关注。例如：

> （1）a. 不用真实身份信息注册账号<u>或</u>将无法使用互联网平台服务（《工人日报》2021年10月27日）
>
> b. 英国护理行业人员短缺 <u>或</u>导致更多民众今冬无法得到所需服务（央视新闻，2021年10月22日）
>
> c. 中药材黄曲霉素超标难题<u>或</u>将破解（《中国中医药报》2024年8月2日）
>
> d. AI辅助<u>或</u>代写论文 拷问大学的容忍边界（《中国青年报》2024年7月8日）
>
> e. 教培机构关店前还在鼓动家长交费 专家：教培机构此类行为<u>或</u>涉诈骗罪（《法治日报》2024年4月12日）

对于这一问题，学界目前主要有两种研究思路。一种是从共时角度观察新闻标题里"或"的句法语义特点，如秦岭（2011）将新闻标题中的"或"定位为预测情态标记，郭琼、陈昌来（2016）则认为"或"字新闻标题在语义上具有双重情态特征，具体表现为言者的主观推断情态与闻者的传信情态。另一种是从历时角度对"或"的语义演变进行分析，如罗耀华、李向农（2015），王艳（2016）讨论"或"的语法化过程及相关句法问题，提出表揣测、可能义的副词"或"主要出现于新闻标题中。另外，田桂丞（2014）统计2014年4月11日到8月28日的《文摘周报》（共计21期）发现，23则"或"字标题的正文部分均未使用"或"。这一情况说明，较之自然语句，新闻标题中副词"或"的使用更加自由。

不管是共时还是历时思路，学者们都意识到副词"或"在新闻标题中的使用具有一定特殊性，但均未说明如何"特殊"，为何"特殊"。基于此，本节将从"或"的常规用法入手，并通过与"料"字标题的比较来探究"或"在新闻标题当中的突破性用法，着重回答下面两个问题：
（1）副词"或"在新闻标题中突破常规语法规则的具体表现有哪些？
（2）"或"突破常规语法规则的机制与限度是什么？

二　副词"或"的常规用法

《现代汉语八百词》（吕叔湘，1999：283—284）指出，"或"等同于"或者"，有连词和副词两种用法，能够表达多种意义，概括如表 4-1 所示。

表 4-1　　　　　　　　　　　　　　　"或"的常规用法

词性	意义	例句
连词	选择	同意~反对
	几种交替的情况	每天清晨都有许多人在公园里锻炼，~跑步，~打拳，~做操
	等同	人们对整个世界的总的看法叫作世界观，~宇宙观
副词	也许、或许	你赶快走，~还能打上末班车

《现代汉语虚词词典》（王自强，1998：106）、《现代汉语虚词词典》（侯学超，1998：288）、《现代汉语词典》（第七版）（2016：595）、《实用汉语近义虚词词典》（赵新、刘若云，2013：191）等多本辞书均持有一致观点。此外，分析语料后发现，作为连词的"或"语料较多，而副词"或"语料极少。在 BCC 义项频率统计语料库中，共有"或"字语料 5598 条，其中绝大多数为连词用例（72.8%），没有表达可能义的"或"字语料（2021 年 11 月 5 日搜索）。除了数量少之外，"或"在表达"可能""或许"义时，也有着严格的句法语义限制。

第一，从形式上看，副词"或"只能出现于"或+（副词）+助动词+VP"和"或+（副词）+有+NP"两种句法格式中，副词主要是"还、也"等，经常隐而不现。例如：

（2）a. 此事或能办成，也说不定。（转引自侯学超，1998：288）
　　　b. 这次或有希望，不妨试试。（转引自侯学超，1998：288）
　　　c. 如果不出意外，明日或可抵京。（转引自侯学超，1998：288）

    d. 先讨论天灾来源，其次筹措善后救济，<u>或</u>有结果。（转引自侯学超，1998：288）

    e. 他今晚动身，明天下午<u>或</u>可到达。（转引自王自强，1998：106）

    f. 这个建议对于改进工作<u>或</u>有好处。（转引自王自强，1998：106）

在"或+（副词）+助动词+VP"格式中，助动词也只能"能""可"等单音节词，不能出现"能够""可以"等双音节动词（王自强，1998：106）。

第二，从语义、语用角度看，"或"字句要求表达复合式情态。根据Lyons（1977：452），彭利贞（2007：42—54），陆萍、贺阳（2015）研究，情态可以分为认知情态（epistemic modality）、道义情态（deontic modality）和动力情态（dynamic modality）三大类。其中认知情态是"说话人对命题为真的可能性与必然性的看法或态度"，道义情态是"说话者对行为主体（自己或他人）预期实施某种行为的态度"，动力情态为"行为主体实施某种行为的能力和意愿"。在常规情况下，"或"字句表达［认知+道义］、［认知+动力］两种复合式情态。如例（2a）"这次或有希望，不妨试试"表达［认知+道义］情态，说话人认定"这次有希望"这一命题可能发生，并且有一定的可行性，同时发出了一个"指令"。例（2c）"如果不出意外，明日或可抵京"表达［认知+动力］情态，说话人认为"明日抵京"可能发生，并且有一定能力实现该事件。

显而易见，"或+（副词）+助动词+VP"结构中的复合式情态主要来自"或"与助动词的连用。而"或+（副词）+有+NP"结构里并无助动词，其复合式情态从何而来？我们发现，该结构中的"或"与"有"之间可以补出一个助动词，如"或（能）有希望""或（会）有结果"。换言之，"或+（副词）+有+NP"结构中存在一个隐形的助动词，该助动词与"或"共同发挥作用，以表达相应的复合式情态。

第三，"或"字句所表达的认知情态多为推测（speculative）或假设（assumptive）情态，几乎没有推断（deductive）情态用例。推测、假设、推断三分系统是Palmer（2001：22—24）从类型学角度对认知情态所做的深入分类，其中推测情态表达不确定性，假设情态以常识为基础进行推论，推断情态以相关证据为基础进行推论。在常规情况下，"或"字句所表达的可能性建立在一般常识基础上，而非事实数据。如例（2b）"这次或有希望"，例（2c）"明日或可抵京"都是说话人根据百科知识（encyclopedic knowledge）所做的一般假设，并非依靠相关证据得出的逻辑推论。

总而言之，常规语境中副词"或"的使用频率较低，并且其使用需要得到上述三条句法语义条件的允准。

三 "或"字标题突破常规语法规则的具体表现

上文提到，常规语境中副词"或"的使用受制于一定的句法语义环境，只能出现于"或+（副词）+助动词+VP"和"或+（副词）+有+NP"两种句法格式中，且使用频率不高。然而，与之相反，新闻标题中的"或"却突破了这些限制，其出现的句法环境不拘泥于上述两种格式，出现频率也有了大幅提升。具体来讲，新闻标题中"或"突破常规语法规则主要体现在以下六个方面。

（一）定位与自由

就句法位置来看，自然语句中"或"的句法位置比较固定，一般位于主谓语之间，在少数情况下，也可以置于第二分句的句首。新闻标题中"或"的句法位置相对自由一些，主要出现在三个句法位置上，分别是整个标题的句首、后段标题的句首和主谓语之间。例如：

（3）a. 或实施限行政策　广州政协委员建议推出郊区车牌（中国新闻网，2017 年 1 月 9 日）

b. 或提供 4 款车型可选　曝中华 V6 详细配置（巨丰财经，2017 年 10 月 21 日）

c. 美国新一届国会会期 3 号开幕　或推翻奥巴马任期内相关政策（央广网，2017 年 1 月 3 日）

d. 建议重组中职联　或成立职业联盟（《人民日报》2016 年 4 月 28 日）

e. 特朗普女婿正与中企谈生意　"嘴硬"或是谈判策略（《环球时报》2017 年 1 月 9 日）

f. 我成品油价二连涨几成定局　京沪油价或重返 6 元时代（《人民日报》2016 年 8 月 31 日）

（二）已然与未然

在常规情况下，"或"字句语义上表达说话人认为相关事件可能发生。也就是说，"或"字标记的事件均为未然事件。但在新闻标题中，我们发现了已然事件"或"字句。换言之，标题中的"或"既能表达未然事件，又能表达已然事件。这与常规情况下的"或"字句形成鲜明对比，在常规情况下，"或"字句只能表达未然事件。例如：

（4）a. 美欧暴雪已致 11 人死　美国多地或将出现 30 厘米大雪（中国新闻网，2017 年 1 月 8 日）

b. 俄航母或将撤出地中海（人民网，2017 年 1 月 5 日）

c. 我国最早发明和利用蚕丝　8500 年前或已掌握桑织技术（《科技日报》2016 年 12 月 27 日）

d. 伊斯坦布尔一夜总会凌晨发生枪击事件　或已致两人死（新华网，2017 年 1 月 1 日）

例（4a）、例（4b）"或"与"将"连用表明相关事件还未发生，例（4c）、例（4d）"或"与"已"连用表明相关事业已发生。主观认定事件是否发生，需要有一个时间参照，例（4c）中的参照时间是"8500 年前"，例（4d）的参照时间是该则新闻的报道时间，"掌握桑织技术""致两人死亡"均发生在参照时间之前。

（三）复合与单一

上文指出，自然语句中"或"字句分别表达［认知+道义］、［认知+动力］两种复合式情态，限制表达单一情态，但在标题中"或"字结构既能表达单一情态又能表达复合式情态。例如：

（5）a. 中医标准化遇人工智能　能望闻问切的"阿尔法狗"或出现（《科技日报》2017 年 1 月 9 日）

b. 韩媒猜朝鲜或进行空中核试爆　验证摧毁重兵集团（人民网，2016 年 6 月 29 日）

c. 广州 2754 户籍家庭获配公租房　明年大学生或能申请（《广州日报》2016 年 12 月 30 日）

d. 澳洲监管海外投资者非法购房　或须出示居留证件（中

国侨网，2016 年 9 月 21 日）

例（5a）、例（5b）是单一的认知情态，表明"'阿尔法狗'出现""朝鲜进行空中核试爆"是可能发生的事件，例（5c）为［认知+动力］情态，意为"明年可能大学生有能力申请公租房"，例（5d）为［认知+道义］情态，说明"可能海外投资者将来必须（即有义务）出示居留证才能在澳洲购房"。

（四）肯定与否定

在常规情况下，副词"或"只能出现于肯定句中，叙述相关事件可能会发生。标题中的"或"还能与否定成分共现，表明相关事件可能未曾发生过或不会发生。例如：

（6）a. 中国钢铁需求<u>或</u>未出现可持续性增长（新浪财经，2016年 5 月 11 日）

b. 驻冲绳美军反潜机事故<u>或</u>未造成伤亡（中国新闻网，2016 年 12 月 21 日）

c. 李建滨训练受伤离开国足　里皮<u>或</u>不征调替补球员（网易体育，2017 年 1 月 7 日）

d. 11 岁男孩偷开汽车撞飞路人后逃逸　肇事男孩<u>或</u>不担刑责（《现代快报》2016 年 12 月 26 日）

例（6a）、例（6b）"或"与"未"连用，指明"中国钢铁需求可持续增长""美军反潜机事故造成伤亡"可能未曾发生。例（6c）、例（6d）"或"与"不"连用则说明"里皮征调替补球员""肇事男孩担刑责"未来可能不会发生。需要指出的是，"或"与"未""不"连用时，其位序固定，只能是"或—未""或—不"，若调换成"未—或""不—或"则不合语法。

（五）陈述与疑问

从句类角度看，在常规情况下副词"或"只能出现于陈述句当中，而新闻标题中的"或"则突破了陈述句的限制，可以用在疑问句之中。例如：

（7）a. 独生子女<u>或</u>不能全部继承遗产？（《湛江晚报》2016 年
12 月 28 日）

　　　b. 仰卧起坐<u>或</u>致瘫？　25 岁男子颈椎内血管爆裂致全身瘫
痪（《钱江晚报》2016 年 11 月 26 日）

　　　c. 德国总理默克尔对难民立场转强硬　<u>或</u>为挽回民心？（中
国新闻网，2016 年 12 月 7 日）

　　　d. iPhone 爆炸事件频发　苹果<u>或</u>步三星后尘？（《北京商报》
2016 年 12 月 6 日）

疑问式标题的特点是信息来源不可靠，新闻真实性不确定（曾宪明，
2002），而这一特点与"或"字所表达的可能情态更加吻合。

（六）推断与推测

在常规情况下，副词"或"标记的可能性事件多建立在说话人常识
与经验基础之上，属于推测性事件，而"或"字标题往往是新闻作者根
据相关事实证据做出的判断，客观性较强，是推断性事件。这一区别在形
式上体现为两点：一是虽然是可能性事件，但"或"字标题中能够出现
较为精确的数字［如例（8a）、例（8b）］，这显然是根据已有事实证据
得出的结论；二是标题中的"或"可以出现于必要性条件句"（只
有）……才……"里［如例（8c）、例（8d）］，而"（只有）……
才……"正是典型的逻辑推论结构。这一现象从侧面反映出"或"字标
题表述的是推断性事件。

（8）a. 易居研究院预计：今年 30 城住宅成交面积<u>或</u>下跌 10%
（《上海证券报》2017 年 1 月 9 日）

　　　b. 保险业告别"一股独大"时代　36 家险企<u>或</u>面临股权调
整（新浪财经，2017 年 1 月 9 日）

　　　c. 执法最严之时<u>或</u>才是食品"最安全"之日（中国网，
2016 年 7 月 11 日）

　　　d. 研究老外消费习惯　退税<u>或</u>才更接地气（《羊城晚报》
2016 年 6 月 28 日）

综上所述，新闻标题中的"或"不能替换为双音节词"或者"。就情

态来看，"或"字标题兼表复合式情态与单一情态，同时突破了认知情态只能表述未然事件的限制。除此之外，"或"字标题表达的是基于事实数据而得出的推断性事件，其出现不受肯定与否定、陈述与疑问等句法环境的制约。这些情况进一步说明，"或"字标题突破了常规语法规则，是语言特区中的特色语法现象。

四　"或"字标题的构件特征

在整体观视角下，"或"字新闻标题在形式、情态、表达事件、使用环境等方面都突破了常规语法规则的制约。而从构件角度看，"或"字新闻标题的构件部分又有何特点？下面，我们分别讨论副词"或"本身和"或"的后接成分。

（一）副词"或"本身

在常规情况下，副词"或"与"或者"意义、用法大致相同，句中的"或"一般都可以替换为"或者"，句义不发生改变。如例（9a）、例（9b）。但在新闻标题中，除"或+（副词）+助动词+VP"和"或+（副词）+有+NP"格式中的"或"以外，"或"往往不能被"或者"所替代，如例（10b）、例（11b）。

（9）a. 他的建议对我们的工作或（或者）有帮助。（转引自赵新、刘若云，2013）

　　b. 这些资料对你写论文或（或者）能有所启发。（转引自赵新、刘若云，2013）

（10）a. 旅游经营服务七类行为或列入"严重失信"（《成都日报》2017年1月8日）

　　b. *四川旅游经营服务七类行为或者列入"严重失信"

（11）a. "大学生娶同学妈妈"系假新闻　或为商家炒作（中国新闻网，2017年1月4日）

　　b. *"大学生娶同学妈妈"系假新闻　或者为商家炒作

不难发现，将"或"替换成"或者"之后，该标题即变得不合语法。可见，新闻标题中的"或"与双音节副词"或者"有所不同，并非"或者"一词的压缩形式。

（二）"或"的后接成分

在新闻标题中，"或"字后面一般接 VP，VP 类型较为丰富，也有少量 AP 和 NP 的用例。

1. 或+VP

"或"后 VP 主要有光杆动词、动宾短语、状动短语、连动短语、兼语短语、其他短语六种类型。

光杆动词

（12）a. 资管产品征增值税延至 7 月执行　通道类业务费用或上升（《中国证券报》2017 年 1 月 12 日）

　　b. 日韩矛盾或升级　日副首相：韩国可能借钱不还（观察者网，2017 年 1 月 11 日）

　　c. 成都开通直飞埃塞俄比亚航班　非洲游成本或降低（《成都商报》2017 年 1 月 9 日）

　　d. 未来传统课堂或消失（《武汉晚报》2016 年 12 月 29 日）

其中，"或"后光杆动词一般为无起点、有终点的后限结构动词①，语义上暗含变化性。从音节角度看，"或"后光杆动词须为双音节，限制单音词动词出现，例（12a）、例（12c）不能变为"通道类业务费用或升""非洲旅游成本或降"。

动宾短语

"或"后所接的各类 VP 当中，语料数量最多的当数动宾短语。从动词角度看，"或"后动宾短语主要有这样几种类型：

判断动词+宾语

（13）a. "地铁无裤日"或是不合时宜的舶来品（《华西都市报》2017 年 1 月 13 日）

---

① 郭锐（1993）根据动词起点、终点和续段的有无、强弱，亦即形式上是否能加"了""时量宾语"等表现，将汉语动词分为无限结构、前限结构、后限结构、双限结构和点结构五大类十小类，并指出这五大类十小类是一个完整的渐变系统。

　　b. 成都探索自动驾驶技术　公交<u>或</u>是"无人驾驶"先行者（中国经济网，2017 年 5 月 18 日）

　　c. 柏林圣诞市场血案震动德国　嫌犯<u>或</u>系难民（中国新闻网，2016 年 12 月 20 日）

　　d. 云南弥渡发现千年白崖旧城遗址　<u>或</u>为唐前期古王城（《北京日报》2017 年 5 月 7 日）

存现动词+宾语

（14）a. 元旦假期即将结束　江西告别晴天<u>或</u>有短时小雨（中国江西网，2017 年 1 月 3 日）

　　b. 顺丰体验官正式上线　服务质量<u>或</u>有重大提升（中国网，2017 年 5 月 22 日）

　　c. 外界担心南苏丹<u>或</u>发生种族大屠杀（央视网，2016 年 12 月 18 日）

　　d. 京津冀及周边地区<u>或</u>出现重度污染过程（《朝闻天下》2017 年 2 月 3 日）

形式动词+宾语

（15）a. 朝核将迎来"分水岭"　朝美<u>或</u>进行半官方接触（《环球时报》2017 年 5 月 5 日）

　　b. 安倍再提修宪　<u>或</u>进行全民公投（中新闻，2016 年 7 月 12 日）

　　c. 足协采取措施提高比赛净时间　超 60 分钟<u>或</u>予以奖励（腾讯体育，2017 年 4 月 7 日）

　　d. 印军欲捞起被炸沉基洛潜艇　<u>或</u>加以重新利用（腾讯新闻，2013 年 12 月 5 日）

动作动词+宾语

（16）a. 韩羽球帅哥<u>或</u>打中国联赛　李龙大：希望战东京奥运（腾讯新闻，2016 年 8 月 27 日）

　　b. 巴西将起诉欧奥委会主席　当"黄牛党"<u>或</u>吃 8 年牢饭（网易体育，2016 年 9 月 6 日）

c. 王菲加盟东方卫视跨年晚会　或唱新歌（《新京报》2016 年 12 月 6 日）

d. 印度大选"马拉松"　人民党或跑第一（《南方都市报》2014 年 4 月 8 日）

状动短语

"或"后 VP 可为状动短语，其中状语有两种情况，一是介词短语，如例（17a）、例（17b）；另一种情况是时地名词，如例（17c）、例（17d）。在后一种情况下，"或"字与动词之间能够补出介词。

（17）a. 超 20 万人年终奖调研：6 成以上用户或与年终奖无缘（《京华时报》2017 年 1 月 13 日）

b. "未来互联网"或在合肥诞生（《安徽商报》2017 年 1 月 13 日）

c. 工信部处罚 4 家骗补新能源车企　专家：补贴或 2020 年退出（《新京报》2016 年 12 月 21 日）

d. 江淮汽车首批出口车赴巴西　三五年内或当地建厂（中国新闻网，2011 年 1 月 12 日）

连动短语

"或"后所接 VP 为连动短语，其中 VP₁ 与 VP₂ 之间语义关系有时间关系和事理关系两种。如：

（18）a. 红海商船频遇袭　美国或组联盟展开护航行动（央视新闻，2023 年 12 月 18 日）

b. 前英格兰丑闻主帅或来中国执教　已准备再度冒险（搜狐体育，2016 年 12 月 18 日）

c. 杭州公交纵火案明将开庭　嫌犯或躺病床出庭受审（新浪新闻，2015 年 1 月 27 日）

d. 体联官员承认指控并无证据　邵斌或有权限修改分数（《南国都市报》2011 年 3 月 20 日）

例（18a）、例（18b）VP₁ "组联盟" "来中国" 与 VP₂ "展开护航行动" "执教" 之间存在时间上的先后顺序。例（18c）、例（18d）VP₁ "躺病床" "有权限" 与 VP₂ "出庭受审" "修改分数" 之间则是事理关系，具体来说，例（18c）VP₁ 是 VP₂ 的方式，例（18d）VP₁ 则是 VP₂ 的条件。

兼语短语

"或" 后 VP 为兼语短语，根据兼语结构里 V₁ 的不同，进一步分为三种类型：一是致使义 V₁，如例（19a）"使"、例（19b）"禁止" 等；二是认定、称谓义 V₁，如例（19c）"提名"；三是领属义 V₁，如例（19d）"有"。

（19）a. 梅奔年内不会确定新车手　一因素或使马萨复出（腾讯体育，2016 年 12 月 17 日）

b. 恐袭频发　德国慕尼黑啤酒节或禁止游客携带背包（中国新闻网，2016 年 7 月 29 日）

c. 特朗普或提名石油大亨任美国务卿　组亿万富豪内阁班底（央广网，2016 年 12 月 12 日）

d. 陕西镐京遗址发掘鳄鱼骨板　专家：远古时代或有鳄鱼出没（环球网，2017 年 1 月 12 日）

上述连动结构与兼语结构的区别在于，连动结构中 V₁ 后的 NP 与 V₂ 之间无语义关系，如例（18b）"中国" 与 "执教" 之间不存在直接的语义关联，而兼语结构中 V₁ 后的 NP 一定是 V₂ 的施事，如例（19a）"马萨"、例（19b）"游客" 分别是动词 "复出" "携带" 的施事成分。

其他短语

"或" 后 VP 也可以是 "把" 字结构或 "被" 字结构，例如：

（20）a. 微软看重聊天机器人　或把它作为计算的未来（人民网，2016 年 4 月 5 日）

b. 房地产吹牛广告被指不收敛：或把新规当纸老虎（《新京报》2016 年 2 月 7 日）

c. 朴槿惠闺蜜之女高三仅出勤 17 天　高中学历或被取消（环球网，2016 年 11 月 16 日）

　　　　d. "红通" 3 号贪官前妻在美认罪　刑满后或<u>被</u>遣返回国
(《法制日报》2017 年 1 月 13 日)

　　2. 或+AP

"或" 字后跟形容词性成分, 要求该成分具有 [+动态变化] [+程度加深] 等特征, 例如:

　　　　(21) a. TCL 多媒体卖地 1.6 亿　3 季财报<u>或</u>漂亮点 (《北京日报》2007 年 10 月 18 日)

　　　　b. 世界杯扩军后<u>或</u>更残酷　国足 "乘东风" 并不简单
(中国新闻网, 2017 年 1 月 11 日)

　　　　c. 今年火车抢票<u>或</u>更难　租车回家过年变火 (《信息时报》2017 年 1 月 7 日)

　　　　d. 银行理财收益翘尾　今年监管<u>或</u>更严格 (《城市快报》2016 年 1 月 6 日)

　　从例 (21a) 中的 "漂亮点" 和例 (21b)、例 (21c)、例 (21d) 中的 "更+形容词" 结构可以看出, 较之先前状况, "或" 字标记的事件已发生了变化, 状态程度有所加深。相反, 若不具备 [+动态变化] [+程度加深] 特征, 则该标题不能成立, 如 "3 季财报或漂亮" "世界杯扩军后或残酷" "今年火车抢票或难" "今年监管或严格" 皆不合语法。

　　另外, "或" 后 AP 只能是性质形容词, 不能为状态形容词。出现这一现象的原因同样是变化性的问题, 性质形容词表达事物的性状特征, 是具有量幅特征的弥散量, 而状态形容词表达性状所达到的程度, 是量点 (姚占龙, 2010)。理论上, 量幅能够摇摆变化, 量点则相对固定, 所以状态形容词也不能出现于 "或" 字之后。

　　3. 或+NP

"或" 后所接名词性成分一般为数量短语, 如:

　　　　(22) a. 全景天窗真皮座椅　配 ESP 双离合电子手刹<u>或</u>10 万
(搜狐汽车, 2016 年 11 月 1 日)

　　　　b. <u>或</u>三排座椅　全新奔驰 G 级长轴距版谍照 (汽车之家,

2016 年 12 月 17 日）

   c. 广州本周起二套首付<u>或</u>三成（《广东建设报》2014 年
10 月 13 日）

   d. 新能源车免费上牌首批<u>或</u>两万张　上汽首款量产车今上
市（网易新闻，2012 年 11 月 5 日）

不含数量成分的光杆 NP 很难出现在"或"字标题中，例（22b）若
改为"或座椅"则不合法。实际上，该类"或"字标题是一种"谓词隐
含"（implying predicate）结构，在"或"和 NP 之间隐藏了一个谓词。语
义解读时，可根据具体语境，将隐含的谓词添补出来。因此，上述四例可
分别解读为"或卖 10 万""或配三排座椅""或达三成""或有两万张"。

五　"或"字标题突破常规语法规则的机制与限度

副词"或"的使用在常规情况下受制于特定的句法语义环境，且使
用频率不高，但在新闻标题中不受限制。作为语言特区的三大类型之一，
标题给予其"特权"，让其使用"畅行无阻"。当然，"或"在新闻标题
中的种种表现，也并非"无本之源"，而是一种"复古"的创新方式。罗
耀华、李向农（2015）提出，"或"的语法化经历了"动词→代词→副
词→连词"的过程，"或"的揣测、可能义用法，上古汉语早已有之，如
例（23）、例（24），而这一用法保留到了现代汉语新闻标题当中。

  （23）夫子之墙数仞，不得其门而入，不见宗庙之美，百官之
富。得其门者<u>或</u>寡矣。（《论语·子张》）
  （24）天<u>或</u>启之，必将为君。（《左传·宣公三年》）

新闻标题中语法突破现象采用"复古"手段较为常见，本书所关注
的标题中副词"再"的意义流变、名词做状语等违反常规语法规则的现
象，均为古汉语相关用法的"复生"。

  关于"或"的突破机制问题，我们还发现了一个很有意思的现象，
即"或"与"可能"的连用，例如：

  （25）a. 俄罗斯总统普京<u>或</u>可能年底访问日本（新华网，2016

年 5 月 17 日）

　　　　　b. 黑洞<u>或</u>可能诞生外星人　宇宙文明大猜想（科技讯，2016 年 7 月 11 日）

　　　　　c. 克里姆林宫：普京寻求冻产<u>或</u>可能减产（新浪财经，2016 年 10 月 11 日）

　　　　　d. 3D 打印假手<u>或</u>可能引发指纹身份盗窃（网易科技，2016 年 10 月 22 日）

　　上述四例标题，在删除"或"字或"可能"之后，语义完全不受影响。"或""可能"均表达揣测义，在常规情况下二者不会连用，但在新闻标题中语义羡余、语法功能重合。江蓝生（2016）曾指出，如果语言中某一成分为羡余成分且恰好处于功能词位置，则该成分可能发生语法化。以上四例当中的"或"完全可以视为语法标记，其对真值语义没有贡献，仅起到事件标记的语法功能。由此可见，标题语言特区为"或"的突破使用提供了土壤。

　　"或"字标题在使用上也存在一定限度，具体体现在人称选择限制与共现位序限制两个方面。

（一）人称选择限制

　　人称（person）指的是特定情景中参与者的数目和性质（Crystal，2000：263）。已有研究（王洪君、李榕、乐耀，2009；乐耀，2011；李双剑、陈振宇、潘海峰，2014）显示，汉语人称范畴与情态范畴之间关系密切，并且在不同的语体和语篇中表现不同。我们所讨论的"或"字标题表达认知情态，往往对应于第三人称，与第一人称、第二人称共现的情况较少。试比较：

　　（26）a. 广外<u>或</u>与澳大学合作办学（金羊网，2016 年 4 月 15 日）

　　　　　b. ？我校或与澳大学合作办学

　　　　　c. ？？你校或与澳大学合作办学

　　（27）a. 朱某念错互动号码　湖南台<u>或</u>因此损失几十万（《华商报》2013 年 5 月 28 日）

　　　　　b. ？朱某念错互动号码　我台或因此损失几十万

c. ?? 朱某念错互动号码　你台或因此损失几十万

出现上述差别的原因在于，新闻报道不是对话交际，标题具有远距单向特征，因此鲜用直指性的第二人称。另外，"或"字标题传达可能性，第一人称则与这种可能性相抵牾。若报道者述说自己的事情，一般会直接给出较为明确的信息，如例（26）、例（27），正常的表达是"我校将与澳大学合作办学""我台因此损失几十万"。

据谷峰（2016）统计，在先秦文献中，副词"或"就不能与第一人称搭配，在大多数情况下只与第三人称搭配（共计 21 例，比例为 95%，与第二人称搭配仅有一例）。有意思的是，现代汉语在常规情况下，"或"具备与第二人称搭配的能力，如"你赶快走，或还能赶上末班车"，而到了新闻标题中，相关语体特征严格限制"或"的人称选择，仅留第三人称供其搭配。

（二）共现位序限制

情态成分在句法层级上处于较高的位置。邓思颖（2006）认为语气、情态等成分在小句上有这样的层级：语气>情态/量化>体>动词。

图 4-3　语气、情态、量化、体成分的句法层级

蔡维天（2010）将这一层级细化为：知识副词>知识助动词>外主语>未来时制>义务副词>义务助动词>内主语>轻动词>能愿助动词>动词短语。在这一视角下，作为情态副词的"或"在与其他副词、助动词共现时，只能居前，不能置后。例如：

（28）a. 西安出土 2800 年前小麦颗粒　<u>或</u>将改写史学观点（参考消息网，2017 年 1 月 15 日）

b. *西安出土 2800 年前小麦颗粒　将<u>或</u>改写史学观点

（29）a. 支付宝现安全漏洞：熟人<u>或</u>可篡改支付密码（《证券时

报》2017 年 1 月 12 日）

　　　　　b. ＊支付宝现安全漏洞：熟人<u>可或</u>篡改支付密码

　　例（28）"或"与将来时副词"将"连用，"或"居前，例（29）"或"与义务助动词"可"连用，"或"仍然居前，若调整位序，则不合语法。

　　从认知语法视角来看，情态副词具有较高的主观性（沈家煊，2001），Ernst（2002：69—78）称之为"言者副词（speaker-oriented adverb）"。该类副词对句子命题没有贡献，其实际功能是对句子命题加以评价，和原有小句共同形成一个新的命题（石定栩、孙嘉铭，2016）。在VO 语言中，主观化程度高的成分倾向于向句法左端移动（Traugott，2010：60）。因此，主观化程度极高的认知情态副词"或"在与其他相关成分共现时，只能居于该成分之前。

　　总体而言，两条限制规则中，前一条人称限制规则是倾向性的，而后一条共现位序限制则具有强制性。无论是倾向性规则还是强制性规则，"或"字标题也只有在遵循上述规则的基础上，才能被新闻读者理解和接受。

六　"或"字标题与"料"字标题

　　与"或"字标题相似，新闻语篇中还有一种表达可能义的"料"字标题，请看下面的例子：

　　（30）a. 信贷投放力度<u>料</u>加大　货币政策工具发力空间足（《中国证券报》2021 年 10 月 15 日）

　　　　　b. "五一"出游人次有望突破两亿　国内旅游<u>料</u>迎强劲复苏（《经济参考报》2021 年 4 月 29 日）

　　　　　c. 中国明年战略石油储备采购量<u>料</u>翻倍（转引自仇立颖、李双剑，2019）

　　　　　d. 新加坡即将举行大选　李显龙<u>料</u>将继续当选总理（转引自仇立颖、李双剑，2019）

　　　　　e. 日本首次允许非军事目的援助外军　政府开发外援<u>料</u>染彩色（转引自仇立颖、李双剑，2019）

在不改变标题意义情况下，上述例子中的"料"都可以换成"或"，如"信贷投放力度或加大""国内旅游或迎强劲复苏"。仇立颖、李双剑（2019）观察发现，报道同一事件，有的媒体用"或"，有的媒体则用"料"，例如：

（31）a. 韩媒：朴槿惠<u>或</u>近期被逮捕　罪成后将面临终身监禁（海外网，2017 年 3 月 19 日）（转引自仇立颖、李双剑，2019）

　　　　b. 朴槿惠<u>料</u>近期被逮捕：涉 13 项罪名，一旦成立或面临终身监禁（澎湃新闻，2017 年 3 月 19 日）（转引自仇立颖、李双剑，2019）

（32）a. 摇摆的前锋：IH 与 IC "跷跷板" <u>料</u>延续（中证网，2017 年 8 月 23 日）（转引自仇立颖、李双剑，2019）

　　　　b. 摇摆的前锋：IH 与 IC "跷跷板" 较量<u>或</u>延续（新浪网，2017 年 8 月 23 日）（转引自仇立颖、李双剑，2019）

由此说明，"料"与"或"在新闻标题中语义相同。仇立颖、李双剑（2019）认为"料"在新闻标题中由"猜想"义演变为"可能"义，"S+料+V（O）"格式是其可能义演变的句法环境。从语义演变方向看，"猜想"义蕴含"可能"义，"恐怕""怕"等词可以转化出"可能"义，如"他恐怕不行"来源于"我恐怕他不行"，意思是"他可能不行"，背后的道理是"我恐怕他不行则他可能不行"（贝罗贝、李明，2008）。从"猜想"义到"可能"义的演变路径具有类型学共性，胡斌彬（2022）研究发现，汉语方言普遍存在"恐怕"类动词兼有可能、猜测义的情况。在其他语言中，也有类似的演变。比如，英语、西班牙语中"害怕"义词可以表达期望性和认识上的不确定，马来语中表"可能"义的 kut 来自"害怕"义词源 tahut。这一论断，我们表示赞同，不过，通过对比"或"字标题，我们也发现了其中一些问题。下面分别论述。

（一）"料"的语法定位

标题中表达可能义的"料"与"或"一样，都是副词，不是仇、李文所说的"助动词"。其中原因在于，助动词一般具有"V 不 V"的重叠形式，但新闻标题语料中没有"料不料"，同时，语感也不支持这种变换方式。徐杰、李莹（2010）在论及"谓头"位置的理论意义时，提出应区分"谓语内状语"（VP-adverbial）和"谓语外状语"（sentential adverbial），"会""可以"等助动词属于谓语内状语，"明天""刚才"等则是谓语外状语，二者连用时位序只能是"外状语—内状语"，如"明天会来""刚才要走"，而不能是"会明天来""要刚才走"。新闻标题中，"料""或"常与时间副词"将"连用，但线性位序只能是"料—将""或—将"。由此证明，"料"并非助动词，而是副词。

（二）"料"由动词变为副词的动因

关于动因，仇、李文未涉及。从语义上看，"料"用作动词时，标题句的主语应该是新闻作者，即新闻报道者猜想会有相关情况发生。但新闻语体客观性较强，要求报道者在遣词造句中不能掺杂自己的情感、意识（李良荣，2018）。因此，报道者在句中只能"隐身"，从而留下"料+S+V（O）"结构，但这一结构又遇到了麻烦。一方面，句子因为形式上缺少说话人而导致论元结构不完整；另一方面，由于句子论元结构不完整，读者往往会"脑补"出说话人，依然有悖于新闻的客观性原则。而解决矛盾的唯一办法就是让"料"挪到其宾语小句当中，进而变为"S+料+V（O）"结构。如此一来，报道者"隐身"就显得合理合法，主语与"料"之间没有施事关系，从此"料"语义虚化，逐步演变为可能义副词。

（三）"或"与"料"的替换

仇、李文指出，"料"不能用于现在事件，所以当标题句为现在事件时，只能用"或"。但通过语感调查发现，现在事件不是"料"与"或"替换的制约因素。只有在下面这个句子中，"或"才不能替换为"料"：

（33）医学家称康熙乾隆<u>或</u>死于雾霾：清代京城霾灾重（转引自仇立颖、李双剑，2019）

前文讲到，表可能义的"料"在演变过程中，由于种种原因，报道者"隐身"，但例（33）有一个与报道者身份冲突的主语"医学家"，容易让读者产生误解，所以只能用"或"。如果将"医学家"删去，变为"康熙乾隆或死于雾霾：清代京城霾灾重"，"或"就可以替换为"料"了。

综上所述，"料"与"或"一样，都是标题语言特区中特殊的语法变异现象。二者的不同之处是，在常规情况下"料"用作动词，没有可能义，但在新闻标题中由动词变为副词，这属于完全变异。"或"则是在新闻标题中突破了常规语法规则的制约，使用范围更加宽广，属于深入突破。二者分别代表了标题特区语法突破现象的两种不同类型。

七　小结

在新闻标题中，副词"或"的使用突破了常规语法规则的制约，其出现与否不受已然未然、陈述疑问、肯定否定等句法语义环境的限制。在情态表达上，"或"字新闻标题既可以表达单一情态又能表达复合式情态。从句法形式上看，"或"后所跟成分一般为 VP，包括光杆动词、动宾短语、状动短语、连动短语、兼语短语等，少量 AP 和 NP 也能出现于"或"字之后。就限度而言，人称选择限制和共现位序限制两条规则在一定程度上制约了"或"字新闻标题的使用，使其成为"突破但有限度"的语言特区现象。

第三节　标题口号中的"最+N"结构

一　问题的提出

（一）"副+名"组合研究回顾

"副词能否修饰名词"这一议题从 20 世纪 60 年代开始，就一直是汉语语法研究的热点，众多学者专家都曾就此问题发表过意见和见解。近年来，也有相关学者对先前研究进行了综述总结，如杨亦鸣、徐以中（2003），王寅（2009），祁峰（2011）等。在此基础上，我们将学界观点归纳概括为以下四类。

1. 副词修饰名词是错误说法。桂诗春（1995）向王还教授询问"很郊区""很中国"类说法的语感时，王还教授直接斥责此类说法是"胡说八道"。

2. 副词修饰名词是一种边缘化的修辞现象。胡明扬（1992）指出汉语缺乏形态变化，不能在名词后添加改变词性的词缀，因此"副+名"只能看成活用。邢福义（1997）认为名词进入"很 X"结构槽是临时活用，副词不修饰名词仍是现代汉语的一般规律。杨永林（2000）提出"副+

名"是一种语法上的边缘化现象，类似于概念类属上的"误用"（solecism in category or concept），其特征是"虽不可为，却很流行"。

3. 副词修饰名词源自其他句法成分的丢失。朱德熙（1982：196）提出"光、就、单、凡"类副词置于名词前并不是副词修饰名词，而是省略了"是"，但他未提及"很中国"类说法。于根元（1991）认为"副+名"组合是省去了"有、是、像"类动词、"化"类动词标记和相关名词标记的结果，如"他很（有）绅士（风度）""他很绅士（化）"。

4. 副词修饰名词源自其组合成分语义功能的凸显、改变或选择，有其内在机制。张谊生（1996、1997）承认现代汉语中副词修饰名词是客观存在的现象，其成因主要在于名词，名词的功能在一定程度上发生了转化。储泽祥、刘街生（1997）从名词的"细节显现"角度探讨了"副+名"现象，提出名词除了相应的本质义之外，还有细节义，"副+名"这一构造凸显了名词的细节义。施春宏（2001）区分了名词的关涉性语义特征和描述性语义特征①，其中描述性语义特征通过公知语境、特定语境和局部语境显现，是"副+名"结构产生的客观基础。邵敬敏、吴立红（2005）从副词角度入手，认为"副+名"组合中名词的［+属性］特征由副词的［+程度量］特征唤醒，是语义双向选择的结果。

不难发现，从否定"副+名"结构的存在到分析其形成机制，前辈学人对"副词能否修饰名词"这一议题的探索逐步理论化、科学化，由外而内，自浅及深，而日益增多的"副+名"事实也进一步表明，该结构值得深入研究，应该多角度探求其背后的语言学理据。

（二）常规情况下的"最+N"

在众多"副+名"结构中，程度副词与名词的组合备受关注，尤其是"很+N"结构，如"很中国""很林黛玉"等等。相比之下，"最+N"组合热度不高，在诸多研究"副+名"的论文中，"最+N"结构的例句也是寥寥无几。这里可能有两个原因。第一，在常规情况下，很多"最+N"结构从语感上看接受度很低，如"这个小城最北京""她最林黛玉"很难

---

① 施春宏（2001）提到的"关涉性语义特征"包括类属（领属）、构造、原料、用途、数量、时间、方所，"描述性语义特征"包括属性、特征、关系、特定表现。从整体来看，施文的分类方法与储泽祥、刘街生（1997）的本质、细节二分法异曲同工，描述性语义特征与名词的细节义差不多，二者都需要特定语境来激活。

被接受①；第二，"最"本来就可以与一些名词性成分组合，如"最前线""最东边"，这一点是"很+N"结构所不具备的，而"很中国"之类的说法是新近流行起来的，所以"最+N"结构的关注度相对较低。

"最"属于最高级相对程度副词②（张斌，2010：152—153）。就其句法表现来看，"最"后成分主要为形容词，少量动词（内心活动动词）和名词也可以出现于其后。观察语料发现，"最"与名词成分的组合主要限于以下情况。

1. "最"后名词为方位词（含有方位语素的名词亦可）和处所词。例如：

（1）a. 书的<u>最上头</u>有一把镇尺。（转引自侯学超，1999：791）

b. <u>最后</u>一排都是女生，站在凳子上。（转引自侯学超，1999：791）

c. 共产党人应当站在斗争的<u>最前线</u>。（转引自侯学超，1999：791）

d. 旧社会劳动人民生活在社会<u>最底层</u>。（转引自侯学超，1999：791）

其中，处所词不能是机构名或地名。这一类"最+N"结构最为常见，《现代汉语八百词》（吕叔湘，1999：702）甚至认为"最"与名词的组合只有这一种类型。

2. "最"后名词带有"气""主义"等名词性后缀。如：

（2）a. 三人之中，她的年纪最小，个性又<u>最孩子气</u>。（BCC语

---

① 在有比较范围的句法环境中，"最北京""她最林黛玉"的接受度会高一些，"去过的几个地方，只有这个最北京"，"全班女生，她最林黛玉"。

② 根据张斌（2010：152—153），程度副词分为相对程度副词和绝对程度副词，主要看其能否进入明确的比较项句法环境，能进入明确比较项句法环境的是相对程度副词，反之为绝对程度副词。例如，小李比小王跑得［　］快；小李跑得比以前［　］快；在我们班，小李跑得［　］快；就短跑而言，小李跑得［　］快；比起小王来，小李跑得［　］快；相比之下，小李跑得［　］快。不过，陈文博（2016：44）、张谊生（2017）研究发现，"最"已经由相对程度副词逐渐演变为绝对程度副词，从二位学者的举例来看，"最"的绝对程度副词用法受制于一定的使用情境，自由度不高。因此，本书还是将"最"视作相对程度副词。

料库)

　　　　b. 老实说，这里就你最幼稚，<u>最书生气</u>。(BCC 语料库)

　　　　c. 他们的语言是最地道、<u>最泥土气</u>的安仁方言。(CCL 语
料库)

　　　　d. 第二天醒来我照旧会到课堂上去给学员们讲唐诗宋词，
或是在我的书桌前读心爱的莎士比亚。但是肚皮给了我<u>最唯物主义</u>的
教育。(BCC 语料库)

　　朱德熙(1961)指出，"娇气"并不是名词，原因在于，"娇气"可
以变为"娇里娇气"，可以说"这个人娇气""娇气着呢""娇气得"，一
般名词不能有此用法。但本书提到的"孩子气""书生气""泥土气"没
有这种用法，无论在语法形式还是语感上都表现如名词。

　　3. "最"可以与部分性质名词组合，该类名词的性质义强于概念义，
其所指不是实在的有形物，正处于名转形的过程当中(谭景春，1998；
施春宏，2001)。

　　　(3) a. 这便是今天杭天醉听到的赵寄客所说的<u>最柔情</u>的一句话
了。(BCC 语料库)

　　　　b. 四弟是我们四个兄弟中<u>最神经质</u>的一个，善怀、多感、
急躁、好动。(BCC 语料库)

　　　　c. 梦工厂谁不知道你对老板<u>最忠心</u>。(BCC 语料库)

　　　　d. 我们酒店里<u>最文化</u>的地方就是夜总会了，以后你就管那
一块吧。(BCC 语料库)

　　可以看出，"最+性质名词"组合在句中主要做定语或谓语。该类抽
象名词尽管在词典上标注为名词(亦无兼类标注)，但其句法表现更接近
形容词，有的甚至可以进入"不 X"("不忠心""不神经质")、
"是……的"("是柔情的")等形容词测试框架。

　　4. "最"能与少量指人名词组合，该类指人名词同样有较强的性质
义，反映其指称对象的性质特征。例如：

　　　(4) a. 我给了他一个有史以来<u>最淑女</u>的微笑。(BCC 语料库)

b. 她只能崇拜那些<u>不存在</u>的英雄，她觉得这种英雄才<u>最男人</u>。（BCC 语料库）

c. 实际上他<u>最绅士</u>，几乎都没有人听他说过脏话。（BCC 语料库）

d. 以儿子为质，这是千古以来<u>最流氓</u>的政治法则。（BCC 语料库）

从数量来看，能与"最"组合的名词数量不多。邵敬敏、吴立红（2005）考察过《现代汉语分类词典》中的全部 21000 个名词，发现能够与程度副词组合的名词（邵吴文称之为"形态名词"）880 个（4.2%），其中具体名词 290 个，抽象名词 590 个。由此可知，"最+N"的组合形式在常规情况下数量并不多。

此外，观察发现，常规情况下的"最+N"结构有一个特点。除第一类"最+方位词（处所词）"之外，其余三类"最+N"结构的表述功能为修饰或陈述，未发现指称性用法。反映在句法形式上，"最+N"结构常出现的句法位置是定语和谓语，几乎不能出现在主宾语位置，试比较：

（5）a. <u>孩子气</u>是他的特点。

　　b. *<u>最孩子气</u>是他的特点。

（6）a. 此次考察的项目是<u>忠心</u>。

　　b. *此次考察的项目是<u>最忠心</u>。

不难看出，"孩子气""忠心"可以充当主语或宾语，但"最孩子气""最忠心"却不能用做主宾语。概括而言，名词可以指称事物，能够进入主宾语句法位置，但在常规情况下"最+N"结构却不能指称事物，只能用于修饰或陈述[①]，描述某种性质特征。总体来看，"最"与名词的组合一般只有上述四种类型，其他情况下，"最"不能与名词组合。

---

① 朱德熙（1982：101）、朱景松（1997：201）、郭锐（2002：83—88）、石定栩（2011：48—57）等多位学者都曾探讨过"陈述—指称"相关问题，所用术语也不尽一致，对于二者究竟是词语的固有特性，还是句法环境的产物这一问题也没有明确一致的观点。本书采用郭锐（2002：83—88）的"陈述、指称、修饰"三分观点，并认为其与句法环境关系密切。

二　标题口号"最+N"结构的句法语义特征

随着"副+名"结构的扩大化使用，程度副词"最"与名词的组合突破了常规语法规则的限制，出现了很多之前看来不合法的"最+N"结构。而这一现象已经得到了学界的关注。

王希杰（2002）研究新近出现的"最AB"式组合，其中"AB"为双音节名词，以两个语素构成的复合式名词居多。但从王文所列语料来看，一些"AB"并不是真正的名词，而是名形兼类词，如"尖端""新潮""前卫"。

华艳雯（2011、2013）探究当代汉语中"最"的功能扩展问题，提出新兴的"最+N"结构是名词本身性状化及"最"逆语法化的后果。富有观察力的是，华文指出标题、口号、广告、宣传语是新兴"最+N"结构的主要使用领域。然而十分可惜，华文并未区分常规情况下合语法的"最+N"与标题口号里新出现的"最+N"。

陈文博（2016：38—67）从构式角度研究了"最+N"结构的认知语义，认为"最+N"的构式义为"主观认定某人或某物达到NP特定属性的极致"。从语义来源上看，"最+N"结构的构式义是"最"的语义特征和N的属性特征二者概念整合的结果。张谊生（2017）在分析"最"的主观化趋势时也提到了"最+N"结构，并指出标题中表达特定极性限定功能的"最+N"容易走向绝对化发展道路。陈、张二位学者的研究与华艳雯（2011、2013）类似，均未严格区分标题用法与常规情况。陈文甚至将"最前沿""最上端"等现代汉语固有的常规说法也纳入研究范围，这与其论文题目《汉语新型"最+NP"构式的语义认知》不相符。

我们认为，标题口号中的"最+N"结构实际上包含了两部分内容，一是在常规情况下可以说的，亦即上文涉及的四种类型；二是在常规情况下不能说的，但在标题口号中有特权而存在的。本书将重点关注后一种情况。

（一）标题口号中"最+N"结构的突破性表现

较之常规情况，标题口号里的"最+N"结构不限于前文提及的四种类型，发展出诸多突破性用法。

1. 从修饰、陈述到指称

常规情况下的"最+N"结构只有修饰和陈述两种表述功能，并无指称功能，而标题口号中的"最+N"结构突破了这一限制，兼具修饰、陈述和指称三种功能。例如：

（7）a. 青春系列——<u>最</u>生活浴巾（小米商城浴巾宣传口号，修饰）

b. <u>最</u>郑州的 80 后记忆（吉利帝豪汽车活动宣传口号，修饰）

c. 他们的镜头<u>最</u>民族（《光明日报》2015 年 6 月 30 日，陈述）

d. 郭明义：普通工人<u>最</u>雷锋（中国网，2011 年 1 月 7 日，陈述）

e. <u>最</u>三国（三国题材网络游戏名，指称）

f. <u>最</u>女郎（某杂志举办封面女郎选举活动宣传口号，指称）

就句法形式来看，修饰功能的"最+N"结构处于定语位置，陈述功能的"最+N"做谓语，而指称功能的"最+N"往往单独充当标题，不与其他句法成分发生关系，有明确的指称对象。因此，在非标题口号语境中，该类"最+N"结构只能做主宾语或同位语，而不能充当其他句法成分。例如：

（8）a.《最三国》不仅是实力的体现，更是智慧的挑战，如何充分利用好自己的资源，将决定战斗的最终结果。（转引自华艳雯，2013）

b. 2010 年南非世界杯来临，拥有舞蹈功底的"最女郎"董璇，身穿葡萄牙队服与足球一起舞动身姿，迷倒了不少粉丝。（转引自华艳雯，2013）

例（8a）、例（8b）的"最+N"结构均有确切所指，其中，例（8a）"最三国"做主语，例（8b）"最女郎"做同位语。华艳雯（2011、2013）也曾提到新兴"最+N"结构的指称用法，但华文将"最+N"的指称性与名词的指称性二者画上了等号。我们认为，"最+N"结构的指称性用法来自标题口号语言特区，而名词的指称性是其固有的词类特征。在常规情况下，"最+N"结构并无指称性用法。例（8a）、例（8b）"最+N"所用的标点符号亦能证实我们的观点。

2. 从抽象、指人名词到具体、指物名词

常规情况下"最+N"组合中的名词为性质、属性义较强的抽象名词和指人名词。邵敬敏、吴立红（2005）提出名词属性义的强弱差异可以看成一个连续统，如在一组"名声"义近义词"权威、威信、威望、声望、名声"当中，"权威"一词的属性义最强，"威信、威望"处于中端，"声望、名声"的属性义最弱。据此，"权威"一词与副词"最"组合的可能性最大，"威信、威望"次之，"声望、名声"二词与"最"组合的可能性最小。与其相反，标题口号里，性质、属性义较弱的具体名词、指物名词也能进入"最+N"结构，例如：

（9）a. 最小说（杂志名，长江文艺出版社）

　　b. 最漫画（杂志名，长江文艺出版社）

　　c. 最数码（网络小区名）

　　d. 最工厂　最市场　最技校（《职业》2016 年第 27 期）

　　e. 威海信息港——最威海的网站（中国联通威海市分公司网络平台宣传口号）

　　f. 最重庆的 8 小时　留下一座城市的记忆（搜狐网，2016 年 6 月 22 日）

上述六例中名词的属性义相对较弱，都是语义实在的具体名词。"小说""漫画"在现实世界中都能找到对应物，"数码"指数码产品，是类名，也能对应客观世界，"威海""重庆"是真实城市名称。显而易见，由于语义实在，所指具体，六个名词均不能产生任何"联想意义（associative meaning）"，但其却能进入"最+N"组合。

同理，在指人名词"绅士、男人、男性"所形成的语义梯级中，其中性质义最弱的"男性"一词在标题口号里亦能进入"最+N"结构。

（10）a. "阳灿"后最男性青春片（电影《万物生长》宣传口号）

　　b. 最男性角色排行榜（SF 动漫论坛专区标题）

在语用表达上，既能用于客观表述，又能用于主观表述是程度副词"最"的一大特点，其主观性表述多以说话人感情为基础（邢福义，2000；赵军，2009）。因此，在常规情况下，能与"最"组合的抽象名词、指人名词往往具有或褒或贬的感情色彩，如"柔情""忠心""淑女""流氓"，中性名词较少。然而在标题口号里，中性名词的数量大大增加了，情感表达的中性化倾向也是标题口号"最+N"结构突破常规语法规则的重要表现。

3. 比较项句法环境的缺失

作为相对程度副词，"最"能构建一个包含比较项的句法环境，因此在常规情况下"最+N"句中一般会有相应的比较对象。例如：

（11）a. 她屋里一切物品都有领导风度，<u>最大众</u>的地方是床上增添了一个竹子做的痒痒挠儿。（牛伯成《水杯，就在床上》）

b. 主人的十七子里，就数大少爷<u>最本事</u>，负起外地所有买卖。（BCC 语料库）

例（11a）"最大众"的比较对象是屋里的其他物品，例（11b）"最本事"的比较对象是主人的其他十六个孩子，两例"最+N"句都有明确的比较句法环境。但在标题口号中，"最+N"结构的比较对象很难见到。

（12）a. 大楚网唱响"<u>最武汉</u>、<u>最生活</u>"口号，与《楚天都市报》联办新闻报料台等进行报网深度互动探索。（转引自华艳雯，2011）

b. 教师节记者寻找青岛"<u>最老师</u>"　感受不一样的故事（《青岛晚报》2013 年 9 月 11 日）

例（12a）"最武汉，最生活"口号无相应的比较对象，读者须自行构建比较语境用以判断究竟什么情况"最武汉"，什么状态"最生活"。例（12b）告知读者比较范围是"青岛"，但未说明怎样才算"最老师"。更进一步看，常规情况下的"最+N"表述个体，因此有明确的比较对象；标题口号中的"最+N"可以指称类别、群体，故缺乏相应的比较对象，如"最武汉"是个合集，其中囊括了各种武汉特色。而新闻正文部分表明，例（12b）"最老师"包含"最年轻老师""最温柔老师""最辛苦老师"三个子项。

综上所述，标题口号"最+N"结构突破了常规语法规则的制约，具体表现为：指类别或群体，且同时具备修饰、陈述和指称三种语法功能，其中名词可以是属性、性质义较弱的具体名词和指物名词。

（二）"最+N"结构中 N 的类型特点

相对而言，"最+N"结构名词类型的多样化是其诸多突破性表现中最为显眼的一项，在常规情况下不能进入"最+N"结构的名词在标题口号中完全可以进入该结构。可以说，标题口号这一平台为"最+N"结构的使用发展注入了新鲜血液。

语料显示，标题口号"最+N"结构中的名词主要有以下五种类型。

身份职业

（13）a. 最蓝领的高管（《第一时间》2009 年 6 月 19 日）

　　　b. 最老版·最员工（音像作品名，王笑菲，深圳音像出版社）

　　　c. 最教练 VS 最会员（微信图文网，2015 年 3 月 28 日）

　　　d. 终于找到你　良品铺子的最粉丝们（中国食品网，2014 年 10 月 24 日）

　　　e. 中国最侦探　等你来挑战（《快乐大侦探》杂志举办侦探小说大赛宣传口号）

　　　f. 最学者最佳之选（佳能 600D 相机宣传口号）

　　　g. 50 万用户信赖　自由舰寻天下"最车主"（易车网，2011 年 3 月 18 日）

　　　h. 最球迷：铁杆球迷成收藏大师　办首家足球藏馆（《城市快报》2013 年 9 月 8 日）

地点机构

（14）a. G20 设计：最杭州　最中国（《人民日报》2016 年 9 月 4 日）

　　　b. 宽窄巷子最成都（豆瓣网，2016 年 5 月 2 日）

　　　c. 最巴黎的生活方式（搜狐旅游，2016 年 3 月 25 日）

d. <u>最百度</u>的百度员工被开除了（新闻头条，2016 年 7 月 12 日）

e. "<u>最城市</u>" 头衔与幸福感无关（《中国青年报》2011 年 8 月 14 日）

f. <u>最世博</u>（《新闻晨报》2010 年 10 月 10 日）

g. <u>最语委</u>（"锋标" 微信公众号新闻盘点标题，2017 年 1 月 24 日）

h. <u>最高校</u>（墨尔本补习机构 Unitop 中文名）

时间季节

（15）a. "<u>最时光</u>" 主题文艺晚会圆满结束（长安大学新闻网，2014 年 6 月 4 日）

b. <u>最年华</u>：我在最好的时光遇到你（书名，作者卞庆奎，黄山书社 2012 年版）

c. 佳能 "<u>最瞬间</u>"（佳能相机宣传口号）

d. 广州<u>最深夜</u>的 5 家正宗食堂（搜狐公众平台，2016 年 8 月 23 日）

e. 杭州进入 "<u>最春天</u>" 的阳春季节（《杭州日报》2014 年 4 月 3 日）

f. 中国最北最冷<u>最冬天</u>的地方（腾讯旅游，2010 年 11 月 26 日）

具象实物

（16）a. <u>最咖啡</u>（书名，作者金银志，化学工业出版社 2011 年版）

b. <u>最汽车</u>（太平洋网络汽车板块名称）

c. <u>最邮轮</u>（上海昊瀚信息科技有限公司邮轮旅行网名称）

d. <u>最楼盘</u>（新浪乐居鞍山楼盘排行活动宣传口号）

e. 每款都亮点十足　2014 热门 "<u>最手机</u>" 盘点（安卓中文网，2014 年 11 月 3 日）

f. 2013 重庆 "<u>最火锅</u>" 最牛名单出炉（《重庆时报》2013 年 7 月 2 日）

　　　　g. 最计算机的手机　诺基亚 N900 开箱（中关村在线，
2010 年 5 月 15 日）

　　　　h. 最篮球的世界（虎扑篮球网宣传口号）

抽象虚拟物

（17）a. 用最文学的方式报告真实的故事（《深圳晚报》2016 年
8 月 7 日）

　　　　b. 最历史（书名，作者路卫兵，北京科学技术出版社
2010 年版）

　　　　c. 最音乐（优酷网音乐节目名）

　　　　d.《冷风暴》来袭　山东卫视独播"最功夫"抗日剧
（腾讯娱乐，2012 年 11 月 16 日）

　　　　e. 最游戏（北京巴别时代科技有限公司网络平台名）

　　　　f. 哈尔滨电影节闭幕　甄子丹张静初获封"最商业"（腾
讯娱乐，2011 年 1 月 17 日）

　　　　g. 北京 7HOT 最婚礼星级酒店（新浪女性，2011 年 9 月
6 日）

　　　　h. 最童话（书名，作者张栢赫，长江出版集团 2008
年版）

　　上述五类名词在常规情况下均不能进入"最+N"结构，但其在标题口
号中都能成立，如施春宏（2001）曾提出，顺序义名词一般不能进入副名
组合，但顺序义四季名词"春天、夏天、秋天、冬天"在标题口号里都能
进入"最+N"结构。总体来看，五类名词的性质、属性义较弱，并无特定
感情色彩。特别指出的是，第五类抽象虚拟物与常规情况下的性质名词并
不相同，这里所说的"虚拟抽象物"是类名，可以通过某种具象形式展现
出来，如"文学"可以体现为诗歌、散文等具体形式。也就是说，"虚拟抽
象物"可以在现实世界中找到具体对应物，但"柔情""忠心"等性质名
词在客观世界无法对应于实物，仅描述某种性质特征。另外，从句法上看，
"文学""历史""音乐"等名词均不能进入"不 X"或"是……的"等形
容词测试框架，这一点与"柔情""忠心"等性质名词有所不同。

　　（三）"最+N"结构的语义解读

　　《现代汉语词典》（第七版）（2016：1753）释"最"："表示某种属性

超过所有同类的人或事物"。《现代汉语八百词》（吕叔湘，1999：702）对
"最"的解释为"［副］，表示极端，胜过其余"。杨永林（2000）认为
"很、非常"类词统称为副词"强势语"（adverbial intensifiers），该类词可
以构成一个度量体系。在此体系中，"最"位于顶级。当然，"最"并非只
能表述个体。邢福义（2000）就指出，"最X"能够形成一个语义层级，对
所涵容的事物来说，可以是单个体的，也可以是多个体的，如"最了解情
况的几位记者""三道最负盛名的菜"。就标题口号而言，邢文"语义层
级"的分析更符合相关事实。标题口号"最+N"结构的指称对象可以是个
体，也可以是集合。其中指称对象为集合的情况较多，个体情况较少。比
如"最学者"不是某一个具体的人，而是学者特征的集合，包括态度认真、
学识水平高、创造能力强等；"最火锅"也不是特定的一家火锅店，而是广
受好评的很多家火锅店。即便N为专名，"最+N"结构的指称对象也要解
读为集合，如"最杭州"指各式各样的杭州特色，"最冬天"则指冬天的代
表性特征，包括气温低、下大雪等等。通过对比语料发现，指称集合是标
题口号"最+N"结构的默认解读，若要指称个体，必须有上下文语境的支
持。如例（13h）《最球迷：铁杆球迷成收藏大师　办首家足球藏馆》，从新
闻正文的描述来看，标题中"最球迷"的指称对象为个人。此外，"最"的
语义特征要求其后名词必须形成一定的比较量级，换言之，名词应具有可
比性或可评价性。关于这一点，下文会继续讨论。

（四）名词进入"最+N"结构的相关限制

尽管标题口号"最+N"结构中的名词范围有所扩大，但并非所有的
名词都能进入"最+N"结构，语义和韵律两大因素将部分名词排除在外。

1. 语义限制

从语义上看，有一部分名词不能进入"最+N"结构，这部分名词分
别是自然类名词、亲属称谓名词和集合名词，三类名词进入"最+N"结
构的可能性极低。在我们搜集到的语料范围内未发现相关用例。

根据Pustejovsky（2001、2006）、宋作艳（2015：14—18）对名词语
义内容的分类，自然类名词（natural type）指不经过人为加工的事物。观
察发现，该类名词不能进入"最+N"结构。例如：

（18）a. *最石头　*最河流　*最山岗　*最天空　*最土地
　　　b. *最白云　*最海水　*最雪花　*最空气　*最月亮

亲属称谓名词同样不能进入"最+N"结构。例如：

（19） ＊最祖父   ＊最哥哥   ＊最妈妈   ＊最叔叔   ＊最弟弟

集合名词的指称对象是一个类，而非个体，不能与个体量词进行搭配
（张斌，2010：81）。在标题口号中，集合名词亦不能构成"最+N"结构。

（20）a. ＊最灯盏   ＊最花束   ＊最车辆   ＊最诗句   ＊最纸张
      b. ＊最人民   ＊最群众   ＊最财产   ＊最饭菜   ＊最笔墨

前文提及，"最"的语义特征要求其后名词形成比较量级，即该名词
须具备可比性。就这一点来看，自然类名词、亲属称谓名词和集合名词几
乎不能用来比较，其相关特征不能形成量级。这是三类名词不能进入
"最+N"结构的主要原因。

2. 韵律限制

从韵律角度看，标题口号"最+N"结构中的名词一般为双音节，单
音节名词则禁止进入该结构①。例如：

（21）a. ＊最车   ＊最房   ＊最船   ＊最夜   ＊最冬
      b. ＊最歌   ＊最楼   ＊最校   ＊最画   ＊最球

综上所述，标题口号中突破常规语法规则的"最+N"结构，其中名词
主要有身份职业、地点机构、时间季节、具体实物和虚拟抽象物五种类型，
而自然类名词、亲属称谓名词、集合名词和单音节名词均不能进入该结构。

三 "最+N"结构比较研究

（一）"最+N"与"最+A+（的）+N"

华艳雯（2011、2013）提出，标题口号中指称性的"最+N"结构源

---

① 在语料搜集中，我们仅发现了一例单音节名词"最+N"：《台媒评烂片"金驴奖" 刘
德华大 S 入围最驴男女主角》（人民网，2010 年 9 月 30 日）。这里的"驴"修辞色彩浓厚，不能
说明问题。

自定语蕴涵化，即"最+A+（的）+N"出于语言经济性需求，在使用过程中逐渐隐含了形容词，从而造成副词"最"修饰名词的现象。因此，指称性的"最+N"与"最+A+（的）+N"在语义和表达效果上具有一致性。例如：

（22）a. 最地产 ≈ 最佳地产（转引自华艳雯，2011）

　　　b. 最手机 ≈ 最优质手机（转引自华艳雯，2011）

　　　c. 最情侣 ≈ 最般配情侣（转引自华艳雯，2011）

　　　d. 最老总 ≈ 最好的老总（转引自华艳雯，2011）

　　　e. 最豪宅 ≈ 最昂贵豪华的豪宅（转引自华艳雯，2011）

　　事实上，"最+A+（的）+N"与"最+N"的差异较大，指称性的"最+N"是标题口号的特有结构，而"最＋A＋（的）+N"则为解读"最+N"提供了一个框架，也就是说，"最+A+（的）+N"只是"最+N"的一种解读方式，也有部分"最+N"结构并不能依靠"最+A+（的）+N"来解读，比如"最语委""最高校""最世博"。即便"最+N"结构能够解读为"最+A+（的）+N"，其语义内容也不唯一，如"最地产"可以解读为"最佳地产"，也可解读为"最贵地产""最实惠地产""最差地产"等。

（二）"最+N"与"很+N"

　　在诸多研究"副+名"的论文中，关注最多的无疑是"很+N"结构。相比之下，"最+N"结构的关注度不是很高。但十分有趣的是，同样为"副+名"组合的"很+N"几乎不用做标题口号，而"最+N"却经常用做标题。为何会出现这一差别？我们认为，造成这一差异的原因是"最"与"很"二者语法性质的不同。具体而言，"最"为相对程度副词，而"很"是绝对程度副词（张斌，2010：152—153）。"最"常用于肯定性谓语中[①]，"很"则多出现在叙述性谓语当中。反映到语法形式上，二者的

----

　　① 沈家煊（2012）将谓语分为肯定性谓语与叙述性谓语两类。二分法在形式上的依据为："肯定性谓语常用判断动词'是'（肯定程度高低决定'是'字是否隐现），否定的时候用'不'且'是'字必须显形，而叙述性谓语常用时体助词'了'，'了'与'有'相通，否定的时候用'没（有）'。"

区别是"最"能与判断动词"是"共现，"很"通常与时体助词"了"共现。以常规情况下的"副词+形容词"结构为例，来看二者的区别。

> （23）a. 不管怎么说，我们已经干得很漂亮了。（BCC 语料库）
>
> 　　　b. ＊不管怎么说，我们已经干得最漂亮了。
>
> （24）a. 他的试卷永远都是最漂亮的。（BCC 语料库）
>
> 　　　b.？他的试卷永远都是很漂亮的。

对比发现，互换句法环境之后，两句的接受度都有所下降甚至变得不合法。这充分说明，"最""很"在肯定和叙述上存在差异。根据沈家煊（2012）、王冬梅（2014）的研究，肯定性谓语对应指称，叙述性谓语对应陈述。以此来看，"最+N"结构在常规情况下就有用于指称的潜能，不过常规情况下 N 的性质义过强，整体结构的指称功能被抑制了。到了标题口号中，随着 N 的范围扩大，其潜在的指称功能被成功激活。与之相反，"很+N"并无指称潜能，即便与名词组合，也只能用于陈述和修饰，不能指称，因而不能做标题。

四　小结

在常规情况下，程度副词"最"修饰名词有着严格的句法语义限制，如名词只能是方位词、性质名词等类型，整个结构只有陈述、修饰功能，而不能用于指称等。然而在标题口号中，上述规则被突破了。标题口号"最+N"结构能够用于指称，其中名词范围有所扩大，已不限于方位词和性质名词，身份职业、地点机构、时间季节、具象实物、抽象虚拟物等类型的名词均能进入"最+N"结构。此外，观察发现，由于不能形成比较量级和韵律配置的关系，自然类名词、亲属称谓名词、集合名词和单音节名词几乎不能进入"最+N"结构。

从整体上看，常规情况下为数不多的"最+N"（N 是方位词的情况除外）是一种临时性用法，类推性不强。而标题口号语言特区为"最+N"结构的发展提供了一个平台，在标题口号中，"最+N"结构突破了相关限制，其语法功能完备、类推性强，已经成为一种相当能产的格式结构。

第四节　本章总结

副词是现代汉语词类系统中较为特殊的一个词类，特殊之处在于，其既可以看成实词，又可以视作虚词，而副词内部的次类划分更加驳杂，学界观点不一。两个副词即便意义大致相同，其句法、语用特征也有很大的差别。所以，在汉语二语教学领域，近义副词的区分是一个非常重要但又十分棘手的工作。

本书将副词处理为虚词，并重点描写了标题口号语言特区中三个副词语法突破案例。第一个案例是重复义副词"又"和"再"的羡余连用，第二个案例"或"和第三个案例"最+N"是副词与其他成分组合。从语法突破类型来看，三个案例分属两种不同的类型。第一个案例属于完全突破型，"又""再"连用在常规语境中完全不合法，但在标题口号中却可以出现；第二个案例"或"和第三个案例"最+N"则属于深入突破型，两个现象在常规情况下可以说，只是比较受限，标题口号语言特区赋予其更大的生存空间。

第五章

标题口号虚词语法突破现象及其限度（下）

本章描写标题口号当中助词及助词组合的语法突破现象，内容包括两个案例：一是报道性标题中的"被+V$_单$"结构；二是标题口号中"的"字非常规删略现象。

第一节　报道性标题中的"被+V$_单$"结构

一　"被+V$_单$"成活的常规情况

"被"字句是汉语语法研究中的一个热点问题。李临定（1980），王还（1984），唐钰明（1988），邢福义（2004），石定栩、胡建华（2005），游舒（2005）等学者都从不同角度对"被"字句进行了深入的研究。

一般认为，"被"字句的谓语动词不能是简单光杆动词。刘月华、潘文娱、故韡（2001：757）指出，"被"字句的语法意义是受事者受到某一动作的作用和影响，因此也像"把"字句一样，其谓语动词后要有表完结、结果的成分。张伯江（2001）依据"句法临摹性（syntactic iconicity）"原则将光杆动词不能进入"把/被句"的原因概括为：光杆动词往往是无界（unbounded）行为，没有变化性，在"影响性"的句式语义要求下，只有带上表结果义的词语，才能表达事件的状态变化。这一论述强调了句式义和词汇信息的互动关系，具有一定的解释力。然而，不可否认的是，并不是所有的简单光杆动词都不能进入"把/被句"。刘承峰（2003）考察了《汉语动词用法词典》中的1223个动词，发现在一定语境条件下有43个光杆动词可以进入"被字句"，45个光杆动词可以进入"把字句"。如"撤销""颠倒""俘虏""逮捕""开除"。刘文认为，这些词能进入"把/被字句"与该句式表达的"影响性"语义并不矛盾，因为这些词在表"影响性"方面是自足的，不需要借助其他成分。十分可惜的是，刘承峰（2003）只是找出了能进入"把/被字句"的光杆动词，并未对其语境条件加以描述。彭淑莉（2009）在500万字大规模语料中找到双音节光杆动词"被"字句362例（占所有"被"字句的14.27%），据此探究双音节光杆动词"被"字句的成活条件，其结论是状语及其位置、NP$_1$（句子主语）或 NP$_2$（"被"字宾语）的定语、特定句式（"被……所……"）、问句、并列结构、前后分句的顺承、假设、因果等关系都是双音节光杆动词"被"字句成活与否的影响因素。

对于单音节光杆动词，高旷（2012）以《汉语动词用法词典》为蓝本，并通过北京大学中国语言学研究中心 CCL 语料库查找例句，总结出能进入"被"字句的单音节光杆动词，共计50个。

爱　逼　拆　抄　吃　吹　叮　罚　害　换　剪　揭　救　砍
扣　拦　淋　骂　埋　卖　灭　拿　骗　抢　劝　染　杀　删　伤
烧　审　撕　锁　抬　烫　捅　偷　吞　忘　围　问　写　咬　砸
宰　炸　抓　撞　追　捉

高文认为这些词在意义上偏向不利或不好。另外，彭淑莉（2011）考察了《邓小平选集》《太阳出世》《空中小姐》等13部作品，总字数约112万的语料发现单音节光杆动词"被"字句语料只有15例，频率极低，仅为2.10%。由此可见，与双音节光杆动词"被"字句相比，单音节光杆动词"被"字句在现代汉语中出现频率更低，是一种罕见的语法现象，且对句法环境有较强的依赖性。

综合游舒（2005）、匡腊英（2007）、彭淑莉（2011）、高旷（2012）等学者的研究成果，我们归纳了单音节光杆动词"被"字句出现的句法条件。

（一）句中有状语成分，状语成分可以表时间、地点、频度、可能、意愿等。例如：

（1）a. 1997年下半年，在杭州省府路口的浪漫一身服装店被拆。（BCC 语料库）

b. 车在学院的停车场上被砸，他有责任，要扣他的工资。（王小波《白银时代》）

c. 还有一个备用喇叭，随时准备被砸。（冯骥才《一百个人的十年》）

d. 不管是温血的还是冷血的，只要有血，就可能被叮。（BCC 语料库）

（二）句中有表假设、承接、因果等关系的关联词。例如：

（2）a. 万一谁被咬，而这狗又带狂犬病毒……真让人不敢想下去。（BCC 语料库）

b. 大家一直关注的《笑傲江湖》剧组男主角邵兵据传因演技差、压力大等多方面原因被换。（BCC 语料库）

c. 接着，贺龙家被抄。（转引自高旷，2012）

（三）对举格式句。例如：

（3）a. 一段很受群众欢迎的相声表演，使他成了挨批判的第一人，被抓、被绑、被关押、被游街。（BCC 语料库）

b. 一年来，我曾看到衣衫褴褛、面黄肌瘦的苦难同胞，一个一个地被抓、被鞭、被杀。（BCC 语料库）

（四）"被+V$_单$"一般出现在句尾，其后不能接任何成分。但这里要排除两种情况：一是"被杀""被害""被逼"可跟双音节动词煞尾；二是"被罚""被判"后可接数量宾语。例如：

（4）a. 地方官员原平家中 5 人被杀身亡，另有 2 人受重伤。（BCC 语料库）

b. 对于原告之女被害死亡，管委会不应承担赔偿责任。（BCC 语料库）

c. 欧洲足联出此举措实属被逼无奈。（BCC 语料库）

d. 年初韩国现代被罚 1.85 亿美元。去年，德国的英飞凌也

"认领" 1.6 亿美元。（BCC 语料库）

　　　　e. 法院一审从重判处其有期徒刑 7 年，黄<u>被判</u> 5 年 6 个月。（BCC 语料库）

"被杀"后接双音节动词"身亡"，"被害"后跟双音节动词"死亡"，"被罚"后有数量宾语"1.85 亿美元"，这里"被杀""被害""被逼""被罚""被判"等结构词汇化程度较高，使用相对自由。

从整体上看，单音节光杆动词"被"字结构主要出现在新闻等报道性文体中，在小说、散文等叙事文体中则较少出现。就条件性质来看，前三个句法限制条件是充分条件，单音节光杆动词"被"字句满足其一即可成活，而条件（四）是必要条件，在满足条件（四）的情况下，该单音节光杆动词"被"字句不一定成活，但如果"被+V$_单$"置于非句末位置，该"被"字句一定不能成活。当然，一个单音节光杆动词"被"字句有可能同时满足两个或两个以上的句法限制条件，如例（3b）既有状语成分"一个一个"，又是对举格式，这在一定程度上提升了该句的可接受性。

二　标题中"被+V$_单$"结构对常规语法规则的突破

尹世超（2008）曾指出，标题中有标记的被动表述主要有"被"类、"受"类、"获"类、"遭"类、"亟待"类等几种类型，其中，"被"类标题的"被"大多是助词，其后施事一般不出现，而"被"后结构简单，常用光杆动词。研究发现，在报道性标题中[1]，被动表述数量相当大，而单音节光杆动词"被"字结构可以突破常规语法规则而存在。例如：

　　（5）a. 老狼坐地铁<u>被拍</u>　头发花白戴耳机显沧桑（中国网，2017 年 9 月 11 日）

　　　　b. 精神病人"杀"死父亲<u>被锁</u>　遭遗弃饿死家中（《新京报》2014 年 12 月 9 日）

----

① 尹世超（2001：106—107）把标题分为报道性标题和称名性标题两类。报道性标题提供一条消息，能够回答"谁/什么怎么样"的问题，称名性标题不具备这个功能。例如《京城首家当铺开业》（《人民日报》1992 年 12 月 5 日）、《商业信函在中国》（《光明日报》1993 年 7 月 3 日）两个标题，前者是报道性标题，后者是称名性标题。

　　c. 强迫游客参加另付费项目　旅行社及导游<u>被罚</u>（《海南特区报》2014 年 12 月 8 日）

　　d. 中体产业董事长刘某<u>被疑</u>掏空公司　中层骨干离职（《证券日报》2014 年 8 月 26 日）

　　e. 大左爆闫某生活技能有限　戴戒指<u>被猜</u>好事将近（搜狐娱乐，2015 年 5 月 26 日）

　　f. 中国新测量船一性能超反潜舰<u>被称</u>大洋黑洞（中国新闻网，2015 年 6 月 18 日）

　　上述几例标题，没有出现时间、地点、频率、可能、意愿等状语成分，也无假设、承接、因果等关系词语，更非对举格式，但"被+V单"结构却正常使用。与此同时，标题中的"被+V单"不受句法位置的限制，既可以出现在句尾，又能出现在句中，像例（5e）、例（5f）中"被猜""被称"位于句中其后均带有宾语成分。此外，我们还注意到一个有意思的现象，即突破常规语法规则的"被+V单"结构仅在标题中使用，相同的内容，在新闻正文中则倾向使用常规双音节动词"被"字句表达。例如：

　　（6）新闻标题：江苏翻译"<u>被打</u>"　篮协正在调查（《新京报》2016 年 12 月 13 日）

　　新闻正文：江苏队方面称，薛某<u>被</u>安保人员<u>殴打</u>，且扣留了两个多小时。

　　（7）新闻标题：马某某一家海边野营　丈夫<u>被赞</u>"别人家的老公"（新华网，2017 年 6 月 2 日）

　　新闻正文：马某某老公一经亮相就<u>被</u>网友<u>赞</u>为"别人家的老公"，马某某的育儿方式受争议后，罗伯特本周放出大招逼老婆放手，携家带口在海边露营野炊。

　　就形式而言，该类"被"字标题可以根据"被+V单"结构所处的句法位置不同而分为以下两种类型。

（一）S₁+被+V单+（S₂）

　　一般而言，这一类中的单音节动词具有［+结果］特征，主语 S₁ 为受事论元或客体论元。根据动词在非标题语境中使用情况分为以下两类。

1. V_单可以独立运用

单音节动词在非标题语境中可以独立使用，如"封""骗""偷"
"抓"等，若在动词后添加"了"，该标题即可变为常规叙述句，例如：

（8）a. 代工企业 8 万箱"早产"饮料被封　三元责令销毁
（《新京报》2012 年 12 月 28 日）

b. 孙某自曝拍戏被骗　对邓某大打出手（新浪娱乐，2015
年 11 月 3 日）

c. 打工仔钱被偷　司机售票员递上救急钱（《三秦都市报》
2015 年 11 月 4 日）

d. "宝马高考生"作弊被抓　考场内飞踹女监考老师（光
明网，2014 年 6 月 10 日）

2. V_单不能独立运用

单音节动词在非标题语境中不能独立使用，如"伤""免""围"
"殴"等，即使在动词后添加"了"，该标题也不能变为常规叙述句。在
非标题语境中，此类动词须包装成复合词后才能正常使用，比如例
（9）中"伤"在常规语境中不能单说单用，只能是"打伤""抓伤""伤
害"，同样"免""围""殴"也不能单用，只能是"免职""罢免""围
住""殴打""围殴"等。

（9）a. 余姚民警抓毒贩被伤　全身三分之一的血流失（浙江在
线，2017 年 4 月 27 日）

b. 网曝 90 后代课女老师举债办学　相关负责人被免（人民
网，2012 年 12 月 30 日）

c. 金水路与未来路人行道被围　市民跨栏通过（《大河报》
2017 年 4 月 14 日）

d. 打赌为求合影　男子给老外敬酒被殴（光明网，2015 年
4 月 28 日）

需要指出的是，该类标题的主语 S₁ 不限于名词性短语，还可以是一
个致使性事件，该事件促使"被+V_单"发生，"被+V_单"的主语就是致使

性事件的主语，例如：

（10）a. 5 龄童劝阻男子乱扔垃圾<u>被骂</u>　父挺儿子不惜动手（人民网，2014 年 12 月 10 日）

b. 夫妻贩卖假酒牟利 80 余万元<u>被查</u>（人民网，2012 年 12 月 30 日）

c. 小货车随意"变脸"<u>被罚</u>（《十堰晚报》2017 年 6 月 5 日）

d. 男子闯红灯<u>被拦</u>　掏钱让交警"帮个忙"（网易新闻，2017 年 5 月 24 日）

致使性事件与"被+V$_单$"之间暗含因果关系，在非标题语境中可以补出"因""因为""而"等关联标记，上述四例可以变为：

（11）a. 5 龄童因（为）劝阻男子乱扔垃圾而被骂。

b. 夫妻因（为）贩卖假酒牟利 80 余万元而被查。

c. 小货车因（为）随意"变脸"而被罚。

d. 男子因（为）闯红灯而被拦。

当"被+V$_单$"结构用于分句句末时，V$_单$后允许出现另一分句 S$_2$，从语义上看，S$_2$ 与 S$_1$ 关联不大，属另一义群范畴，只是形式上没有隔开而已。例如：

（12）a. 男子<u>被撞</u>躺马路 9 小时　交警队派出所均称管不着（《华商报》2012 年 12 月 28 日）

b. 儿子做贼父亲放哨　父亲<u>被判</u>儿也难逃（《检察日报》2012 年 12 月 29 日）

例（12a）中 S$_1$、S$_2$ 有其各自的主语，例（12b）中 S$_1$、S$_2$ 主语共享。尽管"躺马路 9 小时""儿也难逃"与之前的"被+V$_单$"分句形式上紧密贴合，但语义上二者相互独立，完全可以视为两个独立分句。

（二）S+被+V$_单$+O

该类"被+V$_单$"结构置于句中后接宾语。需要说明，这里的宾语并不是单音节动词的宾语，而是"被+V_单"结构的宾语。根据宾语的不同，可以进一步分为以下两小类。

1."被+V_单"后宾语为头衔、称号

单音节动词为"称""赞"等称呼义、评价义动词，宾语是双宾句中的直接宾语，以头衔、称号居多。例如：

（13）a. 加多宝王老吉红罐之争开审　被称中国包装第一案（《新京报》2015年6月17日）

b. 引经据典借笔传情　研究生为母校作赋被赞"校园王勃"（中国教育在线，2015年5月25日）

该类的主语与第（一）类相似，可以是致使性事件，也可以是名词性短语，例（13a）中"被称"的主语"加多宝王老吉红罐之争"甚至要去前半段标题中寻找。另外，此类标题可以变换为双宾句，句式变换之后，原主语成分成为双宾句中的间接宾语。

（14）a. Ø 称加多宝王老吉红罐之争中国包装第一案。

b. Ø 赞研究生"校园王勃"。

由于原标题中施事成分缺失，因此变为双宾句之后，其主语为空。

2."被+V_单"后宾语为小句

宾语一般为小句（clause），单音节动词有以下三种情况。

一是 V_单 为"疑""爆"等揭发义动词，其后所接宾语小句为怀疑、爆料的具体内容。例如：

（15）a. 90后 CEO 央视演讲被疑用户和融资数据造假（《中国青年报》2014年12月1日）

b. 孔令辉被疑因赌涉讼　主管部门反应迅速（CCTV 新闻，2017年5月31日）

c. TFBOYS 新歌 MV 被爆抄袭 EXO　网友大打口水战（国际在线，2015年4月28日）

d. 美国被曝向日本提供信息监控系统　中方表示关切

（中国网，2017 年 6 月 2 日）

二是 V_单为"讽""骂"等詈骂义动词，其后所接宾语小句为詈骂内容。例如：

（16）a. 揭陆某田某某狗血情史　鲍某<u>被讽</u>小三上位（新娱在线，2015 年 5 月 12 日）

b."第一童星"林某某穿花衣晒照　<u>被讥</u>像大妈（中国新闻网，2016 年 7 月 19 日）

c. 深度解析 EXO 黄某某被解约真相　<u>被骂</u>长得最丑人品差（安徽网络电视台，2014 年 12 月 12 日）

d. 丁俊晖输球<u>被骂</u>没素质（搜狐体育，2017 年 5 月 28 日）

三是 V_单为"问""喊"等言说义动词，其后所接宾语小句为言说内容。例如：

（17）a. NANA《roommate》<u>被问</u>是否与艺人交往　笑而不答显慌张（人民网，2015 年 1 月 28 日）

b. 王某某<u>被问</u>感情事　揶揄媒体比妈妈还要着急（中国日报网，2017 年 6 月 5 日）

c. 日本首相安倍出席冲绳战役纪念活动　<u>被喊</u>"回家去""滚下台"（观察者网，2015 年 6 月 23 日）

d. 杨某被蒋某调侃　头戴小黄帽<u>被说</u>像安全帽（中国青年网，2017 年 5 月 27 日）

木村英树（1997）将"被"字句的及物性关系定义为影响性（affected）关系。在此关系中，受事方的语义角色是受影响者（affectee），施事方的语义角色是动作诱发者（causative actor）或称之为有责任的动作者（responsible actor）。换言之，"被"字句可以解读为受影响而产生结果变化的事件（event），而两类"被+V_单"结构在事件流程中的表现不同。具体表现为，第（一）类动作诱发者有定，且具有个体化特征，往往参与事件过程，第（二）类动作诱发者不定，既可以是个体也可以是群体，且不一定参与事件过程①。例如：

（18）a. 商户超范围经营遭封摊　找管理商理论<u>被</u>打（《京华时报》2015 年 11 月 6 日）

　　　　b. 乘公交车 4.3 万元<u>被</u>盗　扒手竟是妙龄少女（《成都日报》2015 年 11 月 6 日）

　　　　c. 车上发现八千美金归还失主　的哥<u>被</u>赞"模子"（《解放日报》2015 年 11 月 6 日）

　　　　d.《演说家》PK 赛首战打响　乐嘉<u>被</u>讽有心机（新浪娱乐，2015 年 10 月 16 日）

上述各例中，"打""盗"的动作诱发者是该事件流程中特定的某个人，"赞""问"的动作诱发者既可以是事件中某个人，也可以是不进入事件流程的观察者。"的哥"可以被失主称赞，也可以被"大家""网友"称赞。"乐嘉"可以被某位参赛者讽刺，也可以被"观众"讽刺。进一步看，第（一）类"被+V单"标题仅有事件报道功能，第（二）类"被+V单"兼具事件报道和事件评论的功能，其主观性程度高于第（一）类。

表 5-1　　　　　　　　两类"被+V单"标题的差别

	（一）S₁+被+V单+（S₂）	（二）S+被+V单+O
句法位置	句末	句中
动词特征	结果义动词	称呼、评价、詈骂、言说义动词
事件过程	动作诱发者参与事件、有定（个体）	动作诱发者不一定参与事件、不定（个体+群体）
表达功用	事件报道（客观）	事件报道+事件评论（主观）

---

① 王洪君、李榕、乐耀（2009：323—324）介绍了叙事理论中的两种叙事模式：讲述（telling）和展示（showing）。在讲述模式中，作者是现身的，以自己的身份把故事转述给受众；在展示模式中，作者是隐身的，是整个故事流程中的一分子。从这一角度去理解两类"被+V单"标题，第（一）类标题可以看成讲述模式，标题作者以自己的身份把报道内容转述给读者；第（二）类"被+V单"标题是"讲述+展示"模式，标题作者既是新闻的转述者，同时也进入了新闻本身。

三 标题中"被+V$_单$"结构突破常规语法规则的限度

与自然语句相比，标题特色鲜明，就其具体表现来看，标题的语法层级低于常规句（Mårdh，1980：12；尹世超，2001：5）。基于特殊的语用动因，标题中的语言使用往往突破常规规则约束，但这一突破存在一定的限度。研究发现，报道性标题中"被+V$_单$"虽然可以突破现代汉语常规语法规则，但却受制于以下约束条件。

（一） 动词的结果性、称说性

前文指出，突破常规语法规则的"被+V$_单$"标题主要有两种类型。观察语料发现，其中单音节动词的语义特征在一定程度上制约了"被+V$_单$"标题的使用。具体情况为：第（一）类动词须有［+结果义］，第（二）类动词应具有［+称说义］。

范晓（2006）分别从谓语动词配价、情状角度分析了"被"字句的语义特征，他指出"多价性""动结性"是"被"字句谓语动词的典型特征。也就是说，"被"字句中谓语动词应该为二价动词或三价动词（及物动词或双及物动词），不能是单价动词。我们发现，同为二价动词，只有"骗""偷""抓"等［+结果义］动词才能出现在"被+V$_单$"标题中，"吃""写""跑""看"等［-结果义］动词则不行。例如：

（19）a. 10 平米形象墙 1 小时被<u>写满</u>（《银川晚报》2014 年 9 月 15 日）

　　　b. *10 平米形象墙 1 小时被<u>写</u>

（20）a. 陕西一镇政府吃饭不给钱 7 年打 148 张白条　饭店老板<u>被吃穷</u>（财经网，2015 年 11 月 12 日）

　　　b. *陕西一镇政府吃饭不给钱 7 年打 148 张白条　饭店老板<u>被吃</u>

（21）a. 监拍便衣民警闹市狂奔追贼　鞋<u>被跑丢</u>（《新闻全方位》2013 年 7 月 13 日）

　　　b. *监拍便衣民警闹市狂奔追贼　鞋<u>被跑</u>

（22）a. 简历 7 秒<u>被看完</u>　如何突围求职战（《南方日报》2013 年 11 月 15 日）

　　　b. *简历 7 秒<u>被看</u>　如何突围求职战

不难发现，上述几例中，单音节动词后必须跟有结果补语，不能单独用在"被"字之后。其原因在于，这些单音节动词无［+结果义］，仅表达一种动作，只有添加结果补语才能使语义完整，满足"被"字句的句式义要求。另外，在第（二）类标题中，并非所有三价动词都能进入"被+V$_单$"结构，只有［+称说义］动词才有此能力。下面各例标题中，无［+称说义］的单音节动词"选""授"均不能独立使用。

（23）a. 金秀贤全智贤等 8 人被选为韩国"今年之星"（国际在线，2015 年 11 月 9 日）

　　　b. *金秀贤全智贤等 8 人被选韩国"今年之星"

（24）a.《克拉恋人》结局粉丝崩溃　唐某再被选为"烂剧女王"（人民网，2015 年 8 月 24 日）

　　　b. *《克拉恋人》结局粉丝崩溃　唐某再被选"烂剧女王"

（25）a. 塔斯肯、蘑菇兄弟等被授予"2015 年绿色中国行推广大使"（中国网络电视，2015 年 11 月 11 日）

　　　b. *塔斯肯、蘑菇兄弟等被授"2015 年绿色中国行推广大使"

（26）a. 达州渠县被授予"中国诗歌之乡"（《四川日报》2015 年 10 月 28 日）

　　　b. *达州渠县被授"中国诗歌之乡"

（二）施事隐现

根据"被"与谓语动词之间是否具有名词性施事成分，可将现代汉语"被"字句分成长短两种类型，其中长"被"字句包含施事，短"被"字句不包含施事。语料显示，"被+V$_单$"式标题均为短"被"字句，即"被+V$_单$"结构禁止施事成分插入其中，例如：

（27）a. 也门首都军火库被袭　沙特联军 64 名士兵身亡（新华网，2015 年 9 月 6 日）

　　　b. *也门首都军火库被敌军袭　沙特联军 64 名士兵身亡

（28）a. 老汉为女儿借来学费被抢　儿子发嫌犯图片求助（《南

方都市报》2015 年 9 月 7 日）

  b.＊老汉为女儿借来学费<u>被小偷抢</u> 儿子发嫌犯图片求助

（29）a.财付通<u>被爆</u>存安全漏洞：资金频<u>被盗刷</u> 赔付解决难（中国新闻网，2015 年 9 月 6 日）

  b.＊财付通<u>被用户爆</u>存安全漏洞：资金频<u>被盗刷</u> 赔付解决难

  （30）a.5000 名大妈高考期间息舞 <u>被赞</u>深明大义（金陵热线，2017 年 6 月 5 日）

  b.＊5000 名大妈高考期间息舞 <u>被群众赞</u>深明大义

  关于这一现象出现的原因，刘云（2006）、宋文辉等（2007）研究指出，单音节动词"被"字句中施事成分不显现是韵律因素影响的结果。在现代汉语双音节音步规则的制约下，"被"加单音节动词所形成的结构，其成分之间黏合性强，扩展能力受到限制，故施事成分不出现。

（三）现实性情态

  "现实（realis）"与"非现实（irrealis）"是语言中对立的两种情态类型（Givón，1973：110）。张雪平（2008）将"现实"定义为说话人认为命题事件在现实世界已经发生或正在发生，相应地，"非现实"指说话人认为命题事件在可能世界中发生。本书讨论的"被+$V_单$"式标题在情态方面的限制是，只能表达现实情态，而不能表达非现实情态。也就是说，"被+$V_单$"标题只能报道已经发生或正在发生的事件，不能预测事件发生。反映在形式上，"预计""预期""盼望""有望"等非现实情态标记词不能出现于"被+$V_单$"标题之中。例如：

  （31）a.无证餐厅入驻"饿了么""美团"<u>被查</u>（《京华时报》2015 年 11 月 10 日）

  b.＊<u>预计</u>无证餐厅入驻"饿了么""美团"<u>被查</u>

  （32）a.KD 隐婚？杜兰特戴婚戒<u>被拍</u> 怀中姑娘是谁（新浪体育，2015 年 9 月 16 日）

  b.＊KD 隐婚？杜兰特戴婚戒<u>预期被拍</u> 怀中姑娘是谁

  （33）a.大二学姐为军训新生补衣服 <u>被赞</u>"贤妻良母"（《楚

天都市报》2015 年 9 月 20 日）

　　　　b. ＊大二学姐为军训新生补衣服　　<u>盼望被赞</u>"贤妻良母"

　　（34）a.《我是证人》票房破两亿　　<u>被称</u>打不死的良心电影（凤凰娱乐，2015 年 11 月 10 日）

　　　　b. ＊《我是证人》票房破两亿　　<u>有望被称</u>打不死的良心电影

　　此外，现实性情态要求还表现在现在时时制的使用上。时制（tense），指的是动作时间与说话时间（或参照时间）的相对关系（陈平，1988），一般可以分为现在时、过去时和将来时三种类型。虽然"被+V$_单$"标题报道已发生事件，但往往运用现在时来增强报道的新鲜感（freshness）、现实感（reality）和直接感（immediacy，黄碧蓉，2009）。

　　我们认为，"被+V$_单$"标题之所以有现实性情态限制，其原因有二：第一，"被+V$_单$"出现在报道性标题中，报道性标题的主要功能是报道事件、提供消息，让读者迅速了解新近发生的事件。这一事件应该是现实情况，而不是标题作者的预测与猜想。第二，"被"字句的特点。据颜力涛（2014）研究，现代汉语"被"字句（包括普通"被"字句和"被自杀"类新兴"被"字句）的高层构式义为偏离义，即预期与现实之间的偏差。仅有预期而无现实，则"被"字句不成立，如单纯表达预期情况的祈使句中就不能出现"被"字。因此，在报道性标题和"被"字句相关特征的双重影响下，"被+V$_单$"式标题只能表达现实性情态，限制表达非现实性情态。

　　综上所述，尽管"被+V$_单$"结构在报道性标题中能够突破常规语法规则，但动词的语义特征、施事隐现和现实性情态这三个条件制约了其使用限度。从三条制约规则本身来看，动词语义特征和施事隐现两条规则来自现代汉语常规语法系统中"被"字句的相关语法规则，而现实性情态条件也或多或少受到常规语法规则的影响。由此可见，语言特区中的相关语法突破现象并非完全打破常规语法系统，而是在其基础上向前迈了一步。

四　"被+V$_单$"标题出现的动因与机制

　　从语篇角度看，新闻标题可以视作整句焦点。据 Lambrecht（1994：

223—224）研究，不同的语言会采用不同的方式表达整句焦点。汉语倾向使用双音节音步表现焦点。因此，为了成为整句焦点，常规"被"字句需要通过压缩手段，删去其中一些成分来形成双音节的"被+V单"。①

当然，通过压缩手段更改韵律结构并非没有理据，在汉语"被"字句的发展史上，就有单音节光杆动词"被"字句这样一个阶段，而这一阶段恰恰是"被"字句发展历程中不可或缺的一环。根据冯胜利（2013：338）的研究，汉语"被"字句具体发展历程如下：

春秋［被 NP］—战国［被 N/V］—战国［被 V］［于 NP］—西汉［被 VV］—东汉［被 Adv V］—东汉［被 NP V］

冯文研究指出，从战国到汉代这段时期，"被+V单"结构盛行，其间不能插入任何成分。"被"与单音节光杆动词之间加入施事，则是汉末以后的事情。例如（下例转引自向熹，1993：151—152、338—339）：

（35）a. 国一日被攻，虽欲事秦，不可得也。（《战国策·齐策一》）

b. 今兄弟被侵，必攻者廉也；知友被辱，随仇者贞也。（《韩非子·五蠹》）

c. 信而见疑，忠而被谤，能无怨乎？（《史记·屈原贾生列传》）

d. 亭长大怒曰："昨忽被县召，夜避雨，遂误入此中，急出我！"（《搜神记》卷十二）

e. 举体如被刀刺，叫呼而终。（《颜氏家训·归心》）

f. 一朝被马踏，唇裂版齿无。（杜甫《戏赠友二首》）

冯胜利（2013：339—340）认为战国时期单音节动词"被"字句的意义在于，"被"与单音节动词所形成的双音节音步韵律词（prosodic word）为"被"后 NP 变为 VP 提供了条件。这一阶段，"被"字后单音

---

① Turner（1972）曾指出，标题是正文的标签，是一则简短的信息，并通过删略一些非核心成分来表现其短小特征。徐杰、覃业位（2015）也指出，删略是标题口号语言特区中使用频率较高的语法操作手段。

节成分可以有动词和名词两解，如果没有韵律上的双音节结构，"被"后成分便不能作动词解读。由此可见，通过压缩手段来更改韵律结构形成"被+V单"并不是随意而为，在汉语史上就有先例。换言之，标题中突破常规语法规则的"被+V单"结构是一种"复古"用法。

本书第二章提出，标题口号语言特区是观察汉语综合性语法特征回归的绝佳场所。"被+V单"结构的复生亦支持这一观点。按照黄正德、柳娜（2014），Huang（2015：1—48）的分析，古汉语（上古汉语）综合性强，表达语法意义主要依靠词汇手段；现代汉语分析性强，语法意义的表达诉诸句法手段。也就是说，综合性语法操作往往在词库中完成，而分析性语法操作会在句法层面完成。以此为视角来考察"被+V单"标题，我们发现，"被+V单"式标题与现代汉语常规"被"字句的区别就在于，前者为词汇手段，后者是句法形式，但二者所表达语法意义并无差异。

众多前辈学者都曾提出，汉语"被"字句须呈现受影响的结果状态（李珊，1994：30—31；木村英树，1997；张伯江，2001）。这一结果状态在常规情况下依靠助词、补语等语法手段来实现，在"被+V单"标题里则需要单音节动词来表达。巧合的是，研究发现，只有［+结果义］和［+称说义］动词才能进入"被+V单"标题，［-结果义］和［-称说义］动词则不行。［+结果义］动词自然不用说，［+称说义］动词本身也暗含结果状态，称说内容从无到有，相关动词在动作发展流程上存在一个变化过程。因此，"被+V单"标题中的单音节动词完全有能力表达受影响的结果状态这一语法意义。

从上述分析可以看出，常规情况下的"被"字句具有分析性特征，而标题中的"被+V单"结构具有综合性特征，是古汉语综合性语法手段在语言特区中的复生使用。

五　"被+V单"结构的扩散使用

在论及语言特区的语言学意义时，徐杰、覃业位（2015）指出，语言特区可以在一定程度上预测语言的演变方向和演变形式。具体而言，语言特区内的语法突破现象可以扩散进入主流语言生活，在特区之外使用，进而成为一般性的语言规则。处置式"把"字句就是一个很好的例证，冯胜利（2013：311—335）研究表明，唐代诗歌的韵律特征更改了"把"

字结构的重音位置，从而产生了处置式"把"字句。

标题语言特区中的单音节光杆动词"被"字结构，在特定条件下，也可以扩散到非标题语境中使用。叶婧婷、陈振宇（2014）就探讨了"被+V$_单$+N"（N为单音节词）定中结构的临时成词现象，例如：

（36）a. 多数券商<u>被套股</u>还远在增发、配价股之下，券商寻机自救已无任何悬念可言。

　　　b. 薛某乃<u>被盗厂</u>里的文秘小姐，具有作案时间和条件。

　　　c. 以色列军队加强了在<u>被占区</u>的军事集结。

　　　d. 驾驶员本能地想避开<u>被撞物</u>，车子又掉头驶向马路对面，将两根电线杆连根撞断。

在这一结构中，"被+V$_单$"整体作为定语来修饰单音节名词，像例（36a）"被+套"做定语修饰"股"，例（36b）"被+盗"做定语修饰"厂"。叶、陈文认为，该类"被+V$_单$+N"结构的接受度受语境制约，只能在特定的语篇和语体中存活，新闻报道是其出现的主要领域。从该文举例来看，除了新闻正文中的"被+V$_单$+N"之外，标题中的"被+V$_单$+N"数量更大。例如：

（37）a. 失窃案连现"蛛丝"　　<u>被盗画</u>终归原主

　　　b. 卖假种子赔偿八千　　<u>被坑农</u>十几户只有五户去告状

　　　c. 奥运采访规定：只要<u>被采者</u>同意　外媒采访不设限

通过语料搜索，我们还发现新闻标题中使用"被+V$_单$"结构，新闻正文中使用"被+V$_单$+N"的相关用例。如：

（38）新闻标题：万伏高压电缆<u>被盗</u>　公司损失百余万元（《羊城晚报》2015年5月7日）

新闻正文：针对上述案例，东莞供电局表示，供电部门一直致力于防范电力设施<u>被盗</u>工作，建议公司方加强巡查，及时消除安全隐患，共同营造安全可靠的用电环境。

由此可以看出，标题语言特区中突破常规语法规则的"被+V单"做定语组成"被+V单+N"结构后能扩散至新闻正文部分使用。这是标题"被+V单"结构在特定语篇范围内的互文运用。然而，不容忽视的是，上述"被套股""被盗厂""被坑农""被采者"等"被+V单+N"结构，脱离新闻标题或新闻正文就会成为非法用例。这说明，语言特区中的这一特殊现象还未完全进入常规语言生活，其使用依然存在限制。

六　小结

在报道性标题中，单音节光杆动词"被"字结构可以突破常规语法规则运用，具体有两种形式，第一类"被+V单"位于句末，V单为结果义动词，第二类"被+V单"居于句中，其后跟头衔、称号名词或小句，V单为称呼、评价、詈骂、言说义单音节动词。从事件过程来看，第一类"被+V单"标题的动作诱发者参与事件流程且有定，一般为个体，而第二类"被+V单"标题的动作诱发者不一定参与事件流程，既能是群体又能是个体。从表达功用来看，第一类"被+V单"标题主要报道新闻事件，第二类"被+V单"标题兼具事件报道与事件评价功能。尽管突破了常规语法规则，但"被+V单"标题的使用受到动词语义特征、施事隐现、现实性情态三个条件的制约。就形成机制和动因而言，"被+V单"标题是古汉语综合性语法手段在标题语言特区中的复生使用，其目的是形成整句焦点，吸引读者关注。此外，我们还发现，"被+V单"结构包装成"被+V单+N"之后可以在新闻正文部分使用，这一情况表明语言特区中的语法突破现象可以有条件地"溢出"语言特区，同时也有可能在不久的将来进入常规语言生活，成为通行的用法。

第二节　标题口号中"的"字非常规删略现象

一　常规情况下"的"字隐现问题

"的"是现代汉语中使用频率最高的词①，并且具有诸多语法功能，

---

① 参见国家语言文字工作委员会《现代汉语常用词表》课题组编著的《现代汉语常用词表（草案）》，该词表共收词 56008 个，依据频次排序，其中"的"位列第一。

如名词化（nominalising）标记、领格（genitive）标记、关系小句（relative）标记、副词化（adverbialising）标记、关联性（associative）标记、复杂状态结构（complex stative construction）标记（Ljungqvist，2007；完权，2016：1)① 等。学界对"的"的研究，成果丰硕、争论颇多，从不同的角度展示了这个现代汉语最常用虚词的性质与功能。

就"的"在定中结构中的使用来看，一般有以下三种情况②。

(1) a. 必须用"的"，如"蓝蓝的天（∗蓝蓝天）""最要紧的一件事（∗最要紧一件事）""不开会的时间（∗不开会时间）"；

b. "的"可用可不用，如"历史的经验（历史经验）""新鲜的空气（新鲜空气）""幸福的生活（幸福生活）"；

c. "的"必不能出现，如"龙井茶（∗龙井的茶）""大塑料床罩（∗大塑料的床罩）""数学教员（∗数学的教员）"。

为什么会出现这一差别？先贤时彦在不同的理论背景下给出了不一样的答案。张敏（1998：313—314）从认知语言学的距离象似性原则出发，提出"的"的使用与定语类型相关，即表属性的定语允许"的"字隐现，表情状与原型领属关系的定语不允许"的"字隐现。原因是，表属性的定语与中心语之间概念整合度高，距离小，而表情状和原型领属关系的定语表达的概念与中心语概念间距离较大。陆丙甫（2003）针对张敏的观点，提出所有虚词都有象似性这一特点，因此，象似性并不是"的"字隐现的原因。而制约"的"字隐现的真正原因则是定语的词汇、语义性质以及整个名词短语在句中的位置。具体来说，带有描写性的定语才可用"的"，指别词、数量词不能带"的"，因为其没有描写性。强区别性的定语位于数量词前倾向不用"的"，另外，越靠后的句法位置越倾向于带"的"。刘丹青（2008）在类型学视角下将定语划分为内涵定语与外延定

---

① Ljungqvist（2007）原文将"的"的多种功能分为三组：一，名词化标记、领格标记、关联性标记；二，副词化标记；三，复杂状态标记。这三组功能在现代汉语书面语中分别对应"的""地""得"三个汉字。

② 相关用例转引自《现代汉语八百词》（吕叔湘，1999：156—158）。

语两类①，其中内涵定语可以带"的"，即便不带，也可以补出"的"，如"木头（的）桌子""慢性（的）肠炎"，而外延定语不能带"的"，如"＊三张的桌子""＊这个的城市"。徐阳春（2008、2011）从关系组配、板块凸显角度概括分析了"的"字的隐现规律，提出整体出现的结构体可以视作一个板块，其中"的"字可以隐去；若要凸显修饰性，则"的"字可以出现。不难发现，尽管结论不一致，但上述研究都未逃脱认知语义的分析框架。

庄会彬（2014）独辟蹊径，在韵律语法视角下进行研究，庄文提出"的"可以分成四个，其隐现规律有所不同：作为标句词的"的_C"（"修理卡车的司机"）必须出现；领属性的"的_B"（"张三的同学"）和独立"的"字结构中的"的_D"（"常温的"）出现与否受制于经济原则和韵律规则；韵律性的"的_P"（"容易的事"）则完全是韵律规则的产物。虽然庄文在分析"的_P"的韵律制约规则时，主观性过强，并且缺乏统一的操作标准，但其崭新的视角无疑是为后续研究者开辟了一条新路。

特别提出的是完权（2016：51—52），他从概念整合（conceptual integration）角度探究了定中组合中"的"字的使用情况。完权认为，现代汉语定中组合在词汇化程度上存在一个连续统②，而"的"字的删略取决于该定中组合在连续统上的位置。

表 5-2　　　　　　　　　　　定中组合词汇化程度的连续统

	角色定位	用例
1	词汇化复合词（lexicalized compounds）	大车
2	固定的语境自由复合词	侦查小组
3	松散的语境自由复合词（context-free compound）	漂亮姑娘

① 刘文提出，所谓"内涵定语"，是指由实词性或开放性语类充当的定语，即由名词、区别词、形容词、动词、介词短语和定语从句来充当，其作用是给名词增加词性的语义要素，如"木头桌子""慢性疾病"等。而"外延定语"由指称或量化成分充当，包括指示词、冠词、量词、量化词语等，用以给名词赋予指称、量化属性，表明其在真实世界或可能世界中的具体所指，如"那支笔""上述人员"。

② 完权（2016：51—52）原文表述为"复合词连续统"，即将不带"的"的黏合定中组合全部看成复合词，仔细研究发现，复合词观的实质还是词汇化程度，词汇化程度高的定中组合独立性强，在语境中使用自由，而词汇化程度低的定中组合更依赖语境，使用受限。

	角色定位	用例
4	入句的语境依赖复合词（context-dependent compound）	领导手
5	特设的语境依赖复合词（ad hoc compound）	以往沉寂
6	短语	胖嘟嘟的手

在这个连续统中，第一组"词汇化复合词"的概念整合度最高，单词性最强，其间不能插入"的"，而第六组"短语"的整合度最低，组合性特征较强，因此必须使用"的"。研究发现，尽管"的"字隐现存在连续性状态，但后三类定中组合对"的"的依赖程度都很高。换言之，出于具体操作的需要，若在此连续统中划分"的"的使用界限，应该划在第三类定中组合之后。原因是，后三类无"的"的定中组合在常规语言中极为少见，且不能用来回答问题、扩展性极差。例如，可以说"那是什么？——一辆大车""我在第三侦查小组""一位漂亮姑娘"，但不能说"＊一只领导手""什么最值得怀念？——＊以往沉寂""＊一双胖嘟嘟手"。此外，从语料数量上看，第四类定中组合在 BCC 语料库中偶见一两例，而第五、第六类组合的语料在语料库中几乎没有。与之相反，第三类定中组合语料数量庞大。因此，可以推知，在常规情况下，后三类组合中"的"必不可少，一般不能被删略。

二　标题口号中"的"字非常规删略的类型

作为语言特区的标题口号，其中定中结构"的"字删略并未遵循上述规则。也就是说，在前文提及的后三类情况下，"的"字依然能够被删略，在常规情况下"的"的使用规则在标题口号语言特区中被突破了。

标题中"的"字删略这一议题，刘云（2004a、2005：238—253）、郭灿（2007）已经进行过相关研究，在一定程度上揭示了"的"的使用规律。尤其是刘云（2005：238—253）的研究，将标题中"的"字的删略分成两种类型：选择性删略和强制性删略。刘文所提及的强制性删略就是在自然语句中不能成立，但在标题中合法的一类现象，即我们所说的"语法突破"。然而，限于当时的搜索技术，两位学者对删略类型总结得不够详尽。因此，有必要在语言特区理论视野下对标题口号"的"字的非常规删略现象进行全面总结分析。

根据相应的句法环境，本书将标题口号中"的"字非常规删略分成三种类型：状态形容词+（的）+中心语、短语+（的）+中心语、小句+（的）+中心语。下面分别讨论。

（一）状态形容词+（的）+中心语

状态形容词描写性强，做定语时一般须带上"的"（朱德熙，1982：73—75；张斌，2002：307；何元建，2011：107—108）。但在标题口号中，状态形容词做定语，"的"字可以被删略。根据状态形容词的类型差异，进一步分为单音节形容词重叠式+（的）+中心语、双音节形容词重叠式+（的）+中心语、XA 式状态形容词+（的）+中心语三小类。

1. 单音节形容词重叠式+（的）+中心语

　　（2）a. <u>浓浓燕窝</u>补健康　孕妇皆爱余生堂（余生堂燕窝宣传口号）

　　　　b. 华为畅享 6 手机　<u>冷冷冬日</u>也电力十足（华为畅享手机宣传口号）

　　　　c. 环卫女工捡到<u>厚厚一沓钱</u>（《楚天都市报》2017 年 1 月 26 日）

　　　　d. 田袁左阳田园风写真曝光　<u>冷冷脸庞</u>看上去很高冷（中国新闻网，2016 年 7 月 6 日）

　　　　e. <u>小小青菜头</u>　大大经济账（东方网，2017 年 5 月 6 日）

　　　　f. 全智贤知性范现身站台　<u>淡淡笑容</u>让人如沐春风（搜狐娱乐，2017 年 4 月 20 日）

　　　　g. 小野洋子俏皮装扮　保持神秘只露<u>浅浅微笑</u>（腾讯娱乐，2008 年 2 月 11 日）

　　　　h. <u>胖胖女配角</u>　臧洪娜同框不输唐嫣（中国日报网，2017 年 3 月 24 日）

在常规情况下，"浓浓""冷冷""小小"等重叠形式，必须有"的"参与才能做定语，正常说法为"浓浓的燕窝""冷冷的冬日""小小的青菜头"。标题口号则不受此限制，单音节形容词重叠式可以直接置于中心语之前充当定语。

特别指出的是，单音节形容词重叠式（即重叠词）与叠音词不同。尽管表面上二者都是 AA 式，但重叠词属于合成词，叠音词则是单纯词，二者在句法语义方面表现不同（杨振兰，2003）。重叠词的单音节形式可以自由运用，叠音词则不行。刘云（2004a）曾将"殷殷""漫漫""皑皑""茫茫"等叠音词也归入强制删略这一类别。但仔细观察发现，在常规情况下，叠音词做定语并不一定带"的"，如"漫漫长夜""殷殷期望""皑皑白雪""茫茫大海"，带上"的"反而显得拗口。也就是说，叠音词直接做定语并不是语言特区现象。因此，基于语法突破这一研究目的，本书只考虑重叠词。

2. 双音节形容词重叠式+（的）+中心语

（3）a. 潇潇洒洒雪梦莱　年年岁岁有风采（雪梦莱牌服装宣传口号）

b. 做明明白白消费者（哈尔滨豪装工厂店宣传口号）

c. 真真切切名品　实实在在折扣（上海尚多皮具有限公司宣传口号）

d. 退一步　放宽心　文明只是简简单单一个微笑（文明倡议公益宣传口号）

e. 倡导清清爽爽同志关系（《中国纪检监察报》2016 年 12 月 14 日）

f. 平平常常收藏人　踏踏实实悟人生（山西新闻网，2011 年 6 月 16 日）

g. 清清凉凉食品浴（《山西日报》2006 年 12 月 28 日）

h. 庞中华：写漂漂亮亮中国字（《成都日报》2007 年 12 月 18 日）

可以看出，上述各例中的形容词均以 AABB 形式重叠。按照现代汉语语法规则，该重叠形式与中心语之间必须有"的"，常规说法是"潇潇洒洒的雪梦莱""明明白白的消费者""简简单单的一个微笑""清清爽爽的同志关系"，但标题口号中却未见"的"字踪影。

3. XA 式状态形容词+（的）+中心语

XA 式状态形容词由一个形容词性语素加一个名词性语素或另外一个

形容词性语素而构成（张斌，2010：122—123）。XA 式状态形容词做定语“的”字不可或缺，如“蔚蓝的天空”“漆黑的山林”“血红的蘑菇云”，但标题突破了这一语法规则，删略了“的”，例如：

（4）a. 解放军地铁列队候车照走红　笔直站姿吸引小朋友（中国青年网，2017 年 5 月 8 日）

　　　b. 男子发酒疯　高速路脱光跑进漆黑山林（大渝网，2017年 5 月 3 日）

　　　c. 青山村春茶将迎丰收季　碧绿梯田扮靓古老渔村（《青岛日报》2017 年 5 月 2 日）

　　　d. 蟒岭绿道洛南段　金黄油菜始盛开（华商论坛，2017 年 4 月 19 日）

　　　e. 寻找蔚蓝天空：让绿色回来（书名，作者燕子，中国人口出版社 2016 年版）

　　　f. 智利卡尔布科火山喷发　血红蘑菇云直冲千米（央视网，2015 年 4 月 24 日）

（二）短语+（的）+中心语

短语做定语，一般要加上“的”（黄伯荣、廖旭东，2007：65—66）。然而，观察语料发现，标题中短语做定语，“的”字不一定出现。根据短语类别的不同可以分为名词性短语+（的）+中心语、介词短语+（的）+中心语、状中短语+（的）+中心语、四字格短语+（的）+中心语四小类。

1. 名词性短语+（的）+中心语

从构成成分角度看，该类型还可以进一步分为领属性名词/代词+（的）+中心语、名词短语+（的）+时间中心语、时间短语+（的）+中心语、方位短语+（的）+中心语四类。

领属性名词/代词+（的）+中心语

（5）a. 父母爱情（电视剧名）

　　　b. 里皮：盼国足不满足今天胜利　继续完成我们梦想（搜狐体育，2017 年 3 月 23 日）

c. 我秀我风采　榜样来庆生（东阳新闻网，2016 年 10 月 9 日）

d. 温格亲口确认留队：掌握自己命运　不在乎球迷批评（腾讯新闻，2016 年 3 月 29 日）

e. 特拉帕托尼：球迷就是我们信仰　带着灵魂而战（腾讯体育，2012 年 6 月 19 日）

f. 粉笔书写你我青春　传道授业与你同乐（《温州商报》2014 年 9 月 10 日）

王姝（2012）根据北京大学 CCL 语料库的统计结果，将汉语领属结构划分出一个"可让渡性"次类等级，其目的是考察领属结构中"的"字的使用情况。王文提出，当领属结构的中心语为"意志""诚意"类抽象实体时，必须使用"P 的 N"结构，而不能使用"PN"，即领属结构中必须有"的"字才能成立。上述几例标题中，中心语为抽象实体，但在领属定语与中心语之间未见"的"字踪影。

名词短语+（的）+时间中心语

（6）a. 濠江十五年　澳门新篇章（《羊城晚报》2014 年 12 月 26 日）

b. 美术教育三十年（论文题目，刘能强《西华大学学报》2008 年第 5 期）

c. 中国卫星技术三十年（文章题目，张国富、郑尚敏《中国航天》1996 年第 9 期）

d. 中美贸易二十年（转引自尹世超，2001：70）

e. 北京警察 48 小时（转引自尹世超，2001：70）

f. 近代汉语语音研究四十年（转引自尹世超，2001：79）

尹世超（2001：65—80）曾专文研究此类标题，尹文提出前项名词与后项时间中心语之间的语义关系为"话题—背景"，并且该结构功能单一，不能单独成句或入句，只能用作标题。而自然语句中与之对应的结构必须带"的"，如"北京警察的 48 小时""近代汉语语音研究的四十年"。

时间短语+（的）+中心语

刘颖（2016）研究诗歌中"的"字删略现象时发现，在常规情况下，定语与中心语若同为时间成分，则"的"字可以不出现，如"今天上午""明年三月"，相反，定语若为时间成分，而中心语为其他类别时，"的"字则必须出现，如"三千年的葡萄酒（＊三千年葡萄酒）""八十年代的爱情（＊八十年代爱情）"。不过，这条语法规则在标题语言特区中被突破了，标题定中结构里，定语为时间成分，中心语为其他成分时，"的"字仍然可以被删略。例如：

（7）a. 气温如夏　爱美女士扮靓春日街头（镇江新闻，2017 年 4 月 16 日）

b. 抓住春天尾巴长个子（《京华时报》2016 年 5 月 1 日）

c. 格力秒杀风暴明日来临　中央空调撰写秋天童话（新浪新闻，2014 年 10 月 27 日）

d. 海清告别"媳妇"时代　八十年代爱情很动人（《合肥晚报》2011 年 12 月 27 日）

e. 埃及古墓掘出三千年葡萄酒（糖酒快讯，2004 年 3 月 19 日）

f. 未来爱情（歌曲名，潘玮柏）

方位短语+（的）+中心语

方位词附着在实词之后构成的短语为方位短语（齐沪扬，2000：133）。语义上，方位短语做定语标明中心语的时空位置。形式上，方位短语做定语其后必须带"的"，如"峄山脚下的斫琴师""电影中的各种音效""镜头里的中国式跨年"。标题情况与之不同，例如：

（8）a. 峄山脚下斫琴师（中国山东网，2017 年 4 月 11 日）

b. 电影中各种音效　拟音师巧妙制作（人民网，2017 年 2 月 16 日）

c. 镜头里中国式跨年　全国各地刷夜狂欢迎新年（中国日报网，2017 年 1 月 1 日）

d. 小战士成了军营里甜点大师（《三秦都市报》2016 年 11

月 17 日）

　　　　e. 心中一盏灯　照亮前行路（《中国青年报》2015 年 5 月
26 日）

　　　　f. 故纸堆中新天地　藏书为读不为赏（《渤海早报》2014
年 12 月 8 日）

　　　　g. 东北风有助吹散空气中尘埃（《东南商报》2012 年 10 月
9 日）

　　　　h. 天边一朵云（《深圳特区报》2012 年 3 月 7 日）

　　　　i. 陈克希：乐做故纸堆里旧书鬼（《东方早报》2009 年 5
月 17 日）

　　　　j. 美洲杯帆船赛第三站　海浪中真正斗士（搜狐体育，
2007 年 6 月 27 日）

2. 介词短语+（的）+中心语

　　（9）a. 新元科技：关于重大资产重组进展公告（搜狐财经，
2017 年 5 月 8 日）

　　　　b. 关于加快推进医养结合发展指导意见（江苏省中医药管
理局文件标题，2017 年）

　　　　c. 关于黄山市旅游业发展战略研究（胡善风、汪颖达《特
区经济》2007 年第 3 期）

　　　　d. 关于天津今年新限价房项目问题总结（天津网，2017 年
5 月 6 日）

　　　　e. 对水泥窑低温余热发电问题评述（李小莉、刘东莱《水
泥工程》2008 年第 7 期）

　　　　f. 台湾高中生：台湾对大陆看法太封闭（人民网，2015 年
12 月 22 日）

3. 状中短语+（的）+中心语

　　（10）a. 创新形式营造最美书香（《广西日报》2017 年 5 月
9 日）

b. 越南网友评论中国最漂亮女星（北青网，2016 年 10 月 23 日）

c. 91 乐居卡遇上母亲节 亮相鞍山最繁华商业街（新浪房产，2016 年 5 月 9 日）

d. 不完美小孩（歌曲名，TFBOYS）

e. 不幸福婚姻引发人伦悲剧 母亲喂 4 岁儿农药（搜狐新闻，2015 年 7 月 22 日）

f. 给雨刮器更多"爱"它还你更清晰世界（《华商晨报》2013 年 4 月 9 日）

就语料来看，标题里做定语的状中短语多为"副词+形容词"类型，且副词大多是程度副词和否定副词。

4. 四字格短语+（的）+中心语

（11）a. 灶王英雄与神魔：中国千奇百怪年画大观（网易新闻，2017 年 1 月 27 日）

b. 妙趣横生风筝联（《梅州日报》2017 年 4 月 24 日）

c. 可敬可爱消防战士 24 小时坚守岗位（胶东在线，2016 年 2 月 13 日）

d. 可歌可泣官银票（《中国商报》2016 年 4 月 21 日）

e. 人杰地灵凤凰古城（新浪旅游，2016 年 5 月 9 日）

f. 山清水秀石林峡（中国网，2016 年 7 月 27 日）

这里的四字格短语既包括四字成语（"千奇百怪""妙趣横生"），也包括临时组合的四字短语（"可敬可爱""可歌可泣"）。从音节数目上看，四字格短语做定语其后中心语多为三音节。

概括来看，由于"的"的缺失，上述四类定中结构在现代汉语常规语法系统中具有［–合语法］［–可接受］特点，但在标题语言特区中却能够被接受。

（三）小句+（的）+中心语

修饰中心语的小句有两种类型：关系句（relative clause）和同位句

（appositive clause）①，二者的共同点是必须出现在"……的"结构里，并用在所修饰名词的前面（何元建，2011：117）。换言之，在常规情况下小句做定语，"的"字不能少。当然，这一语法规则在标题中并不起作用。例如：

（12）a. 英报称美正制<u>攻打伊朗计划</u>（转引自郭灿，2007）

　　　b. 朝强调<u>和平解决核问题立场</u>不变（转引自郭灿，2007）

　　　c. 驻伊英军<u>殴打伊少年录像带</u>曝光（转引自郭灿，2007）

　　　d. 首条<u>民资参股铁路</u>来了（转引自郭灿，2007）

　　　e. 南非运动员家中发现染血球棒　或成<u>杀害女友证据</u>（东北新闻网，2013 年 2 月 18 日）

"攻打伊朗计划"在常规情况下应该是"攻打伊朗的计划"，而"和平解决核问题立场""殴打伊朗少年录像带""民资参股铁路""杀害女友证据"则应为"和平解决核问题的立场""殴打伊朗少年的录像带""民资参股的铁路""杀害女友的证据"。此外，语料显示，在标题中做定语的小句主要为同位句，关系句较为少见。

总体而言，尽管"的"在删略上存在连续统，但无论从语感，还是学界认识来看，上述四类句法环境中的"的"均不能被删略。因此，标题口号中相关"的"字删略现象违反了常规语法规则，但其使用范围较小，只能存活于语言特区当中。

三　标题口号中"的"字删略的限制与动因

（一）标题口号中"的"字删略的限制

标题口号语言特区中，"的"字可以突破常规语法规则进行删略，但

---

　　① "关系句"和"同位句"的区别有三条：一是关系句修饰的名词本来就是关系句中的某个语法成分，如"［她提的］建议"中"她提的"修饰名词"建议"，"建议"本来也是"提"的宾语；而同位句修饰的名词不是同位句内的某个语法成分，如"［大家去找工作的］建议"中"大家去找工作"论元结构完整，"建议"不是其中的语法成分；二是关系句可以单用，同位句不行，如"她提的"可以回答"谁提的建议"这一问题，"大家去找工作的"不能用来回答"什么建议"这个问题；三是关系句中可以加入辅助性代词"所"，比如"［她（所）提的］建议"，同位句不能加入"所"，"＊［大家（所）去找工作的］建议"。

删略受制于一定的韵律条件。具体来说，"的"字删略只能发生在双音节或多音节中心语之前。换个说法是，若定中结构里的中心语为单音节词，则"的"字不能被删略。试对比以下两组语料：

（13）　　A　　　　　　　　　　B

A	B
浅浅微笑	*浅浅笑
平平常常收藏人	*平平常常人
蔚蓝天空	*蔚蓝天
父母爱情	*父母爱
千奇百怪年画	*千奇百怪画
最繁华商业街	*最繁华街
天边一朵云	*天边云
民资参股铁路	*民资参股路

不难发现，标题口号中原本可以接受的 A 组说法，其中心语变为单音节之后也很难成立。这说明，中心语音节数目影响"的"字的删略。而上述 B 组表达想要合法化，必须加"的"，如"浅浅的笑""平平常常的人""蔚蓝的天""父母的爱""千奇百怪的画""最繁华的街""天边的云""民资参股的路"。其原因是，"的"字在韵律上具有调节节奏的功能。按照庄会彬（2014）的分析，"浅浅笑""平平常常人""蔚蓝天""父母爱"在语法层级上应该视作短语，然而该类短语中定语成分与中心语成分之间缺乏停顿，因此不能成立，而"的"的插入成功地调节了短语节奏，使之合法化。

（二）正式度的提升——标题口号中"的"字删略的动因

刘云（2005：249）提出，标题中"的"字删略的动因是语言经济性原则，即在不影响信息传递的前提下尽可能使用简洁、明了的表达形式。"的"作为虚词，仅表达一定的语法意义，因此不会对读者的理解造成巨大影响。我们赞同这一观点。除此之外，本书认为，正式度等级也是触发标题口号语言特区中"的"字删略的一大诱因。

朱德熙（1982：148）区分了黏合式定中结构与组合式定中结构，其标准为是否带"的"，带"的"的定中结构为黏合式，不带"的"的定中结构则为组合式。语义上，黏合式指称类名或专名，组合式指称具备某些共同属性的个体集合（陆烁、潘海华，2016）①。从句法功能上看，两类结构也有所不同。黏合式定中结构具有称谓性，组合式定中组合则不具备这一特征（陆丙甫，1988：102—115；张敏，1998：251）。应学凤（2016）在前人研究基础上，提出黏合定中结构的正式度等级高于组合结构。其理由有三：第一，"的"字要求轻读，而轻读是非正式语体表达手段之一；第二，黏合结构一般来指称普遍情况，而组合结构的指称对象较为具体；第三，黏合结构是类词结构，而组合结构是短语，跨语言来看，类词结构更容易受到韵律制约。据此可知，黏合式定中结构的正式度等级比组合式高。标题口号是正式严肃语体，具有远距单向特征，因此，正式度较高的黏合式更适合在标题口号中使用。为了提升结构的正式度等级，在常规情况下必须带"的"的组合式也不惜违反语法规则，强行删略"的"字以满足标题口号远距单向的语体特征。

四　小结

在标题口号里，定中组合为了提升其正式度等级，其中"的"字可以突破常规语法规则进行删略。根据相应的句法环境，删略"的"的定中组合可分为状态形容词+（的）+中心语、短语+（的）+中心语、小句+（的）+中心语三类。就限度来看，"的"字删略受制于中心语音节数目，单音节中心语禁止"的"字删略。"的"字删略之后，原定中结构由组合式变为黏合式，符合语言经济性原则，其正式度等级也有所提升，从而更加契合标题口号远距单向的语体特征。

第三节　本章总结

本章描写了标题口号中与助词相关的两个语法突破案例，一个是

---

① 陆烁、潘海华（2016）认为"的"是一个语义转换算子，可以将 e 类型的黏合式转变为<e，t>类型的组合式，从而为交集运算做准备。陆烁（2017）进一步提出，定中结构中"的"的隐现体现了两种句法语义类型的对立：无"的"的 XN 结构指称类名或专名，定语与中心语的语义关系为内涵性组合，句法上为"词汇性修饰"；有"的"的 XdeN 结构指称具备共同属性的个体集合，定语与中心语的语义关系为交集性组合，句法上为"短语性修饰"关系。由此可见，标题口号中"的"字的删略也在一定程度上改变了定语与中心语的语义关系以及句法修饰类型，从而更加符合标题口号的性质要求。

"被+V$_单$"结构，另一个是"的"的删略。至此，标题口号虚词语法突破现象讨论完毕。从搜集到的语料数量来看，标题口号中虚词语法突破现象多于实词，这与虚词的性质不无关系。虚词表达特定的语法意义，使用灵活。与实词相比，虚词的语法改造相对容易。因此，基于标题口号"短小精悍"的形式要求和"韵律亲和"的性质特征，特定虚词往往突破常规语法规则使用，以达到相应的语用目的。

第六章

研究总结

第一节　研究结论

语言特区是"有条件地突破常规语言规则约束的语言运用特定领域"，就其功能而言，通过语言特区能够深入认知机制，合理解释语言变异，积极预测语言发展。就其分类而言，语言特区有诗歌文体、网络平台和标题口号三大类型（徐杰、覃业位，2015）。本书在语言特区理论背景下探讨标题口号语法突破现象及其限度问题，成功发掘了一批有悖于常规语法规则的语言现象，并对其进行深入的刻画描写。此外，本书还在前人研究基础上着力分析语法突破现象的使用限度，探究其出现的动因与机制。鸟瞰全书，我们一共描写了十个案例，其中第二章理论部分两个（简要描写），第三章三个，第四章三个，第五章两个，涉及不同的实词和虚词。通过个案描写，本书得出以下结论。

标题口号中语法突破现象层出不穷，之所以会呈现这一特点，除了标题口号表面上形式短小、内容凸显的原因之外，更为重要的原因是其"远距单向，韵律亲和"的性质特征。所谓"远距单向"是指标题口号交际距离较远，为正式严肃语体，其信息流动呈现单向性。也就是说，与另外两类语言特区诗歌文体、网络平台相比，标题口号的功能价值体现在单向度的信息传递上，而非交流互动。因此，交互性话语环境中常用的语法标记很难出现在标题口号里，比如"了$_2$"等语气词。"韵律亲和"的意思是，标题口号经常使用自然谐律的音步结构，若意义相同，也更倾向于形式紧凑的句法结构，舍弃松散的组合形式。大量符合自然音步构造的四音节、七音节标题就是例证。概言之，"远距单向，韵律亲和"两大特征是标题口号语法突破现象产生的内在动力。

　　语言特区理论的一大特色在于其预测性，其能够在一定程度上预测宏观语言类型与微观语言结构的发展走向。联系语言周期性演变模式发现，标题口号语言特区正是观察汉语语法特征"综合→分析→综合"循环演变的绝佳场所。在共时层面，标题口号语言特区是汉语综合性语法特征回归的首选区域。具体表现有二：一是现代汉语常规语法系统中不允许出现的综合性特征，标题口号允许其存在（如标题口号中的方位词删略现象）；二是常规语法系统中数量有限、使用受限的综合性语法特征，在标题口号中数量巨大，使用范围变广（如标题口号中名词做状语现象）。而综合性语法特征大量出现于标题口号的原因是，相较其他语法创新形式，"复古"手段更加经济、便捷，且能有效提升标题口号的正式度等级。从宏观上看，标题口号语言特区是观察汉语综合性语法特征"复生"的绝佳场所。从微观角度看，标题口号语法突破现象并非杂乱无章，而是具有一定的类型学规律，在很多情况下只是比共时常规语法规则先行一步而已（如量词删略的"一 NP"主语标题中"一"已语法化为不定冠词）。

　　标题口号中实词和虚词都可以突破常规语法规则使用。

　　在实词当中，语法突破主要表现在组合搭配与删略两个方面，涉及名词、动词、量词三个词类。"N+N"式标题口号是一种新兴的名词组合形式，前后两个名词之间的语义关系有"话题—场景""特质—对象""喻体—本体"三种类型，其句法表现与语义关系均突破了常规语法规则的制约，不能归入传统的偏正、联合、主谓、同位四类结构中。不过，尽管突破常规语法规则，但前一名词的语义类别和音节数目却限制了该组合的类推使用。组合搭配方面的另外一个语法突破案例是不及物动词带宾语。众所周知，在常规情况下不及物动词几乎不能携带宾语，但标题口号突破了这一语法规则，单纯词、派生词、四字格成语、静态动词等不及物动词在标题口号中均具备带宾能力。动宾式（VN）动词就是众多不及物动词当中的一类。

　　20 世纪 80 年代以前，VN 式动词带宾语现象被认为不合语法，其使用范围仅限于新闻标题，但随着时间推移，这一现象逐渐进入常规语言系统。当然，VN 式动词与宾语的组合扩张并非肆意而为，VN 的正式度等级和宾语的语法结构就是制约其生成的重要因素。删略方面的案例来自量词，标题口号中量词删略也是一种语法突破现象，量词删略受到相邻数词、名词以及量词本身等多方面的限制，进一步印证了语言特区理论

"能突破但有限度"这一核心要义。通过对其中一个具体结构"一NP"主语标题的细致研究发现，量词删略带来的语法后果是NP成为信息焦点，"一"语法化为不定冠词，而"一"的身份演变并非特例，在世界语言和方言中均有类似的情况出现，这充分说明，语言特区中的语法突破现象与常规语法现象拥有相同的演变路径，只是语法化进程有所不同。

虚词对常规语法规则的突破同样表现在组合搭配与删略两个方面，所涉及的词类有副词和助词。其中，副词对常规语法规则的突破主要表现在组合搭配上。"又""再"连用式标题就是一个案例。一般情况下，重复义副词"又""再"不能替换使用，更不能在同一句中连用。不过，这条语法规则在标题中被突破了。标题中"又"和"再"羡余式连用表达动作、行为或事件的再一次重复，但由于"又"的句法位置高于"再"，二者的连用位序只能是"又—再"，而不能变为"再—又"。"或"字新闻标题是第二个副词案例。副词"或"在新闻标题中突破了常规语法规则制约，既能表达单一情态，又能表达复合式情态。就其搭配而言，光杆动词、动宾短语、状动短语、连动短语、兼语短语等均能现于其后，这与常规情况下的"或"字句完全不同。副词部分的另外一个案例是"最+N"结构。常规语法规则认为，程度副词修饰名词仅限于性质名词，但标题口号"最+N"结构中的名词则不受此限制，可以是身份职业、地点机构、时间季节、具象实物、抽象虚拟物等普通名词。尽管程度副词"最"在标题口号中所修饰的名词类别有所扩大，但由于比较量级和韵律配置的关系，自然类名词、亲属称谓名词、集合名词和单音节名词依然很难进入"最+N"结构。助词对常规语法规则的突破主要体现在删略上。"被+$V_单$"式标题就是其中之一。"被"后复杂谓语通过删略变为单音节光杆动词，从而突破了"被"后动词不能挂单这一常规语法规则。同样，助词"的"在标题口号中也可以突破常规语法规则。具体表现为，常规情况下完全不能删略的"的"，到了标题口号中则可以被删略，如状态形容词定语与中心语之间的"的"、短语定语与中心语之间的"的"、小句定语与中心语之间的"的"。由于"的"的删略，原定中结构由组合式变为黏合式，其正式度等级有所提升，从而更加契合标题口号远距单向的语体特征。

从总体上看，本书对标题口号语法突破现象及其限度的研究完全支持语言特区理论，同时又在一定程度上推进了该理论的深入发展。

第二节　研究展望

语言特区"是语言学研究领域内的一片亟待开垦的处女地和亟待深挖的富矿区，具有深广的学术高度和辽阔的理论纵深"①（徐杰，2017）。作为语言特区的三大类型之一，标题口号值得我们深入研究。本书探究标题口号中的语法突破现象及其限度，仅仅是对语言特区这一理论富矿的一次尝试性开采，还有更多的研究工作有待完成。

从研究对象来看，本书研究的是现代汉语普通话标题口号。原因是，标题口号具有远距单向特征，属正式严肃语体，较少使用方言。当然，并不能完全排除方言标题口号这一特殊情况存在，在一些地方性口号（包括俗谚）中可能会使用方言。那么，该类口号中是否也有突破常规语法规则（相应的方言语法规则）的表现？这是未来研究需要关注的问题。此外，本书第二章理论部分和第三章曾提及英语、泰语标题口号的相关情况，但由于笔者掌握的外语资料偏少，未能展开讨论。因此，未来研究对象会从汉语扩展到其他语言，从中寻找标题口号语法突破现象，并与汉语作比较，探求其共性与差异，解释差异出现的原因。

就语法突破现象的限度而言，本书的着眼点在于，究竟什么因素阻碍了语法突破现象的类推使用。所以，书中总结的限制条件并非来自同一层面，既有句法上的限制（如句法层级上的高低位置），又有韵律上的限制（如单双音节的搭配），甚至还有语篇上的限制（如新闻语篇的现在时偏好）。那么，在诸多限制条件中哪些是核心限制？而哪些又是边缘限制？限制条件会不会随着时间推移而变更？在诗歌文体、网络平台等其他两个语言特区中是否也存在类似的限制？这些问题都值得深入研究。

在语料方面，本书核心部分讨论了八个案例，加上第二章理论部分所提到的两个案例，一共十个语法突破现象，涉及的语料数量庞大。但由于种种原因，本书很多案例的语料搜集只能依靠手工翻检、逐条阅读。尽管百度新闻、新华网等网站提供标题检索服务，但其检索功能十分薄弱，大

---

① 转引自徐杰 2017 年 6 月 4 日在湖北大学的学术报告《"语言特区"的性质及其语言学理论意义》。

多只能以单个关键词进行检索。未来研究考虑与计算语言学同仁合作，自建标题口号语料库，实现新闻、著作标题的实时抓取功能。在此基础上，还可以进行相关数量统计工作，由定性分析走向定量研究。

从传播角度看，标题口号具有较强的复制传播功能，很多标题口号甚至会演变为流行语，如"我的XX我的Y"（《我的团长我的团》）"舌尖上的X"（《舌尖上的中国》）。而本书所探讨的突破常规语法规则的标题口号在传播方式上有何特色？其能否成为流行语进入日常语言生活？这需要进一步关注。

总体而言，标题口号在当今社会文化生活中发挥了举足轻重的作用。试想，如果新闻没有标题，宣传没有口号，我们的文化生活必将索然无味。本书主要从语言学角度探讨标题口号相关问题，发掘其意义价值，丰富了标题口号的研究成果，同时也为后续研究提供了一定的材料支持。最后，衷心希望本书能够起到抛砖引玉之作用，未来有更多的学者关注标题口号语言特区，为这一语言学富矿的深入开采贡献力量。

附录一

语言特区研究文献

一 诗歌语言特区①

高场、刘颖，2016，《诗歌语言名转动现象考察》，《语言与翻译》2016 年第 2 期。

高场，2017，《汉语现当代诗歌语言对语法规则的突破及其语言学意义——以实词为例》，博士学位论文，澳门大学。

洪波、徐杰，2015，《汉语单论元动词带论元宾语的历史考察——兼论古代诗歌句法对常规句法的影响》，载《历史语言学研究》（第九辑），商务印书馆。

罗堃，2016，《诗歌作品"在＋NP＋方位词"中方位词删略现象研究》，《华文教学与研究》2016 年第 2 期。

刘颖、高场，2015，《汉语诗歌中不及物动词带宾语现象》，《汉语学报》2015 年第 3 期。

刘颖，2016，《现代汉语诗歌作品对虚词语法规则的突破及其限度》，博士学位论文，澳门大学。

刘颖，2018，《从语言特区看诗歌文体语法规则的变异——以副词修饰名词为例》，《外国语言文学》2018 年第 6 期。

刘颖，2019，《从诗歌特区再议"的"字的隐现》，《西北民族大学学报》（哲学社会科学版）2019 年第 1 期。

李莹、周毕吉，2022，《汉英诗歌语序变异类型的比较研究》，《澳门语言学刊》2022 年第 1 期。

覃业位，2016，《汉语诗歌中介宾状语"在＋NP"的后置及相关句法

① 语言特区文献原版目录由澳门大学人文学院语言学研究中心网站发布，网址为"https：//linguistics. fah. um. edu. mo/语言特区的理论"。本书在其基础上又增补了一些文献，并根据研究对象和内容对文献进行了分类。

问题》，《语言教学与研究》2016 年第 1 期。

王勇、徐杰，2018，《现代汉语诗歌中的名词动用》，《华中师范大学学报》（人文社会科学版）2018 年第 5 期。

徐杰、姚双云，2015，《诗歌语言中的概念整合》，《语文研究》2015 年第 3 期。

徐杰、姚双云、覃业位，2016，《诗歌作品中黏着语素的自由用法》，《语言暨语言学》2016 年第 5 期。

张力，2018，《语言特区理论框架下的宋词语言现象研究》，博士学位论文，澳门大学。

张力，2021，《零形轻动词在唐诗宋词中的运用及其相关句法理论问题》，《新疆大学学报》（哲学·人文社会科学版）2021 年第 4 期。

张力，2021，《诗词中的副词悬空现象及相关句法问题——以唐诗宋词为例进行研究》，《郑州师范教育》2021 年第 4 期。

张力，2021，《诗词中动词性成分省略形成的多重解读现象研究》，《天中学刊》2021 年第 6 期。

张媛媛，2017，《现代汉语诗歌中复合式生造词的多角度考察》，《外语教育》2017 年第 1 期。

张媛媛，2018，《现代汉语诗歌"陌生化"的语言实现》，外语教学与研究出版社。

二　网络语言特区

白玉寒，2020，《网络语言特区的创新机制》，《云南师范大学学报》（对外汉语教学与研究版）2020 年第 3 期。

刘颖、罗堃，2019，《网络语言特区中选择问句的形式功能错配现象》，《华文教学与研究》2019 年第 4 期。

覃业位，2016，《网络语料所见之语法创新及其限度》，博士学位论文，澳门大学。

覃业位，2018，《新兴动宾短语多重重叠式 VVVO 的句法语义结构》，《语言研究集刊》2018 年第 2 期。

覃业位，2019，《新兴重叠式 VVV 的句法分布及其增量意义》，《华文教学与研究》2019 年第 4 期。

王悠然，2019，《网络语言创新与语言特区理论》，博士学位论文，华中师范大学。

吴雅云，2022，《语言特区视野下的网络语言词汇活用研究》，《澳门语言学刊》2022 年第 1 期。

杨勇，2022，《语言特区里的网络新成语》，《澳门语言学刊》2022 年第 1 期。

张莹，2022，《"还是"选择问句及其在网络语言特区中的语用创新》，《澳门语言学刊》2022 年第 2 期。

张昀，2022，《从网络语言特区再议"NP 了"的性质》，《澳门语言学刊》2022 年第 2 期。

三　标题口号语言特区

董思聪、顾静航、黄居仁，2022，《基于大规模语料库的两岸新闻标题同音删略研究》，《华文教学与研究》2022 年第 1 期。

董秀英，2021，《〈今日说法〉节目标题中的语言变异》，《新疆大学学报》（哲学·人文社会科学版）2021 年第 4 期。

耿国锋，2020，《汉语谚语中的"叠用"类别与特点》，《澳门语言学刊》2020 年第 2 期。

耿国锋，2021，《"X 不 X"正反叠用的非疑问功能及限制条件》，《汉语学习》2021 年第 4 期。

耿国锋，2021，《语言特区理论视角下的俗语和谚语研究》，博士学位论文，澳门大学。

罗堃，2017，《标题口号对语法规则的突破及其限度》，博士学位论文，澳门大学。

罗堃，2018，《汉语标题特点的再认识》，《中国社会科学报》2018 年 6 月 23 日。

罗堃、刘颖，2020，《标题中的"又""再"连用及相关句法问题》，《语言研究集刊》2020 年第 1 期。

罗堃，2021，《从标题口号语言特区看汉语综合性语法特征的回归》，《澳门语言学刊》2021 年第 2 期。

罗堃、王艺瑾，2022，《新闻标题中副词"或"对语法规则的突破及其限度——兼与"料"字标题的比较》，《青海师范大学学报》（社会科学版）2022 年第 1 期。

刘锐、徐杰，2022，《标题中的量词省略及其理论解释》，《华文教学与研究》2022 年第 2 期。

李莹，2018，《汉英新闻标题句法差异对比研究及其理论意义》，《华中学术》2018 年第 2 期。

覃业位，2023，《汉语"动宾带宾"现象特点再探——基于新闻标题语料的观察》，《语言研究》2023 年第 2 期。

覃业位，2023，《新兴动词"控"的生成机制——兼论网络语言中的去语法化》，《语言科学》2023 年第 3 期。

司罗红，2015，《新闻标题的语言特区属性》，《新闻爱好者》2015 年第 12 期。

姚双云、徐杰，2021，《信息量调控：标题语言创新的内在机制》，《汉语学报》2021 年第 3 期。

张磊，2022，《语言特区与语言创新——以新兴标题格式"你不知道的 X"为例》，《汉语学报》2022 年第 4 期。

四　其他相关理论议题

董思聪、黄居仁，2019，《语言特区中创新形式的限度》，《华文教学与研究》2019 年第 4 期。

耿国锋，2021，《"无定名词主语句"同构推演之语言创新——兼论"语言特区"语法突破的内涵》，《河南大学学报》（社会科学版）2021 年第 1 期。

刘彬、覃业位、唐仪，2022，《"语言特区"研究理念的形成、发展与展望——兼谈语言特区语料库的建设》，《语言文字应用》2022 年第 2 期。

Xu, Jie and Yewei Qin, 2021, "Some Special Linguistic Domains in Which Linguistic Rules May Be Violated Legitimately", in Mark Aronoff (ed.), *Oxford Research Encyclopedia of Linguistics*, New York: Oxford University Press.

参考文献

白丽娜，2013，《空间的制约与语言的表达——基于汉语报刊新闻标题的考察》，博士学位论文，华东师范大学。

贝罗贝、李明，2008，《语义演变理论与语义演变和句法演变研究》，载沈阳、冯胜利（主编）《当代语言学理论和汉语研究》，商务印书馆。

陈柏廷，2011，《华语重复副词"又"与"再"的句法与语义探索》，第十二届台湾语言学论文研讨会论文。

陈景元，2019，《论网络流行语"尬 X"的形成与发展——兼谈"尬"的语素化》，《同济大学学报》（社会科学版）2019 年第 1 期。

陈莉、潘海华，2008，《现代汉语"不"和"没"的体貌选择》，《语法研究和探索》（十四），商务印书馆。

陈立民、张燕密，2008，《释"还、再、又"》，《语言研究》2008 年第 3 期。

陈平，1987，《释汉语中与名词性成分相关的四组概念》，《中国语文》1987 年第 2 期。

陈平，1988，《论现代汉语时间系统的三元结构》，《中国语文》1988 年第 6 期。

陈平，2016，《汉语定指范畴和语法化问题》，《当代修辞学》2016 年第 4 期。

陈群，2006，《报纸标题的标点修辞》，《修辞学习》2006 年第 6 期。

陈文博，2016，《现代汉语新型构式的语义认知研究》，中国书籍出版社。

陈禹，2023，《新闻标题常用词"被指"探析》，《澳门语言学刊》2023 年第 1 期。

蔡维天，2007，《重温"为什么问怎么样，怎么样问为什么"——谈汉语疑问句和反身句中的内、外状语》，《中国语文》2007 年第 3 期。

蔡维天，2010，《谈汉语模态词的分布与诠释之对应关系》，《中国语文》2010 年第 3 期。

蔡维天，2016，《论汉语内、外轻动词的分布与诠释》，《语言科学》2016 年第 4 期。

蔡维天，2017，《及物化、施用结构与轻动词分析》，《现代中国语研究》2017 年第 19 期。

储泽祥，1997，《现代汉语的命名性处所词》，《中国语文》1997 年第 5 期。

储泽祥、刘街生，1997，《"细节显现"与"副+名"》，《语文建设》1997 年第 6 期。

储泽祥，2004，《汉语"在+方位短语"里方位词的隐现机制》，《中国语文》2004 年第 2 期。

丁加勇，2005，《现代汉语数名结构的篇章功能》，《语言研究》2005 年第 1 期。

戴庆厦，2014，《汉语的特点究竟是什么》，《云南师范大学学报》（哲学社会科学版）2014 年第 5 期。

邓思颖，2006，《粤语框式虚词结构的句法分析》，《汉语学报》2006 年第 2 期。

邓思颖，2010，《形式汉语句法学》，上海教育出版社。

邓云华、石毓智，2006，《工具格的概念结构及其功能扩展》，《外语研究》2006 年第 4 期。

董秀芳，2003，《北京话名词短语前阳平"一"的语法化倾向》，《语法化与汉语研究（一）》，商务印书馆。

刁晏斌，1998，《也谈"动宾式动词+宾语"形式》，《语文建设》1998 年第 6 期。

符淮青，2004，《现代汉语词汇（增订本）》，北京大学出版社。

方经民，2002，《论汉语空间区域范畴的性质和类型》，《世界汉语教学》2002 年第 3 期。

方梅，2002，《指示词"这"和"那"在北京话中的语法化》，《中国语文》2002 年第 4 期。

冯胜利，1998，《论汉语的"自然音步"》，《中国语文》1998 年第

1 期。

冯胜利，2003，《韵律制约的书面语与听说为主的教学法》，《世界汉语教学》2003 年第 1 期。

冯胜利，2003，《书面语语法及教学的相对独立性》，《语言教学与研究》2003 年第 2 期。

冯胜利，2006，《汉语书面用语初编》，北京语言大学出版社。

冯胜利，2010，《论语体的机制及其语法属性》，《中国语文》2010 年第 5 期。

冯胜利，2010，《论韵律文体学的基本原理》，《当代修辞学》2010 年第 1 期。

冯胜利，2011，《韵律句法学研究的历程与进程》，《世界汉语教学》2011 年第 1 期。

冯胜利，2012，《语体语法："形式—功能对应律"的语言探索》，《当代修辞学》2012 年第 6 期。

冯胜利，2013，《汉语韵律句法学（增订本）》，商务印书馆。

冯胜利，2015，《语体语法的逻辑体系及语体特征的鉴定》，《汉语应用语言学研究》，商务印书馆。

冯胜利、王丽娟，2018，《汉语韵律语法教程》，北京大学出版社。

范晓，1991，《及物动词和不及物动词的区分及其再分类》，《中国语言学报》1991 年第 4 期。

范晓，2006，《被字句谓语动词的语义特征》，《长江学术》2006 年第 2 期。

范妍南，2007，《对外汉语教学中的动宾式离合词带宾语问题》，《语言教学与研究》2007 年第 5 期。

郭灿，2007，《论新闻标题中的语法省略》，硕士学位论文，湘潭大学。

郭继懋，1999，《试谈"飞上海"等不及物动词带宾语现象》，《中国语文》1999 年第 5 期。

郭琼、陈昌来，2016，《浅谈新闻标题中的"或"——从语言学角度看"马航失联"新闻标题》，《理论月刊》2016 年第 2 期。

郭锐，1993，《汉语动词的过程结构》，《中国语文》1993 年第 6 期。

郭锐，1997，《过程与非过程——汉语谓词性成分的两种外在时间类型》，《中国语文》1997 年第 3 期。

郭锐，2002，《现代汉语词类研究》，商务印书馆。

郭锐，2015，《汉语谓词性成分的时间参照及其句法后果》，《世界汉语教学》2015 年第 4 期。

郭锐、李知恩，2021，《量词的功能扩张》，《中国语文》2021 年第 6 期。

谷峰，2016，《上古汉语不确定语气副词的区分》，《中国语文》2016 年第 5 期。

高更生、王红旗，1996，《汉语教学语法研究》，语文出版社。

高更生，1998，《"动宾式动词+宾语"的搭配规律》，《语文建设》1998 年第 6 期。

高旷，2012，《"被+单音节光杆动词"被字句的限制性条件考察》，《吉林教育学院学报》2012 年第 5 期。

高场，2017，《汉语现当代诗歌语言对语法规则的突破及其语言学意义——以实词为例》，博士学位论文，澳门大学。

桂诗春，1995，《从"这个地方很郊区"谈起》，《语言文字应用》1995 年第 3 期。

顾维芳，2005，《新闻英语标题的特点浅析》，《东华大学学报》（社会科学版）2005 年第 4 期。

黄伯荣、廖旭东，2007，《现代汉语（增订四版）》，高等教育出版社。

黄碧蓉，2009，《新闻标题现在时态生成动因及构建机制释解》，《外语教学》2009 年第 5 期。

黄崇岭，2007，《中、德报刊体育报道标题结构与功能的对比研究》，《同济大学学报》（社会科学版）2007 年第 1 期。

黄梅，2014，《普通名词做状语的句法性质研究》，《汉语学习》2014 年第 5 期。

黄新骏蓉，2015，《现代汉语特殊述宾结构句法语义分析——兼谈现代汉语综合性》，硕士学位论文，北京大学。

黄正德、柳娜，2014，《新兴非典型被动式"被 XX"的句法与语义结构》，《语言科学》2014 年第 3 期。

韩承鹏，2007，《标语与口号：一种动员模式的考察》，博士学位论文，复旦大学。

　　韩启振，2005，《动词性成语配价研究》，硕士学位论文，华中科技大学。

　　韩书庚，2014，《新闻标题语言研究》，知识产权出版社。

　　黄善婷，2021，《网络语言特区"蹲+宾语"的新用法》，《巢湖学院学报》2021 年第 2 期。

　　胡斌彬，2022，《汉语恐怕类动词向情态标记的语法化及跨语言考察》，《当代语言学》2022 年第 2 期。

　　胡敕瑞，2005，《从"隐含"到"呈现"》（上），《语言学论丛》（第三十一辑），商务印书馆。

　　胡敕瑞，2009，《从"隐含"到"呈现"》（下），《语言学论丛》（第三十八辑），商务印书馆。

　　胡范铸、聂桂兰、陈佳璇，2004，《中国户外标语口号研究的问题、目标与方法》，《修辞学习》2004 年第 6 期。

　　胡明扬，1992，《"很激情""很青春"等》，《语文建设》1992 年第 4 期。

　　胡明扬，1993，《语体与语法》，《汉语学习》1993 年第 2 期。

　　何宏华，2016，《汉语句子否定与叶氏周期》，《外语学刊》2016 年第 3 期。

　　何杰，2000，《现代汉语量词研究》，民族出版社。

　　何元建，2011，《现代汉语生成语法》，北京大学出版社。

　　何元建，2014，《汉语是否存在合成性（或分析性）导向的类型学转变？——兼论古今汉语复合词、使役句、感叹句》，第 18 次现代汉语语法国际学术研讨会论文。

　　侯学超，1998，《现代汉语虚词词典》，北京大学出版社。

　　华艳雯，2011，《现当代汉语指称性"最 N"研究》，《国际汉语学报》（第二辑），学林出版社。

　　华艳雯，2013，《当代汉语"最"的功能扩展研究》，硕士学位论文，上海师范大学。

　　蒋德均，2006，《试论诗歌语言的变异性》，《涪陵师范学院学报》2006 年第 6 期。

　　蒋湘平，2012，《对"V 一下$_2$"格式的语用考察》，《汉语学习》

2012 年第 4 期。

蒋绍愚，2021，《再谈"从综合到分析"》，《语文研究》2021 年第
1 期。

金泓，2011，《新闻标题中体标记缺省研究》，硕士学位论文，西南
交通大学。

贾林华，2014，《普通名词做状语的韵律句法分析》，《语文研究》
2014 年第 4 期。

江蓝生，2013，《句法结构隐含义的显现与句法创新》，《语言科学》
2013 年第 3 期。

江蓝生，2016，《超常组合与语义羡余——汉语语法化诱因新探》，
《中国语文》2016 年第 5 期。

姜晓，2014，《新世纪以来两岸三地影视剧名的对比分析》，《语言文
字应用》2014 年第 4 期。

柯航，2012，《现代汉语单双音节搭配研究》，商务印书馆。

吕叔湘，1963，《现代汉语单双音节问题初探》，《中国语文》1963
年第 1 期。

吕叔湘，1977，《通过对比研究语法》，《语言教学与研究》（试
刊）1977 年。

陆丙甫，1988，《定语的外延性、内涵性和称谓性及其顺序》，语文
出版社。

陆丙甫，2003，《"的"的基本功能和派生功能——从描写性到区别
性再到指称性》，《世界汉语教学》2003 年第 1 期。

陆丙甫、金立鑫，2015，《语言类型学教程》，北京大学出版社。

陆俭明，1985，《"名+在+名（处所）"结构作标题》，《中国语文》
1985 年第 4 期。

陆俭明，1991，《现代汉语不及物动词之管见》，语文出版社。

陆萍、贺阳，2015，《试论"可以说"与"应该说"的异同》，《语
言教学与研究》2015 年第 3 期。

陆烁、潘海华，2009，《汉语无定主语的语义允准分析》，《中国语
文》2009 年第 6 期。

陆烁，2016，《定中结构的两分和"的"的语义功能》，《现代外语》
2016 年第 3 期。

李秉震，2009，《从认知图式看"再"的语义演变》，《语言教学与研究》2009 年第 4 期。

李桂梅，2012，《形式动词句式的表达功效》，《语言教学与研究》2012 年第 4 期。

李晋霞，2017，《叙事语篇的"前景—背景"与动词的若干语法特征》，《汉语学习》2017 年第 4 期。

李晋霞、张钦钦，2022，《消息语篇中无定 NP 主语句的使用特点与篇章地位》，《语言文字应用》2022 年第 4 期。

李临定，1980，《"被"字句》，《中国语文》1980 年第 6 期。

李临定，1983，《宾语使用情况考察》，《语文研究》1983 年第 2 期。

李临定，1990，《现代汉语动词》，中国社会科学出版社。

李良荣，2018，《新闻学概论》，复旦大学出版社。

李珊，1994，《现代汉语被字句研究》，北京大学出版社。

李双剑、陈振宇、潘海峰，2014，《人称与陈述的关系研究——从人称和"了₂"的搭配谈起》，《当代修辞学》2014 年第 6 期。

李炜，1992，《"V 个 N"结构》，《语法研究和探索（六）》，语文出版社。

李文治，1982，《关于"又"和"再"》，《语言教学与研究》1982 年第 1 期。

李宇明，2000，《量词与数词、名词的扭结》，《语言教学与研究》2000 年第 3 期。

李莹，2018，《汉英新闻标题句法差异对比及其理论意义》，《华中学术》2018 年第 2 期。

李洋、陈一，2020，《双视点互动标题句的语用功能及话语整合策略》，《语言文字应用》2020 年第 4 期。

刘承峰，2003，《能进入"把/被"字句的光杆动词》，《中国语文》2003 年第 5 期。

刘丹青，2008，《汉语名词性短语的句法类型特征》，《中国语文》2008 年第 1 期。

刘丹青，2008，《语法调查研究手册》，上海教育出版社。

刘丹青，2009，《普通话语法中的东南因子及其类型后果》，《汉藏语学报》2009 年第 4 期。

刘丹青，2010，《汉语是一种动词型语言——试说动词型语言和名词型语言的类型差异》，《世界汉语教学》2010 年第 1 期。

刘丹青，2016，《汉语中的非话题主语》，《中国语文》2016 年第 3 期。

刘大为，1998a，《关于动宾带宾现象的一些思考（上）》，《语文建设》1998 年第 1 期。

刘大为，1998b，《关于动宾带宾现象的一些思考（下）》，《语文建设》1998 年第 3 期。

刘富华，2006，《中国新诗韵律与语言存在形态现状探究》，博士学位论文，吉林大学。

刘凤玲，1999，《标语、口号语言刍议》，《当代修辞学》1999 年第 1 期。

刘慧清，2005，《名词作状语及其相关特征分析》，《语言教学与研究》2005 年第 5 期。

刘靖，2009，《带宾的动宾式离合词及其带宾趋势考察》，硕士学位论文，北京语言大学。

刘丽芬，2009，《报纸标题冒号结构语义特征》，《北京理工大学学报》（社会科学版）2009 年第 4 期。

刘丽芬，2012，《俄汉语动动并列结构标题对比》，《外语学刊》2012 年第 4 期。

刘巧云，2006，《汉英标语对比研究》，硕士学位论文，华中师范大学。

刘锐、徐杰，2022，《标题中的量词省略及其理论解释》，《华文教学与研究》2022 年第 2 期。

刘世生，2016，《什么是文体学》，上海外语教育出版社。

刘树苓、张美涛，2023，《标题构式"从 X 看 Y"的变异特征及动因》，《汉语学习》2023 年第 2 期。

刘探宙，2009，《一元非作格动词带宾语现象》，《中国语文》2009 年第 2 期。

刘探宙、张伯江，2014，《现代汉语同位同指称组合的性质》，《中国语文》2014 年第 3 期。

刘探宙，2016，《汉语同位同指组合研究》，中国社会科学出版社。

刘云，2002，《篇名中的隐含型并列》，《汉语学报》2002 年第 6 期。

刘云，2003a，《汉语的七音节篇名》，《语言文字应用》2003 年第 2 期。

刘云，2003b，《篇名中的隐含型孤立结构》，《华中师范大学学报》（人文社会科学版）2003 年第 3 期。

刘云，2004a，《篇名中的结构助词"的"》，《语言文字应用》2004 年第 1 期。

刘云，2004b，《汉语篇名中的省略号》，《汉语学习》2004 年第 3 期。

刘云，2005，《汉语篇名的篇章化研究》，华中师范大学出版社。

刘云、李菡，2006，《标题中的语词标记面面观》，《江汉大学学报》（社会科学版）2006 年第 1 期。

刘云，2006，《"被"字结构宾语隐现的制约条件》，《汉语被动表述问题研究新拓展》，华中师范大学出版社。

刘祥柏，2004，《北京话"一+名"结构分析》，《中国语文》2004 第 1 期。

刘晓林，2004，《也谈不及物动词带宾语的问题》，《外国语》（上海外国语大学学报）2004 年第 1 期。

刘颖、高场，2015，《汉语诗歌中不及物动词带宾语现象》，《汉语学报》2015 年第 3 期。

刘颖、罗堃，2019，《网络语言特区中选择问句的形式功能错配研究》，《华文教学与研究》2019 年第 4 期。

刘颖，2016，《现代汉语诗歌作品对虚词语法规则的突破及其限度》，博士学位论文，澳门大学。

刘月华、潘文娱、故韡，2001，《实用现代汉语语法》（增订本），商务印书馆。

吕叔湘，1999，《现代汉语八百词》（增订本），商务印书馆。

罗堃，2016，《诗歌作品"在+NP+方位词"中方位词删略现象研究》，《华文教学与研究》2016 年第 2 期。

罗昕如，1998，《"动宾式动词+宾语"规律探究》，《语文建设》1998 年第 5 期。

罗耀华、李向农，2015，《揣测副词"或许"的词汇化与语法化》，《古汉语研究》2015 年第 3 期。

罗天华、邓舒文，2022，《从类型学看现代汉语冠词的词类地位》，《外国语》（上海外国语大学学报）2022 年第 4 期。

梁晓玲，2006，《汉语标题中动名——名动结构研究》，硕士学位论文，黑龙江大学。

梁源，2000，《二字短语凝固度分级考察》，《语言文字应用》2000 年第 2 期。

木村英树，1997，《汉语被动句的意义特征及其结构上之反映》，Cahiers de Lingusitique-Asie Orientale 26。

马洪海，1999，《"名+名"组合的语义考察》，《信阳师范学院学报》1999 年第 1 期。

马真，2000，《关于表重复的副词"又"、"再"、"还"》，载《语法研究与探索（十）》，商务印书馆。

马真，2004，《现代汉语虚词研究方法论》，商务印书馆。

宁春岩，2011，《什么是生成语法》，上海外语教育出版社。

皮乐敏，2013，《武汉四家报纸同题新闻标题比较研究》，硕士学位论文，华中师范大学。

彭利贞，2007，《现代汉语情态研究》，中国社会科学出版社。

彭淑莉，2009，《双音节光杆动词"被"字句成活条件再考察》，《语言文字应用》2009 年第 2 期。

彭淑莉，2011，《单音节光杆动词"被"字句的习得考察及教学建议》，《洛阳理工学院学报》（社会科学版）2011 年第 6 期。

祁峰，2011，《"副词+名词"结构研究的构式语法视角》，《北方论丛》2011 年第 5 期。

齐沪扬，2000，《现代汉语短语》，华东师范大学出版社。

齐平，2015，《中日网络新闻标题中辞格的比较研究》，《日语学习与研究》2015 年第 6 期。

秦岭，2011，《当代新闻标题中的预测情态范畴研究》，硕士学位论文，上海师范大学。

乔雪玮，2017，《网络流行语风格发凡》，《重庆社会科学》2017 年第 1 期。

覃业位，2016a，《网络语料所见之语法创新及其限度》，博士学位论文，澳门大学。

覃业位，2016b，《汉语诗歌中介宾状语"在+NP"的后置及相关句法问题》，《语言教学与研究》2016 年第 1 期。

覃业位，2023，《汉语"动宾带宾"现象特点再探——基于新闻标题语料的观察》，《语言研究》2023 年第 2 期。

仇立颖、李双剑，2019，《论新闻标题中"料"的语义演变》，《语言研究集刊》2019 年第 1 期。

徐杰、李莹，2010，《汉语"谓头"位置的特殊性及相关句法理论问题》，《汉语言文学研究》2010 年第 3 期。

饶长溶，1984，《动宾组合带宾语》，《中国语文》1984 年第 6 期。

石川，1994，《报刊标题应避免使用歧义结构》，《语文建设》1994 年第 10 期。

石定栩、胡建华，2005，《"被"的句法地位》，《当代语言学》2005 年第 3 期。

石定栩，2011，《名词和名词性成分》，北京大学出版社。

石定栩、孙嘉铭，2016，《频率副词与概率副词——从"常常"与"往往"说起》，《世界汉语教学》2016 年第 3 期。

时健、刘振东、张京鱼，2023，《汉语冠词化研究回顾与展望》，《西安外国语大学学报》2023 年第 3 期。

施春宏，2001，《名词的描述性语义特征与副名组合的可能性》，《中国语文》2001 年第 3 期。

施春宏，2006，《关于成语用变和演变的思考——从几则成语的现实使用谈起》，《汉语学习》2006 年第 6 期。

施春宏，2010，《网络语言的语言价值和语言学价值》，《语言文字应用》2010 年第 3 期。

施春宏，2014，《"招聘"和"求职"：构式压制中双向互动的合力机制》，《当代修辞学》2014 年第 2 期。

施春宏，2015，《构式压制现象的语言学价值》，《当代修辞学》2015 年第 2 期。

施春宏、李晋霞，2014，《当前现代汉语语法研究的基本态势及相关问题》，《上海师范大学学报》（哲学社会科学版）2014 年第 4 期。

孙德金，1995，《现代汉语名词做状语的考察》，《语言教学与研究》1995 年第 4 期。

孙德金，2012，《现代书面汉语中的文言语法成分研究》，商务印书馆。

孙天琦，2009，《谈汉语中旁格成分作宾语现象》，《汉语学习》2009年第3期。

孙天琦、潘海华，2012，《也谈汉语不及物动词带宾语现象——兼论信息结构对汉语语序的影响》，《当代语言学》2012年第4期。

唐正大，2018，《汉语名词性短语内部的话题性修饰语》，《当代语言学》2018年第2期。

邵敬敏，2016a，《现代汉语通论》（第三版·上），上海教育出版社。

邵敬敏，2016b，《现代汉语通论》（第三版·下），上海教育出版社。

邵敬敏、周娟，2003，《填补空白的力作——〈标题语法〉》，《语文研究》2003年第4期。

邵敬敏、吴立红，2005，《"副+名"组合与语义指向新品种》，《语言教学与研究》2005年第6期。

邵敬敏、马婧，2009，《新兴组合"X一下"的泛化趋势及其修辞价值》，《修辞学习》2009年第2期。

沈家煊，1995，《"有界"与"无界"》，《中国语文》1995年第5期。

沈家煊，2001，《语言的"主观性"和"主观化"》，《外语教学与研究》2001年第4期。

沈家煊，2012，《"零句"和"流水句"——为赵元任先生诞辰120周年而作》，《中国语文》2012年第5期。

沈家煊，1995，《不对称和标记论》，商务印书馆。

沈家煊，2017，《汉语"大语法"包含韵律》，《世界汉语教学》2017年第1期。

沈威，2013，《论"特色 N_1 +地名 N_2"》，《语言研究》2013年第2期。

沈阳，2015，《动宾结构的特殊实现形式和汉语综合性句法类型回归》，第八届现代汉语语法国际研讨会论文。

司罗红，2015，《新闻标题的语言特区属性》，《新闻爱好者》2015年第12期。

宋文辉、罗政静、于景超，2007，《现代汉语被动句施事隐现的计量分析》，《中国语文》2007 年第 2 期。

宋作艳，2015，《生成词库理论与汉语事件强迫现象研究》，北京大学出版社。

盛新华，2014，《报纸标题陌生化的语言手段》，《湘潭大学学报》（哲学社会科学版）2014 年第 5 期。

史锡尧，1996，《"再"语义分析——并比较"再"、"又"》，《汉语学习》1996 年第 2 期。

苏颖，2011，《古汉语名词作状语现象的衰微》，《语文研究》2011 年第 4 期。

宋作艳，2016，《功用义对名词语义和构词的影响》，《中国语文》2016 年第 1 期。

孙银新，1996，《现代汉语的数名结构》，《吉林大学学报》（社会科学版）1996 年第 4 期。

陶红印、张伯江，2000，《无定式把字句在近、现代汉语里的地位问题及其理论意义》，《中国语文》2000 年第 5 期。

汤富华，2008，《语感与语言本能》，《外语与外语教学》2008 年第 4 期。

汤吟菲，2001，《中唐唱和诗述论》，《文学遗产》2001 年第 3 期。

汤颖芳，2012，《当今中国标语口号的语言逻辑分析》，硕士学位论文，上海师范大学。

田桂丞，2014，《新闻标题中语气副词"或"的研究——以〈文摘周刊〉为例》，《淮北职业技术学院学报》2014 年第 6 期。

谭景春，1998，《名形词类转变的语义基础及相关问题》，《中国语文》1998 年第 5 期。

谭景春，2010，《名名偏正结构的语义关系及其在词典释义中的作用》，《中国语文》2010 年第 4 期。

唐钰明，1988，《唐至清的"被"字句》，《中国语文》1988 年第 6 期。

温宾利，2002，《当代句法学导论》，外语教学与研究出版社。

王灿龙，2002，《句法组合中单双音节选择的认知解释》，商务印书馆。

王灿龙，2011，《试论"不"与"没（有）"语法表现的相对同一性》,《中国语文》2011年第4期。

王成宇,2002,《并列型标题各并列项的信息量问题》,《语言文字应用》2002年第3期。

王成宇,2003,《英汉疑问型学术论文标题对比研究》,《外语教学与研究》2003年第2期。

王冬梅,2014,《从"是"和"的"、"有"和"了"看肯定和叙述》,《中国语文》2014年第1期。

王还,1984,《"把"字句和"被"字句》,上海教育出版社。

王洪君、李榕、乐耀,2009,《"了$_2$"与话主显身的主观近距交互式语体》,载《语言学论丛(第四十辑)》,商务印书馆。

王海妮,2012,《动宾结构加宾语(V–O+O$_1$)的句法语义分析》,硕士学位论文,南京大学。

王军,2008,《N$_1$+N$_2$结构中的意念焦点》,《外语教学》2008年第2期。

王建华、邓明,2000,《标题舛误种种》,《语言文字应用》2000年第1期。

王丽娟,2009,《从名词、动词看现代汉语普通话双音节的形态功能》,博士学位论文,北京语言大学。

王倩,2018,《从互动角度看新闻标题中的双数量表达》,《中国语言学报》2018年第18期。

王姝,2012,《汉语领属构造的可让渡梯度》,《语言教学与研究》2012年第3期。

王同伦,2008,《标题语境中动词语法变异及动因研究》,硕士学位论文,上海师范大学。

王希杰,2002,《"最+AB(名词)"说》,《阜阳师范学院学报》2002年第5期。

王学作、刘世勤,1998,《漫谈新闻标题中的动词运用》,《语言教学与研究》1988年第2期。

王宜广、宫领强,2022,《量词省略的韵律和语体机制分析》,《汉语学习》2022年第3期。

王寅,2009,《汉语"副名构造"的认知构造语法分析法——基于"压制、突显、传承、整合"的角度》,《外国语文》2009年第4期。

王艳，2016，《基于语料库的"或"字演变研究》，《阜阳师范学院学报》（社会科学报）2016 年第 5 期。

王远杰，2013，《句法组合松紧和"的"的隐现》，《汉语学习》2013 年第 4 期。

王永娜，2008，《谈韵律、语体对汉语表短时体的动词重叠的制约》，《语言科学》2008 年第 6 期。

王永娜，2013，《书面语"动宾+宾语"的语法机制及相关问题研究》，《语言科学》2013 年第 2 期。

王自强，1998，《现代汉语虚词词典》，上海辞书出版社。

吴春相、金基石，2008，《略论心理距离与书面语、口语的关系》，《汉语学习》2008 年第 4 期。

吴福祥，2006，《魏晋南北朝时期汉语名量词范畴的语法化程度》，《山高水长：丁邦新先生七轶寿庆论文集》，"中研院"。

吴黄青娥，2009，《报纸标题中的标点符号研究》，硕士学位论文，华中师范大学。

吴辉，2008，《"标题党"现象的成因与危害》，《新闻传播》2008 年第 11 期。

吴为善，1986，《现代汉语三音节组合规律初探》，《汉语学习》1986 年第 5 期。

吴锡根，1999，《动宾式类推及其规范》，《语言文字应用》1999 年第 5 期。

汪惠迪，1997，《"动宾式动词+宾语"规律何在?》，《语文建设》1997 年第 8 期。

魏丽滨，2013，《汉语形容词谓语句与非宾格假设》，硕士学位论文，曲阜师范大学。

魏雪，2012，《面向语义搜索的汉语名名组合的自动释义研究》，硕士学位论文，北京大学。

魏雪、袁毓林，2013，《基于语义类和物性角色建构的名名组合释义模板》，《世界汉语教学》2013 年第 2 期。

完权，2016，《"的"的性质与功能》，商务印书馆。

徐丹、傅京起：《量词及其类型学考察》，《语言科学》2011 年第 6 期。

徐杰，2018，《普遍语法原则与汉语语法现象》（修订版），北京大学出版社。

徐杰、苏俊波，2014，《诗歌语言特区与诗歌语言所见之助词"着"的创新用法》，第 18 次现代汉语语法学术研讨会论文。

徐杰，2015，《语言学研究中事实发掘与理论构建的互相牵引》，第 17 届中国语言与文化国际学术研讨会论文。

徐杰、覃业位，2015，《"语言特区"的性质与类型》，《当代修辞学》2015 年第 4 期。

徐阳春，2008，《也谈人称代词做定语时"的"字的隐现》，《中国语文》2008 年第 1 期。

徐阳春，2011，《板块、凸显与"的"字的隐现》，《语言教学与研究》2011 年第 6 期。

相德宝，2010，《中国标语口号研究的八种范式》，《华中师范大学学报》（人文社会科学版）2010 年第 3 期。

邢福义，1996，《汉语语法学》，东北师范大学出版社。

邢福义，1997，《"很淑女"之类说法语言文化背景的思考》，《语言研究》1997 年第 2 期。

邢福义，2000，《"最"义级层的多个体涵量》，《中国语文》2000 年第 1 期。

邢福义，2000，《语法研究中"两个三角"的验证》，《华中师范大学学报》（人文社会科学版）2000 年第 5 期。

邢福义，2004，《承赐型"被"字句》，《语言研究》2004 年第 1 期。

邢公畹，1997，《一种似乎要流行开来的可疑句式——动宾式动词+宾语》，《语文建设》1997 年第 4 期。

向熹，1993，《简明汉语史》，高等教育出版社。

熊岭，2012，《现代汉语指称范畴研究》，博士学位论文，华中师范大学。

袁博平，2002，《汉语中的两种不及物动词与汉语第二语言习得》，《世界汉语教学》2002 年第 3 期。

袁野，2011，《论语篇构式语法及语篇构式压制》，《外国语》2011 年第 5 期。

袁野，2012，《从语篇构式压制看网络新文体——以"凡客体"为例》，《当代修辞学》2012 年第 1 期。

　　袁野，2013，《基于网络流行体的构式语篇分析框架》，《外语教学》2013 年第 5 期。

　　杨彩贤，2015，《20 世纪 90 年代以降汉语变异动态研究》，博士学位论文，陕西师范大学。

　　杨德峰，2015，《主动宾句的宾语话题化考察》，《语言科学》2015 年第 4 期。

　　杨海明、周静，2014，《使因悬疑标题的语义与语篇功能研究》，《当代修辞学》2014 年第 6 期。

　　杨文全、王刚，2004，《八十年代以来语言学界"动宾式动词+宾语"现象研究述论》，《西南民族大学学报》（人文社会科学版）2004 年第 12 期。

　　杨永林，2000，《试析现代汉语中的"程度性副词+非程度性形容词化名词短语"结构》，《现代外语》2000 年第 2 期。

　　杨亦鸣、徐以中，2003，《"副+名"现象研究之研究》，《语言文字应用》2003 年第 2 期。

　　杨振兰，2003，《现代汉语 AA 式叠音词、重叠词对比研究》，《齐鲁学刊》2003 年第 4 期。

　　于根元，1991，《副+名》，《语文研究与应用》1991 年第 1 期。

　　于根元，2001，《网络语言概说》，中国经济出版社。

　　叶婧婷、陈振宇，2014，《话语表达中的临时成词现象——以"被+V+N"定中结构为例》，第 16 届中国语言与文化国际学术研讨会论文。

　　颜力涛，2014，《汉语被字句的偏离义研究》，博士学位论文，吉林大学。

　　游舒，2005，《现代汉语被字句研究》，博士学位论文，武汉大学。

　　尹世超，1992，《标题中标点符号的用法》，《语文研究》1992 年第 3 期。

　　尹世超，1995，《报道性标题与称名性标题》，《语言教学与研究》1995 年第 2 期。

　　尹世超，2001，《标题语法》，商务印书馆。

　　尹世超，2005，《标题用词与格式的动态考察》，《语言文字应用》2005 年第 1 期。

尹世超，2006a，《有标题特点的"A 与/和 B"格式》，《汉语学习》2006 年第 6 期。

尹世超，2006b，《标题中动词与宾语的特殊搭配》，《江汉大学学报》（人文科学版）2006 年第 1 期。

尹世超，2007，《标题用语词典》，商务印书馆。

尹世超，2008，《汉语标题的被动表述》，《语言科学》2008 年第 3 期。

姚双云、万莹，2014，《论诗歌文本的强会话特征》，《云南师范大学学报》（对外汉语教学与研究版）2014 年第 4 期。

姚占龙，2010，《现代汉语状态形容词量级差别考察》，《语言研究》2010 年第 4 期。

应学凤，2013，《韵律语法理论与汉语韵律语法研究述评》，《汉语学习》2013 年第 1 期。

应学凤，2016，《现代汉语黏合结构的正式语体特征》，《汉语学习》2016 年第 5 期。

乐耀，2011，《从人称和"了$_2$"的搭配看汉语传信范畴在话语中的表现》，《中国语文》2011 年第 2 期。

乐耀，2017，《汉语会话交际中的指称调节》，《世界汉语教学》2017 年第 1 期。

曾常红，2020，《谈社论标题复句的适应性》，《汉语学报》2020 年第 2 期。

左乃文、陈一，2019，《新媒体标题中"亮了"的语义及语篇功能》，《汉语学习》2019 年第 1 期。

张斌，2002，《新编现代汉语》，复旦大学出版社。

张斌（主编），2010，《现代汉语描写语法》，商务印书馆。

张伯江，2001，《被字句和把字句的对称与不对称》，《中国语文》2001 年第 6 期。

张伯江，2014，《汉语句法结构的观察角度》，商务印书馆。

张赪，2002，《汉语介词词组词序的历史演变》，北京语言大学出版社。

张赪，2010，《汉语语序的历史发展》，北京语言大学出版社。

张国宪，2006，《性质、状态和变化》，《语言教学与研究》2006 年第 3 期。

张虹、李方海，2012，《〈皖西日报〉和〈大别山晨刊〉的祈使句标题比较研究》，《皖西学院学报》2012 年第 4 期。

张菁，2014，《党报与都市报头条新闻标题对比分析——以〈广西日报〉和〈南国早晨〉为例》，《青年记者》2014 年第 2 期。

张敏，1998，《认知语言学与汉语名词短语》，中国社会科学出版社。

张娜，2014，《论标语的语言特征及其写作规范》，《语文建设》2014 年第 8 期。

张萍，2006，《现代汉语标语语法研究》，硕士学位论文，南京师范大学。

张庆文、刘鸿勇、邓思颖，2013，《汉语动词复数的语义特征及表现形式》，《现代外语》2013 年第 3 期。

张琪昀，1995，《"A 和 B"用作题识语》，《汉语学习》1995 年第 1 期。

张琪昀，1996，《谈冒号在新闻标题中的运用兼及冒号的定义》，《汉语学习》1996 年第 2 期。

张荣，2010，《人民日报与人民网新闻标题语法比较研究》，硕士学位论文，河北大学。

张莹，2012，《量词插入语汉英数量表述》，《山西大学学报》（哲学社会科学版）2012 年第 2 期。

张莹，2016，《从韵律看黄梅戏唱词中的"把"字句》，《安庆师范学院学报》（社会科学版）2016 年第 2 期。

张雪平，2008，《"非现实"研究现状及问题思考》，《解放军外国语学院学报》2008 年第 5 期。

张树铮，2003，《标题中冒号的新用法及其规范问题》，《语言文字应用》2003 年第 4 期。

张玉玲，2006，《篇名中的"因为 A，所以 B"的多维思考》，《修辞学习》2006 年第 1 期。

张谊生，1996，《副词的连用类别和共现顺序》，《烟台大学学报》（哲学社会科学版）1996 年第 2 期。

张谊生，1996，《名词的语义基础及功能转化与副词修饰名词》（上），《语言教学与研究》1996 年第 4 期。

张谊生，1997，《名词的语义基础及功能转化与副词修饰名词》（下），《语言教学与研究》1997 年第 1 期。

张谊生，2017，《从相对到绝对：程度副词"最"的主观化趋势与后果》，《语文研究》2017 年第 1 期。

张时阳、晁亚若，2014，《现代汉语中的"数 N"结构》，《汉语学习》2014 年第 4 期。

朱德熙，1961，《说"的"》，《中国语文》1961 年第 12 期。

朱德熙，1982，《语法讲义》，商务印书馆。

朱德熙，1987，《现代汉语语法研究的对象是什么?》，《中国语文》1987 年第 4 期。

朱德熙，1999，《朱德熙文集》（第一卷），商务印书馆。

朱军、盛新华，2008，《"动宾结构带宾语"格式成因探究》，《汉语学习》2008 年第 3 期。

朱景松，1997，《汉语研究论稿》，安徽大学出版社。

朱赛萍，2014，《韵律制约下的 PP 前后分置及介词隐现问题——以双音节动宾式［VO］+PP 结构为例》，《汉语学习》2014 年第 5 期。

庄会彬，2014，《韵律语法视角下"的"的隐现原则》，《语言研究》2014 年第 4 期。

庄会彬，2014，《〈语言的轮回：语言演变与语言机制〉评介》，《外语教学与研究》2014 年第 4 期。

周毕吉，2020，《网络语言特区中的感叹句式"不要太……"》，《华中学术》2020 年第 2 期。

周葆华、张悦年，2024，《大模型会产生"标题党"特征倾向吗?——以中外代表性大模型为例的实证研究》，《中国出版》2024 年第 7 期。

周荐，1997，《论成语的经典性》，《南开学报》（哲学社会科学版）1997 年第 2 期。

周清艳，2012，《特殊"V 个 N"结构的句法语义及其形成动因》，《语言教学与研究》2012 年第 3 期。

周韧，2005，《焦点理论背景下的北京话"一+名"格式分析——兼论普通话中两类数量结构》，《汉语学习》2005 年第 5 期。

周韧，2011，《现代汉语韵律与语法的互动关系研究》，商务印书馆。

周韧，2015，《现实性和非现实性范畴下的汉语副词研究》，《世界汉语教学》2015 年第 2 期。

周韧，2022，《汉语韵律语法研究的音节——语义视野》，商务印书馆。

周日安，2006，《"XY 中国"语义、功能与成因》，《语言文字应用》2006 年第 3 期。

周日安，2007，《名名组合的句法语义研究》，博士学位论文，暨南大学。

周日安，2010，《名名组合的句法语义研究》，中国社会科学出版社。

周振鹤、游汝杰，2019，《方言与中国文化》，上海人民出版社。

赵军，2009，《"最"类极性程度副词的形成和发展》，《宁夏大学学报》（社会科学版）2009 年第 4 期。

赵新、刘若云，2013，《实用汉语近义虚词词典》，北京大学出版社。

郑洁，2015，《公安微博新文体的语篇构式语法研究》，《北京邮电大学学报》（社会科学版）2015 年第 1 期。

郑丽娜，2015，《英语背景学习者汉语不及物动词带宾语结构习得研究》，《世界汉语教学》2015 年第 3 期。

郑伟娜，2016，《汉语名词可数性再议》，《语言科学》2016 年第 2 期。

郑萦、游孟庭，2011，《接触引发闽南语重复义时间副词的词汇重整与方言的平整化》，《台湾语文研究》2011 年第 1 期。

邹立志、周建设，2007，《动宾式动词规范问题的深层理据》，《语文研究》2007 年第 1 期。

邹敏，2009，《如何擦亮新闻的"眼睛"——湖南四家报纸同题新闻对比研究》，《中南林业科技大学学报》（社会科学版）2009 年第 6 期。

邹哲承、李又平，2002，《"小平您好"能够流传的语言因素》，《当代修辞学》2002 年第 5 期。

Busch‐Lauer, I.‐A., 2000, Titles of English and German research paper in medicine and linguistics theses and research articles. in Trosborg, A. (ed.) *Analysing Professional Genres*. Amsterdam：John Benjamins.

Breitbarth, A., 2020, The Negative Cycle and Beyond, In Déprez, V. and M. T. Espinal（eds.）*The Handbook of Negation*，New York：Oxford

University Press.

Chafe, W., 1987, Cognitive constraints on information flow, In Russell, S. T. (ed.) *Coherence and Grounding in Discourse*, Amsterdam: John Benjamins.

Chao, Yuen-Ren, 1968, *A Grammar of Spoken Chinese*, Berkeley and Los Angeles: University of California Press, 商务印书馆, 2011.

Cheng, L. -S. and R. Sybesma, 1999, Bare and not-so-bare nouns and the structure of NP, *Linguistic Inquiry*, 4.

Chierchia, G., 1998, Reference to kinds across languages, *Natural Language Semantics*, 6.

Comrie, B., 1989, *Language Universals and Linguistic Typology* (*Second Edition*), Chicago: University of Chicago Press.

Crystal, D., 2000, *A Dictionary of Linguistics and Phonetics* (《现代语言学词典》, 沈家煊译), 商务印书馆.

Delancey, S., 1985, The analysis-synthesis cycle in Tibeto-Burman: a case study in motivated change, in Haiman, J. (ed.) *Iconicity in Syntax*. Amsterdam: John Benjamins.

Dixon, R., 2010, *The Rise and Fall of Languages* (《语言兴衰论》, 朱晓农等译), 北京大学出版社.

Dor, D., 2003, On newspaper headlines as relevance optimizers, *Journal of Pragmatics*, 35.

Eggins, S., 1994, *An Introduction to Systemic Functional Linguistics*, London: Pinter Publishers.

Ernst, T., 2002, *The Syntax of Adjuncts*, Cambridge and New York: Cambridge University Press.

Feng, S. -L., 2014, Historical syntax of Chinese. In Huang, C. -T., Y. -H. Li and A. Simpson (eds.) *The Handbook of Chinese Linguistics*, Hoboken: John Wiley and Sons.

Fuertes-Olivera, P., M. Velasco-Sacristán, A. Arribas-Baño and E. Samaniego-Fernández, 2001, Persuasion and advertising English: Metadiscourse in slogans and headlines, *Journal of Pragmatics*, 33.

Givón, T., 1981, On the development of the numeral "one" as an indefinite marker, *Folia Linguistica Hisorica*, 2.

Gil, D., 2008, Numeral Classifiers, In Dryer, Matthew S. and Haspelmath, Martin (eds.) *The World Atlas of Language Structures Online*, Leipzig: Max Planck Institute for Evolutionary Anthropology, http://wals. info/chapter/55, 2008.

Hagège, C., 1993, *The Language Builder: An Essay on the Human Signature in Linguistic Morphogenesis*, Amsterdam: John Benjamins.

Haggan, M., 2004, Research paper title in literature, linguistics and science: dimension of attraction, *Journal of Pragmatics*, 16.

Haegeman, L., 1987, Register variation in English: some theoretical observations, *Journal of English Linguistics*, 20.

Haegeman, L., 2013, The syntax of registers: Diary subject omission and the privilege of the root, *Lingua*, 130.

Hartley, J., 2005, To attract or inform: what are titles for? *Technical Writing and Communication*, 35.

Henie, B., 1997, *Cognitive Foundations of Grammar*, New York: Oxford University Press.

Henie, B. and T. Kuteva, 2012, *World Lexicon of Grammaticalization* (《语法化的世界词库》, 龙海平等译), 世界图书出版公司.

Hodge, C., 1970, The linguistic cycle, *Language Sciences*, 13.

Huang, C. -T., Y. -H. Li and Y. -F. Li, 2009, *The Syntax of Chinese*, Cambridge and New York: Cambridge University Press.

Huang, C. -T., 2015, On syntactic analyticity and parametric theory, in Li, A., A. Simpson and W. -T. Tsai (eds.) *Chinese Syntax in a Cross-Linguistic Perspective*, New York: Oxford University Press.

Jesperson, O., 1917, *Negation in English and Other Languages*, Copenhagen: A. F. Host.

Jesperson, O., 1988, *The Philosophy of Grammar* (《语法哲学》, 张兆星等译), 语文出版社.

Labov, W., 1966, *The Social Stratification of English in New York City*, Washington, D. C.: Center for Applied Linguistics.

Lakoff, G. N., 1977, You say what you are: acceptability and gender related language, in Greenbaum, S. (ed.) *Acceptability in Language*, The Hague: Mouton Publishers.

Lambrecht, K. , 1994, *Information Structure and Sentence Form: Topics, Focus, and the Mental Representations of Discourse Referents*, Cambridge and New York: Cambridge University Press.

De Lange, J. , N. Vasic and S. Avrutin, 2009, Reading between the (head) lines: a processing account of article omissions in newspaper headlines and child speech, *Lingua*, 119.

Lee, H. -T. , 1986, *Studies on Quantification in Chinese*, Doctoral dissertation, Los Angeles: University of California.

Lewison, G. and J. Hartley, 2005, What's in a title? numbers of words and the presence of colons, *Scientometrics*, 63.

Lin, T. - H. and C. - M. Liu, 2006, " Again " and " Again ": a grammatical analysis of *you* and *zai* in Mandarin Chinese, National Tsing Hua University.

Ljungqvist, M. , 2007, *Le, guo* and *zhe* in Mandarin Chinese: a relevance-theoretic account, *Journal of East Asian Linguist*, 16.

Lyons, J. , 1977, *Semantics*, Cambridge: Cambridge University Press.

Mårdh, I. , 1980, *Headlinese: On the Grammar of English Front Page Headlines*, Malmö: Gotab.

Matisoff, J. , 1976, Lahu causative constructions: case hierarchies and the morphology/syntax cycle in a Tibeto-Burman perspective, in Masayoshi, S. (ed.) *The Grammar of Causative Constructions*, New York: Academic Press.

McConkie, G. W. , 1979, On the role and control of eye movements in reading, in Kolers, P. A. , M. E. Wrolstad and H. Bouma (eds.) *Processing of Visual Language*, New York: Plenum Press.

Musté, P. , K. Stuart and A. Botella, 2015, Linguistic choice in a corpus of brand slogans: repetition or variation, *Social and Behavioral Sciences*, 198.

Narrog, H. and B. Heine, 2021, *Grammaticalization*, Oxford: Oxford University Press.

Becker, L., 2021, *Articles in the World's Language*, Berlin: Mouton de Gruyter.

Östman, J. O., 2005, Construction discourse: a prolegomenon, in Östman, J. O. and M. Fried (eds.) *Construction Grammar: Cognitive Grounding and Theoretical Extensions*, Amsterdam: Benjamins.

Perlmutter, D., 1978, Impersonal passives and the unaccusative hypothesis, *Proceedings of the Berkeley Linguistic Society*, 4.

Peyraube, A., 2014, Has Chinese changed from a synthetic language into an analytic language? 何志华、冯胜利主编《承继与拓新：汉语语言文字学研究》，香港：商务印书馆.

Pustejovsky, J., 2001, Type construction and the logic of concepts, In Pierrette, B. and B. Federica (eds.) *The Language of Word Meaning*, Cambridge: Cambridge University Press.

Pustejovsky, J., 2006, Type theory and lexical decomposition, *Journal of Cognitive Science*, 6.

Rush, S., 1998, The noun phrase in advertising English, *Journal of Pragmatics*, 29.

Schwegler, A., 1990, *Analyticity and Syntheticity: A Diachronic Perspective with Special Reference to Romance Languages*, Berlin: Walter de Gruyter.

Soler, V., 2007, Writing titles in science: an exploratory study, *English for Special Purposes*, 26.

Sorace, A. and Y. Shomura, 2001, Lexical constraints on the acquisition of split intransitivity: evidence from L2 Japanese, *Studies in Second Language Acquisition*, 23.

Sorace, A., 2004, Gradience at the lexicon−syntax interface: evidence from auxiliary selection and implication for unaccusativity, in Artemis, A., E. Anagnostopoulou and M. Everaert (eds.) *The Unaccusativity Puzzle: Explerations of the Syntax−Lexicon Inferface*, Oxford: Oxford University Press.

Straumann, H., 1935, *Newspaper Headlines: A Study in Linguistic Method*, London: Allen and Unwin.

Traugott, E. C., 2010, (Inter) subjectivity and (inter) subjectification:

a reassessment, in Davidse, K. and V. Cuyckens (eds.) *Subjectification, Intersubjectification and Grammaticalization*, Berlin: De Gruyter Mouton.

Turner, G. W., 1972, The grammar of newspaper headlines containing the preposition "On" in the sense "About", *Linguistics*, 10.

Van Dijk, T. A., 1988, *News as Discourse*, Hillsdale and New Jersey: Lawrence Erlbaum Associates.

Van Gelderen, E., 2011, *The Linguistic Cycle: Language Change and the Language Faculty*, New York: Oxford University Press.

Van Greenhoven, V., 2005, Atelicity, pluractionality, and adverbial quantification. in Verkuyl, H., H. de Swart and A. van Hout (eds.) *Perspectives on Aspect*, Dordrecht: Springer.

Vizcaíno, M., 2011, Code-breaking/code-making: a new language approach in advertising. *Journal of Pragmatics*, 43.

Werlich, E., 1976, A *Text Grammar of English*, Heidelberg: Quelle and Meyer.

Willis, D., A. Breitbarth and C. Lucas, 2013, Comparing diachronies of negation, in Willis, D., A. Breitbarth and C. Lucas (eds.) *The History of Negation in the Languages of Europe and the Mediterranean* (*Volume* 1: *Case Studies*), New York: Oxford University Press.

Xu, D., 2006, *Typological Change in Chinese Syntax*, New York: Oxford University Press.